Maitreyi D. Piontek

Das TAO
der weiblichen
Sexualität

Ein Praxisbuch
für Frauen

WILHELM HEYNE VERLAG
MÜNCHEN

HEYNE ESOTERISCHES WISSEN
Herausgegeben von Michael Görden
13/9885

Umwelthinweis:
Dieses Buch wurde auf chlor- und
säurefreiem Papier gedruckt.

2. Auflage

Taschenbucherstausgabe 01/2002
Lizenzausgabe mit Genehmigung des Scherz Verlag, Bern, München, Wien
Copyright ©1998 by Scherz Verlag, Bern, München, Wien
für den Otto Wilhelm Barth Verlag
Alle deutschsprachigen Rechte beim Scherz Verlag, Bern, München, Wien
Wilhelm Heyne Verlag GmbH & Co. KG, München
http://www.heyne.de
Gekürzte Taschenbuchausgabe
Printed in Germany 2003
Umschlaggestaltung: FranklDesign, München
Umschlagabbildung: DigitalVision
Innenillustration: Aruna Palitzsch/Aruna Communication Berlin
Satz: Schaber Satz- und Datentechnik, Wels
Druck und Bindung: Ebner & Spiegel, Ulm

ISBN 3-453-19794-1

Inhalt

Einleitung

Wir leben in einer vom männlichen Prinzip beherrschten Gesellschaft: aktiv, leistungsbetont, nach außen orientiert, spannungsgeladen. Die Sexualität spiegelt diese männliche Überbetonung deutlich wider. Immer noch ist sie hauptsächlich auf männliche Bedürfnisse ausgerichtet und von männlichem Verhalten sowie von männlichen Wunschvorstellungen geprägt: Möglichst erregend, spannend und voller Höhepunkte soll sie sein.

Qualitäten des weiblichen Prinzips wie Liebe, Stille, Tiefe und Mitgefühl wird zu wenig Wichtigkeit eingeräumt. Dadurch kommt es im Extrem zu gewalttätigem Sexualverhalten, Kindesmissbrauch, Vergewaltigung und sexueller Perversion. Zwecks Lustgewinn wird sogar getötet.

Es wäre zu einfach, die Verantwortung den Männern zuzuschieben. Die männlich orientierte Sexualität gerät nicht zuletzt deshalb außer Kontrolle, weil zu viele Frauen die Verantwortung und ihr Mitbestimmungsrecht im Bereich der Sexualität nicht genügend wahrnehmen. Frauen verweigern sich, lassen Sex über sich ergehen oder passen sich an, indem sie sich männliche Verhaltensweisen aneignen.

Bisher hat die Erfüllung der weiblichen Sexualität weltweit keine große Rolle gespielt. Die Aufgabe der Frau in der Sexualität war es in erster Linie, dem Mann Lust zu bereiten und ihm möglichst viele Söhne zu gebären – eine immer noch verbreitete Auffassung. Frauen haben wenig Gelegenheit gehabt, ihre Bedürfnisse wahrzunehmen und eine eigene sexuelle Identität zu entwickeln.

Wir Frauen sind aufgefordert, die Erfüllung nicht im Außen, sondern zuerst in uns selbst zu suchen. Durch das Tao der weiblichen Sexualität kann die weibliche Liebeskraft entwickelt werden: der weibliche Beitrag zu einer natürlicheren, lustvolleren Sexualität und der Nährboden zu einer erfüllten Weiblichkeit. Vielleicht ist es auch eine Möglichkeit, das weibliche Prinzip vermehrt in gesellschaftlich bedeutsame Bereiche zu integrieren.

Sexuelle Identität und sexuelle Verantwortung

Es gibt immer noch zu viele Frauen, die sich aufgrund von persönlichen Ängsten, mentalen Blockaden oder kollektiven negativen Erfahrungen nicht tief mit ihrer Sexualität auseinandersetzen wollen oder können.

Doch es gibt so etwas wie eine sexuelle Verantwortung. Um diese Verantwortung wahrnehmen zu können, ist es erforderlich, dass frau eine eigene sexuelle Identität entwickelt, das heißt, die eigene Sexualität mit allen persönlichen Wünschen und Grenzen kennen lernt und sie dann mit der persönlichen Lebensausrichtung in Einklang bringt.

Die zunehmende Thematisierung der Sexualität in den Medien, Talkshows usw. bedeutet noch lange nicht, dass Menschen dadurch ihre eigene sexuelle Identität besser entwickeln können. Im Gegenteil: Hier handelt es sich größtenteils um Fehlinformationen und Fremdmanipulation. Die von männlichem Wunschdenken geprägten weiblichen Verhaltensweisen sind für uns Frauen verwirrend und führen dazu, dass wir uns auf Kosten unserer wahren Bedürfnisse und Gefühle diesen künstlichen Bildern unbewusst anpassen.

Viele Frauen leben in der Vorstellung, dass Lust und eine erfüllte Sexualität von äußeren Umständen und Beziehungen abhängig sind und egoistisch und selbstsüchtig seien. Die weibliche Sexualität ist jedoch total unabhängig und geht über die bloße Triebbefriedigung weit hinaus. Da viele Frauen noch keine eigene sexuelle Identität entwickelt haben, erleben sie sich immer wieder in der Opferrolle, werden manipuliert und zu selbstsüchtigem Lustgewinn benutzt. Natürlich finden sie so keinen Zugang zu ihrer eigenen weiblichen Kraft. Daher möchte ich Sie mit diesem Buch auffordern, die Sexualität in einem größeren Zusammenhang, als Teil eines größeren Ganzen zu sehen.

Frauen, die sich mit ihrer eigenen Sexualität auseinandersetzen und diese entwickeln möchten, sind weltweit eine winzige Minderheit. Die große Mehrheit der Frauen lebt heute immer noch in Situationen, in denen es ihnen nicht einmal in den Sinn käme, sich zu fragen: »Habe ich eine erfüllte Sexualität?« oder »Das kann doch nicht alles sein?«

Wie viele Millionen von Inderinnen beispielsweise leben unter den primitivsten Voraussetzungen in kleinen Dörfern, weit unter dem Existenzminimum. Viele können weder schreiben noch lesen und ihre Religion schreibt ihnen vor, den Ehemann wie einen Gott zu verehren. Ob es bei der ehelichen Pflichterfüllung zu einem Orgasmus kommt oder ob der klitoral, vaginal oder überall empfunden wird, ist dort einfach kein Thema.

In über 25 Ländern ist die Beschneidung der weiblichen Geschlechtsorgane noch Brauch. Die unendlichen Schmerzen und die Respektlosigkeit, unter denen Frauen seit Jahrtausenden leiden, sind Bestandteil des Kollektivbewusstseins, das uns Frauen beeinflusst und miteinander verbindet.

Sexualität im Kollektivbewusstsein

In der Psychologie werden als »Kollektiv« psychische Inhalte bezeichnet, die nicht nur zu einem Individuum gehören, sondern die einer sozialen Gruppe, einem Volk, einer Rasse oder der ganzen Menschheit zu eigen sind. Der Begriff »Kollektivbewusstsein« wurde von C.G. Jung geprägt. Dieses bestimmt die Bewusstseinsinhalte und das Verhalten einer Gruppe: deren Normen, Ansichten, Sitten und Ideen. Je stärker das kollektive Bewusstsein, desto bedeutungsloser das Ich. Die Persönlichkeit wird vom kollektiven Bewusstsein absorbiert und verliert ihre Selbstständigkeit. Das Individuum wird sozusagen zum Massenmensch.

Je unbewusster und kritikloser ein Mensch sein Leben lebt, desto bedingungsloser wird er zu einem Kanal für die im Kollektiv gespeicherten Erfahrungen. So werden die vorherrschenden Gesellschaftsstrukturen und Traditionen, Religionen, Frauenbilder und auch das sexuelle Verhalten ungefiltert von Generation zu Generation weitergegeben.

Wir Frauen dürfen uns nicht mehr aus dem Bereich der Sexualität fern halten. Die Erfüllung der weiblichen Sexualität hat sich im Kollektivbewusstsein auf das Kinderkriegen beschränkt. Deshalb ist von jeder einzelnen Frau eine echte Entscheidung erforderlich, will sie diese tief in Fleisch und Blut übergegangenen Verhaltensmuster verändern und neue Dimensionen und Möglichkeiten der Sexualität erforschen und entwickeln. Es ist an der Zeit, dass wir Frauen uns aus der jahrtausendelangen Opferrolle befreien und den Mut aufbringen, gegen den Strom zu schwimmen und die Kollektivseele mit neuen positiven Erfahrungen zu speisen.

Sexuelle Befreiung

Die schlechte Nachricht, was die weibliche Sexualität betrifft, ist: Es gibt keine für die heutige Zeit gültigen Rollenmodelle oder Leitbilder, anhand derer wir uns neu orientieren könnten. Die gute Nachricht ist, dass wir Frauen äußere Bilder gar nicht brauchen, weil jede Frau Weisheit und Kraft von Natur aus in sich trägt.

Wir Frauen werden so lange verletzt und gedemütigt, bis wir die innere Heilkraft, die Heilerin in uns entfalten. Wenn frau Zugang zu dieser inneren Kraftquelle findet, hat sie auch den Mut und das Bedürfnis, sich von allen sexuellen Fesseln zu befreien. Unter »sexueller Befreiung« verstehe ich eine Implosion, also eine Explosion nach innen, einen Quantensprung, der innere Freiräume und Unabhängigkeit schafft.

Der Weg dorthin führt durch den Schmerz hindurch, den Frauen weltweit in sich tragen, und über die Ungerechtigkeit hinaus, der wir Frauen seit Jahrtausenden ausgesetzt sind. Die weibliche Sexualität zu entfalten bedeutet auch, sich von der sexuellen Abhängigkeit von Männern und Kindern zu befreien. Eine eigene, unabhängige Sexualität zu entwickeln ist nicht nur die Voraussetzung für ein erfüllteres Leben, sondern auch die Möglichkeit, das Kollektivbewusstsein kreativer, lustvoller und liebevoller mitzugestalten. Das Tao wird uns dabei unterstützen.

Meine Hinwendung zum Tao

Seit langem setze ich mich beruflich und privat intensiv mit den Themen Sexualität und Emotionen auseinander, davon über zwanzig Jahre in der Notfallpsychiatrie. Als Psychiatrieschwester und Sexologin werde ich immer wieder mit schwer bis unverdaulichen Situationen konfrontiert.

Für meine Arbeit habe ich ein zuverlässiges und bewährtes Fundament gesucht und dies im Tao gefunden. Zum ersten Mal wurde ich 1978 in einer Vortragsreihe des indischen Meisters Osho auf das Tao aufmerksam. Damals erlernte ich gerade meine ersten Chi-Kung-Übungen, die acht Brokate, hatte meine ersten Akupunkturbehandlungen und kochte meine ersten chinesischen Kräutertees. Zu dieser Zeit brachte ich das Tao »nur« in Verbindung mit Philosophie und Mystik. Mir war noch nicht bewusst, dass auch viele der östlichen Heilmethoden und Gesundheitsübungen aus dem Verständnis des Tao erwachsen sind. Noch kannte ich die sexuellen Weisheiten aus China nicht. Meine persönliche Lebensausrichtung galt damals ausschließlich dem tantrischen Weg, dem Weg der Hingabe, der Auflösung und der Akzeptanz.

Durch den Tao-Meister Mantak Chia kam ich 1986 erstmals in Kontakt mit den inneren Übungen des Tao und den taoistischen Sexualpraktiken und war von deren Wirksamkeit sehr beeindruckt. So setzte ich mich intensiver mit den taoistischen Praktiken auseinander und vertiefte mein Verständnis von Körper und Energie durch das Studium der traditionellen chinesischen Medizin, der Ernährungslehre und Kräuterkunde. Unter anderem lernte ich bei Claude Diolosa, einem bemerkenswerten Mensch und Lehrer, der mich in meiner Arbeit sehr inspiriert.

So wurde das Tao für mich zunehmend zu einer idealen Ergänzung und praktischen Unterstützung auf meinem Lebensweg. Hatte ich anfangs den heilenden weiblichen Weg ausschließlich für meine persönlichen Bedürfnisse entwickelt, so konnte ich bald schon feststellen, dass er andere Frauen genauso unterstützt.

Frauensache

Mit diesem Buch wende ich mich ausschließlich an Frauen. Es ist nicht mein Ziel, Männer zu erreichen, damit diese uns Frauen etwa besser verstehen können. Es geht mir einzig darum, dass Frauen das Verständnis für ihre weibliche Natur vertiefen können.

In meinen Vorträgen mache ich immer wieder die Erfahrung, dass, wenn ich mich für die Entfaltung der weiblichen Sexualität einsetze, sich die anwesenden Männer entweder angegriffen, verletzt oder gelangweilt fühlen. Das ist nicht meine Absicht.

In diesem Buch möchte ich keinerlei Rücksicht auf männliche Gefühle und Verhaltensmuster nehmen; ich habe auch nicht den Anspruch, dass irgendein Mann das Buch versteht oder gut findet.

Das Tao der weiblichen Sexualität schreibe ich als Frau für Frauen. Es ist ein Buch, das meiner Erfahrung als Frau entspringt, und dabei möchte ich nicht nur die Logik und den Intellekt ansprechen, sondern das ganze Wesen der Frau erreichen. Beim Schreiben werde ich mich von der weiblichen Intuition und dem weiblichen Prinzip führen lassen. Ich möchte Sie weder mit tollen Formulierungen und großartigen Ideen beeindrucken oder gar entmutigen, noch möchte ich Sie mit perfekten Frauen- und idealen Zustandsbildern verunsichern.

Ich möchte weibliche Leserinnen mit diesem Buch anregen und unterstützen, damit sie ihr Verständnis und ihre Erfahrungen vertiefen, die Gesetzmäßigkeiten und Muster ihrer Sexualenergie erkennen und so aus eigenen Kräften ihr weibliches Potenzial entfalten können.

Was dieses Buch zu bieten hat

Das Buch ist eine Einführung in die *ganzheitliche Sexualkunde*. Es ist ein Wegweiser mit vielen praktischen Übungen, Tipps zur Heilung und

Impulsen, der Sie begleitet und dabei unterstützt, die verschiedenen Aspekte der Sexualität aus weiblicher Perspektive zu betrachten, sie auf Ihre individuelle Art zu erfahren und zu erforschen.

Dieses Buch richtet sich an Frauen, die in der Sexualität vermehrt ihre Verantwortung wahrnehmen wollen, indem sie lernen, ihre Sexualität von kollektiven und alten persönlichen Mustern und Vorstellungen zu befreien.

Das Tao der weiblichen Sexualität wendet sich an Frauen, die ihre Sexualität mitbestimmen und neue Qualitäten der Sexualität erforschen und entwickeln möchten. Das Buch wird Sie auch unterstützen, sich mit den unbewussten Schattenseiten und den Tabuzonen der Sexualität auseinanderzusetzen: Oft hindern Angst, Unsicherheit, Eifersucht oder mentale Blockaden, Unwissenheit, Machtspiele oder fixe Vorstellungen uns Frauen daran, unsere weiblichen Schätze zuzulassen und zu entfalten.

Weitere Themen sind unter anderem: der Umgang mit Emotionen, sexuelle Praktiken und Techniken, sexuelle Entwicklung, Sexualität und Spiritualität, Probleme und Missverständnisse, Umgang mit männlicher Sexualität, die heilende Liebe, Sexualität und Alltag. Neben einem theoretischen Teil finden Sie zahlreiche Übungen, die Ihnen den Umgang mit der Sexualität erleichtern. Diese sind in verschiedene Kategorien unterteilt. So gibt es Übungen »Zum Ausprobieren« und »Zum Vertiefen«, »Tipps zur Heilung«, Anregungen »Fürs Tagebuch«, »Wichtige Hinweise« und »Heilende Punkte«.

Ich möchte Ihnen weniger allgemein gültige Instant-Rezepte als vielmehr Anregungen zum Auffinden Ihrer eigenen Wahrheit geben. Dabei habe ich nicht den Anspruch, ein perfektes oder alle Aspekte umfassendes Buch zu schreiben; das würde weder dem Tao noch mir entsprechen. Ich betrachte mich vielmehr als Impulsgeberin. Gehen Sie beim Lesen von Ihren persönlichen Erfahrungen und Einsichten aus und lassen Sie sich dazu bewegen, durch die Entdeckung Ihrer Wahrheit und Weisheit über Ihre Grenzen hinauszuwachsen.

Am besten kaufen Sie sich ein schönes, leeres Buch, das Sie als Tagebuch bei der Auseinandersetzung mit diesem Buch begleitet. Beim Lesen werden Sie immer wieder auf Fragen und Übungen stoßen. Widmen Sie sich ihnen in Ruhe und halten Sie Ihre Erlebnisse und Erkenntnisse schriftlich fest, dann geht der innere Prozess erfahrungsgemäß tiefer. Es hängt von Ihnen ab, wie tief Sie sich auf Ihre Persönlichkeit und Ihre Sexualität einlassen wollen.

Ein wichtiges Fundament für die Entwicklung der Sexualität ist die körperliche Gesundheit. Da ich mich in meinem ersten Buch *Das Tao der Frau* sehr ausführlich mit den Bereichen Gesundheit und Selbstheilung befasst habe, werde ich diesem Thema hier nur einen kleinen Platz einräumen. Ich möchte aber allen Leserinnen dieses Buch als Ergänzung und Vertiefung empfehlen.

Teil 1

Voraussetzungen

1 Tao

Chinesisches Schriftzeichen für Tao

»Das Tao, das genannt werden kann,
ist nicht das wirkliche Tao.
Die Wahrheit, die sich mit Worten beschreiben lässt,
ist nicht die ewige Wahrheit.
Der Anfang von Himmel und Erde
lässt sich nicht beschreiben.«

So beginnt das *Tao te King*, das vor ein paar Jahrtausenden vom Mystiker Lao Tsu geschrieben wurde, der als einer der Urväter des Tao gilt.

Tao steht für eine Lebensausrichtung, die bestrebt ist, das menschliche Leben und somit auch die Sexualität in Einklang mit dem Kosmos, der Natur zu bringen. Für mich steht Tao zudem symbolisch auch für etwas Unbekanntes, Fremdes und Undefinierbares. Ich möchte Sie auffordern, das Unbekannte und Fremde nicht länger auszuklammern, sondern – gerade auch in der Sexualität – zu akzeptieren und in Ihr Leben einzubeziehen. Lassen Sie sich auf Ihrem individuellen Weg immer wieder von dem Neuem und Unbekannten inspirieren.

Der Weg des Tao ist so vielfältig, wie es Menschen gibt, die ihn beschreiten. Jeder Mensch und jede Lebenssituation sind einzigartig, so dass es auch kein allgemein gültiges Rezept gibt. Es ist die Aufgabe jedes einzelnen Menschen, seinen Weg und seine Lebensaufgabe auf individuelle Weise zu finden.

Was Sie brauchen und was Ihnen gut tut, können nur Sie selbst entscheiden. Niemand außer Ihnen hat ein echtes Interesse oder die Sensibilität, Ihr Wesen zu erfassen und Ihre persönlichen Bedürfnisse und Grenzen wahrzunehmen. Das Tao fordert uns auf, unsere innere Stärke zu entwickeln und durch die Befreiung der Sexualität unsere Einzigartigkeit zu entfalten.

Ursprung und Essenz des Tao

Die Wurzeln des Taoismus reichen zurück bis in die Zeit des gelben Kaisers und des Mystikers Lao Tsu (ca. 2600 v.Chr.), die als die Urväter des Taoismus gelten. Der Taoismus ist keine Religion, sondern ein Weg in die spirituelle Unabhängigkeit. Die Suche nach dem Schlüssel zur Unsterblichkeit veranlasste die Taoisten, alle Aspekte des Lebens mit den Naturgesetzen in Verbindung zu bringen und sie zu ergründen.

Den Taoismus könnte man auch als eine Wissenschaft des Lebens bezeichnen, die alle Bereiche umfasst. Über Jahrtausende hinweg wurden Erfahrungen von Tao-Meistern gesammelt und weitergegeben. Diese Sammlung – *Tao Tsang* genannt – umfasst heute 5484 Bände und behandelt u. a. Astrologie, Medizin, Ackerbau, Kräuterkunde, Architektur, Geomantie, Kriegführung, Sexualkunde. Es ist ein Werk voller Weisheit und sein Umfang lässt die Vielschichtigkeit des Taoismus nur erahnen. Viele Texte, etwa die Anweisungen zur inneren Alchimie, wurden in einer verschlüsselten Symbolsprache niedergeschrieben, damit ausschließlich Eingeweihte sie verstehen konnten. Die Texte und Praktiken wurden immer nur an auserwählte Schüler oder innerhalb der Familie weitergegeben. Aufgrund der gewissenhaften Geheimhaltung sind diese wertvollen Weisheiten trotz der häufigen barbarischen Kriege in China bis heute erhalten geblieben.

Taoistische Selbstschulung

Im Taoismus sind unzählige Richtungen und Schulen entwickelt worden, die mit verschiedenen Methoden der Selbstkultivierung arbeiten.

Alle taoistischen Selbstschulungen bauen auf der Sehnsucht und dem Wunsch auf, in die offene Leere (Tao) einzutreten und dort mit der unerschöpflichen Energie des Universums zu verschmelzen. Die Voraussetzung dafür ist völlige Offenheit. Da es für viele Menschen nicht möglich ist, sich direkt auf den Weg der offenen Leere und Formlosigkeit einzulassen, wurden verschiedene Techniken entwickelt, die den Schülern den Einstieg ins »Nichts« erleichtern sollen. So machten die Schüler der »südlichen Schule« Energieübungen und Körpertraining, während in anderen Schulen beispielsweise das stille Sitzen zentral war und wieder andere Schulen sich auf bestimmte Energiezentren besannen.

Immer wieder aber kommen Menschen bei der Ausübung taoistischer Praktiken vom Weg der Selbsterkenntnis und Meditation ab. Sie benutzen die verschiedenen Methoden dazu, ihr Ego zu stärken und Macht auszuüben.

Wu Wei

Die Essenz des Tao wird beschrieben als die höchste Leere und die vollkommene Stille, die sich in der Tiefe und der Offenheit des Nichts offenbaren. »Wu Wei« ist der Weg dorthin. Wu Wei bedeutet »nicht handeln« und ist das wesentliche Prinzip des Tao: die Dinge ihrem natürlichen Lauf überlassen, ohne einzugreifen, und sich dem Fluss des Tao übergeben.

Ich bin der Überzeugung, dass die meisten technischen Sexualpraktiken, Energieübungen und Körperübungen von Männern für Männer entwickelt worden sind, weil die Essenz des Tao dem weiblichen Prinzip entspricht und sich nicht auf natürliche Weise aus einer Yang-Betonung entfalten kann.

Die Grundpfeiler des Taoismus

1. Die Philosophie

Sich Gedanken über den Sinn des Lebens und die Sexualität zu machen, ist die wichtigste Voraussetzung für die eigene Weiterentwicklung. Es bedarf einer tragenden Motivation, um sich in unbekanntes Neuland zu wagen. Das Interesse und die Freude an der Sexualität allein reichen nicht aus, um das Potenzial der Sexualkraft zu entfalten. Die Sexualenergie wird von den Gesetzmäßigkeiten des Kosmos bestimmt. Die taoistische Energielehre hilft uns, diese Energiemuster zu erkennen. »Chi« ist eines ihrer Grundprinzipien. Chi ist Wandlung, Wechsel und Bewegung und noch vieles mehr. Die Taoisten betrachten das ganze Leben als einen Ausdruck von Chi.

Die Muster der Lebensenergie Chi:
- Wu Chi – der Urzustand der totalen Offenheit und Einheit
- das Dualitätsgesetz von Yin und Yang
- die drei Schätze, Ching Chi, Chi und Shen
- die fünf Wandlungsphasen
- das Meridiansystem

Diese Punkte werden zu einem späteren Zeitpunkt behandelt.

2. Gesunderhaltung

Das Tao der Revitalisierung und der Selbstheilung beinhaltet Körperübungen, Atem- und Entspannungstechniken, wie etwa Tai Chi, Tao Yoga, Chi Kung, Sexual-Yoga und verschiedene Meditationstechniken, die auf das Innere des Körpers einwirken, auf Organe, Drüsen und Emotionen.

Das Ziel dieser Übungen ist, Kraft freizusetzen und den Prozess der Selbstheilung einzuleiten. Der Körper wird bis ins Knochenmark gereinigt und seine Zellen werden vitalisiert und erneuert. Einige Übungen dazu werden Sie in diesem Buch kennen lernen.

Kopf, Sexualität und Gefühle führen oft ein Eigenleben. Die Grundlage der taoistischen Übungspraxis besteht darin, die verschiedenen Ebenen mittels der Zentrierungsübung zu einem Ganzen zu verschmelzen, damit der Mensch in Einklang mit sich selber kommt und sich als Einheit erfahren kann. Dies ist die Grundvoraussetzung, um Sexualität in ihrer Fülle zu erfahren.

3. Emotionen

Emotionen regieren den Alltag, die Beziehungen und die Sexualität. Was sind Emotionen? Wie entstehen sie? Was bewirken sie? Was sind die wahren Gefühle, was sind alte Wunden und Verletzungen, die uns immer wieder daran hindern, Sexualität und Sinnlichkeit zuzulassen und zu genießen? Das Tao lehrt den Weg der Eigenverantwortung und zeigt auf, wie wir Emotionen auch an Körpersprache und Energiefrequenz erkennen können. Ein wichtiger Teil des Tao der weiblichen Selbstheilung ist die Verarbeitung und Heilung von alten Wunden und Verletzungen sowie von unverarbeiteten und verdrängten Gefühlen.

4. Ernährung und Heilkräuter

Wegen des Blutverlusts, den wir Frauen über eine lange Lebensspanne periodisch erfahren, kommt unserer Ernährung eine besondere Bedeutung zu. Woher sonst können die Rohstoffe bezogen werden, die wir zur Wiederherstellung des Blutvolumens benötigen?

Hauptziel der ausgewogenen taoistischen Ernährung ist, den Körper bei der Blut- und Energieproduktion zu unterstützen und die Mitte zu stärken. Eine ausgewogene Ernährung wird nach den Prinzipien von Yin und Yang und den Wandlungsphasen der fünf Elemente zusammengestellt und der Konstitution, dem Klima und den Lebensumständen angepasst.

5. Heilkunst

Zur Therapie benutzen die Taoisten hoch entwickelte Heilkünste wie Akupunktur, Akupressur, Meridian-, Organ- und Energiemassagen.

Auch die Sexualität galt im alten China als wirksames Heilmittel. Die ältesten Überlieferungen reichen zurück in die Zeit des Gelben Kaisers, als ein geheimnisvolles Mädchen diesen in die Heilkünste der Liebe einführte.

6. Sexualität

Die Taoisten unterscheiden zwei Arten von Sexualität: die menschliche und die göttliche. Die göttliche führt über die Selbstheilung zu Langlebigkeit und schließlich zu Unsterblichkeit. Die menschliche Sexualität ist geprägt durch den Samenerguss und die Menstruation, führt zu Energieverlust, Krankheit und endet schließlich mit dem Tod.

Die sexuellen Weisheiten sollen ursprünglich ausschließlich für die Schlafgemächer des Kaisers bestimmt gewesen sein. Er allein sollte über die unvergängliche Liebeskraft und Macht verfügen, da er sonst wohl nicht in der Lage gewesen wäre, seine unzähligen Ehefrauen und Konkubinen zu erfreuen und gleichzeitig sein Reich zu regieren. Die Frauen waren dafür verantwortlich, dass der Herrscher bei höchstmöglichem Genuss seine Lebenskraft bewahren und vermehren konnte.

Das Tao der weiblichen Sexualität ist jedoch an einer unabhängigen weiblichen Sexualität interessiert, bei der Frauen keine dienende, minderwertige Rolle einnehmen, sondern als gleichberechtigte Partnerinnen respektiert werden.

7. Künste

Die Künste können zu einem besseren Verständnis der Liebe verhelfen und diese kreativer gestalten. Zu ihnen zählen unter anderen die Physiognomie, die Handlesekunst, die Numerologie, die Astrologie, Feng Shui, die Kalligraphie, die Symbollehre, die Architektur, die Kampfkunst.

8. Lebensgestaltung

Die Sexualität ist immer Ausdruck der persönlichen Lebensgestaltung, der Lebensausrichtung und der Beziehungen. Diese sollen gemäß dem weiblichen Prinzip von Klarheit, Lust und Freude bestimmt sein. Um mehr Licht und Deutlichkeit in unverständliche, stagnierende oder konfliktbeladene Situationen zu bringen, orientieren sich die Taoisten am »I Ging«. Als Orakel stellt es eine Lebenshilfe dar. Es zeigt 64 durch Hexagramme versinnbildlichte verschiedene Wandlungsphasen und Möglichkeiten des menschlichen Daseins auf, mit deren Hilfe Lebensphasen besser erkannt und bewältigt werden können.

Frau und Tao

Die taoistische Lebensweise ist in der chinesischen Kultur entstanden. Dass ich das Tao in Verbindung bringe mit der Befreiung der Frau, könnte den Anschein erwecken, als seien Stellung und Wertschätzung der Frau in China besonders gut gewesen. Lassen wir uns jedoch nicht von dem geheimnisvollen Hauch, der die fernöstlichen Heilmethoden umgibt, irreleiten. Die Chinesen sprachen seit ältester Zeit der Frau sogar die Seele ab. Wurde ein Chinese nach der Zahl seiner Kinder befragt, so zählte er lediglich die Knaben, und hatte er »nur« Mädchen, so gab er an, er sei kinderlos.

Im alten Tao sollen die Wertschätzung und die Stellung der Frau zunächst etwas besser gewesen sein, doch davon ist nicht viel übrig geblieben. Als ich zum ersten Mal die alten Texte der taoistischen Sexualpraktiken las, war ich schockiert. Frauen wurden nach ähnlichen Kriterien beurteilt und ausgewählt wie Gemüse auf dem Markt. Frauen oder noch besser junge kinderlose Mädchen waren im Tao für die nach Macht und Unsterblichkeit strebenden Herren ein Mittel zum Zweck. Das Menstruationsblut und die Sexualsekrete der Frau galten als Leben spendende Yin-Säfte. Die Taoisten sollen davon ausgegangen sein, dass der Saft aus dem geheimnisvollen Tor der Frau ihnen zu Unsterblichkeit oder zumindest zu einem gesunden und langen Leben verhelfe. Der Legende zufolge hat der Gelbe Kaiser durch das Yin-Elixier seiner über tausend Frauen und Konkubinen sogar Unsterblichkeit erlangt.

Das Tao hat sich in keiner Weise vor anderen patriarchalischen Gesellschaftssystemen durch frauenfördernde Maßnahmen ausgezeichnet. Auch im Tao gibt es nur sehr wenige Erfahrungsberichte von Frauen. Das einzige mir bekannte Werk ist *Das Tao der weisen Frauen*, eines meiner Lieblingsbücher.

Ich bin davon überzeugt, dass es immer viele weise Frauen gegeben hat, die das Tao realisierten. Aufgrund ihrer Yin-Betonung und auch durch die minderwertige soziale Stellung oder mangelnde Ausbildung waren sie weder in einer Position noch in der Lage, ihre Erfahrungen in einer schriftlichen Tradition weiterzugeben.

Entdeckung des Tao der weiblichen Sexualität

Einigen der alten Tao-Meistern war bekannt, dass sich der weibliche Weg vom männlichen unterscheidet. Die Frage stellte sich nur: wie?

In meinen vielen Gesprächen mit Mantak Chia, einem bedeutenden zeitgenössischen Tao-Meister und Autor, war der Unterschied zwischen dem Tao der Frau und dem Tao des Mannes immer wieder das große Thema. Auch ihm ist der Unterschied bewusst. Da er jedoch keine Frau sei, könne er diesen Unterschied nicht nachvollziehen.

Die Energiearbeit und die heilenden Übungen erlebte ich intensiv und sie lösten in mir überwältigende Erfahrungen aus. Diese energetischen Erlebnisse aber waren zum Teil so aufregend und heftig, dass sie mich eher aus meiner Mitte herauswarfen, als mich zu zentrieren. Am Anfang stand ich mit diesen Erfahrungen sehr allein.

Ich merkte, dass irgendetwas für mich im Zusammenhang mit der taoistischen Übungspraxis nicht stimmte. Der Disziplin, der Technik und der Energie wurde nach meinem Empfinden zu große Wichtigkeit eingeräumt. Da entschloss ich mich, meine Erfahrungen und Erkenntnisse zurückgezogen und in aller Ruhe zu erforschen. Dabei lernte ich, immer mehr meinen ureigenen Erfahrungen und meiner weiblichen

Intuition zu trauen. Durch diese weibliche Perspektive veränderte sich nicht nur mein persönliches Erleben, sondern auch meine Arbeit wurde von den Erfahrungen des »weiblichen Tao« allmählich verwandelt.

Immer wieder erlebe ich, dass Frauen durch das weibliche Tao schnell Zugang zu ihrer inneren Stärke und Ruhe finden und sich schon nach kurzer Zeit grundlegend verändern. Dass der weibliche Weg bei so vielen Frauen wirkt, spricht für ihn, und das Tao soll noch viele Frauen auf ihrem Weg begleiten.

2   Yin und Yang

Einheit der Gegensätze

Nach der alten taoistischen Kosmologie teilt sich das Wu Chi – die Totalität, die absolute Offenheit und Verbundenheit – in zwei Aspekte: Yin und Yang.

Jede Lebensform ist ihrem Wesen nach eine Einheit aus diesen dualistischen Anteilen. Für die Taoisten gehören gegensätzliche Pole untrennbar zusammen. Ihre Kategorie ist nicht die des Entweder-Oder, sondern des Sowohl-als-auch. Das Dunkle kann nur existieren, solange es auch Helligkeit gibt; das Positive kann nur existieren, solange es das Negative gibt. Die konstante Wechselwirkung von Yin und Yang stellt den Urrhythmus des Lebens dar, die wichtigste Gesetzmäßigkeit im ewigen Fluss des Tao. Die Natur ist ständig bestrebt, das Gleichgewicht zwischen den beiden Polen aufrechtzuerhalten.

Die taoistische Kosmologie betrachtet den menschlichen Körper als einen Mikrokosmos im Universum. Auch er ist dem Wechselspiel gegensätzlicher Kräfte unterworfen. Yin gilt als das weibliche Prinzip: sich zusammenziehend, Form annehmend, Materie. Yang gilt als männlicher Gegenpol: sich ausdehnend und aufsteigend, reine Energie ohne Form und Struktur. Das Tao lehrt uns, die gegenseitige Abhängigkeit dieser beiden Pole als ein ewiges Wechselspiel zu verstehen. Der hieraus entstehende Magnetismus erzeugt eine Spannung, die den Fluss der Energien aufrechterhält. Sobald dieser stagniert, ist das Gleichgewicht gestört, die Harmonie löst sich auf und es entsteht Teilung, Entfremdung und Isolation.

Auch Beziehungen basieren auf dem Dualitätsgesetz von Yin und Yang: einerseits dem Wunsch nach Verschmelzung und Ausdehnung und andererseits dem nach Rückzug und Besinnung auf die eigenen

Grenzen. Das Tao fordert beide Extreme auf, in Harmonie und gegenseitiger Akzeptanz miteinander zu leben.

Alle Beziehungskonflikte können als Ausdruck eines Ungleichgewichts von Yin und Yang betrachtet werden. Solange sich die Yin- und die Yang-Kräfte in unserem Inneren gegenseitig bekämpfen, besteht ein Spannungszustand, der sich auch äußerlich manifestiert und uns daran hindert, ein glückliches und erfülltes Leben zu führen.

Die Kennzeichen von Yin und Yang

Das Dualitätsgesetz von Yin und Yang liefert uns ein Modell, mit dem wir Situationen betrachten und mehr Klarheit und Verständnis gewinnen können.

Die folgende Liste macht Sie mit dem jeweiligen Charakter von Yin und Yang vertraut. Dabei habe ich eine Auswahl von Gegensätzen getroffen, die meiner Ansicht nach im Umgang mit der Sexualität eine Rolle spielen.

Yin	Yang
Weiblich	männlich
Wasser	Feuer
Nacht	Tag
Erde	Himmel
Östrogen	Testosteron
Materie	Energie
Intuition	Logik
Gefühle	Gedanken
Weisheit	Wissen
Tiefpunkt	Höhepunkt
Ruhe	Bewegung
Entspannung	Erregung
Sanft	heftig
Passiv	aktiv
Innen	außen

Natürlich	technisch
Kalt	warm
Ausatmen	einatmen
Introvertiert	extrovertiert
Erhaltend	auflösend
Aufnehmend	erzeugend
Unbewusst	bewusst
Sich gut fühlen	gut sein
Sein	tun
Friedlich	kämpferisch
Mitgefühl	Kontrolle
Gemeinsam	allein
Flexibel	entschlossen
Subjektiv	objektiv
Einfühlen	einwirken

Diese Liste können Sie beliebig ergänzen.

Yin und Yang liefern einander die Grundlage zu Existenz und Entwicklung. Wenn Sie das Symbol betrachten, sehen Sie den hellen Punkt im dunklen Yin-Bereich und den dunklen Punkt im hellen Yang-Bereich.

Das Symbol für Yin und Yang

Hat das Yin den tiefsten Punkt erreicht, verwandelt es sich und die Yang-Kraft wird daraus geboren. Der helle Punkt im Yin steht für die Yang-Kraft, die sich im Yin entwickeln kann. Hat das Yang den höchsten Punkt und die stärkste Ausdehnung erreicht, geht daraus die Yin-Kraft hervor.

Welche Auswirkungen dieses Wechselspiel auf unser Leben haben kann, werden wir im Laufe dieses Buches immer wieder von einer neuen Warte aus betrachten. Das Modell von Yin und Yang soll uns als roter Faden das ganze Buch hindurch begleiten.

Es wäre falsch zu sagen, Yin ist gleich Frau oder Yang ist gleich Mann. Es gibt Frauen mit starken Yang-Anteilen und Männer mit einer starken Yin-Betonung.

Wenden wir uns noch einmal dem Symbol zu. Der helle Punkt im Yin steht für das Yang im Yin. Der dunkle Punkt im Yang steht für das Yin im Yang. Das weibliche Prinzip zeigt sich äußerlich in Sanftheit, Weichheit, Empfänglichkeit, Eigenschaften, welche die innere Kraft ausgleichen, die oft in der Tiefe der Frau verborgen schlummert. Das männliche Prinzip hingegen ist nach außen stark und hart.

Weibliche und männliche Stärken und Schwächen

In Kursen und Beratungsgesprächen stelle ich seit Jahren Männern und Frauen immer wieder die gleiche Frage: »Was ist Ihrem Gefühl nach die Ursache Ihrer Probleme?« Verblüffend ist die außerordentliche Treffsicherheit und Klarheit, mit welcher Frauen den Kern ihres Problems erfassen und formulieren können. Intuitiv zählen sie Ursachen von Krankheiten und Problemen auf. Erst wenn sie sich ihre Aussage bewusst machen, tritt oft Verunsicherung ein: »Aber ich weiß nicht, ob das so stimmt.« Gleichwohl stellt sich immer wieder heraus, dass der erste Impuls der richtige ist und Frauen die Gründe ihres Problems intuitiv ziemlich gut erfassen.

Stelle ich Männern die gleiche Frage, lautet die Antwort in den meisten Fällen: »Ich habe keine Ahnung.« Dann fordere ich sie auf, die Augen zu schließen und die Frage auf sich einwirken zu lassen. Doch auch nach einer gewissen Zeit können sie mir ihre Ahnungslosigkeit nur bestätigen. Gelegentlich fällt ihnen etwas ein, was sie gelesen oder gehört haben, und sie äußern eine Vermutung, die aber in den meisten Fällen nichts mit ihnen oder ihrer derzeitigen Situation zu tun hat.

Aus diesem Grund empfinde ich die Arbeit mit Frauen als sehr fruchtbar und hoffnungsvoll. Sobald sie sich trauen, ihre Aufmerksamkeit nach innen zu richten und in die Tiefe zu gehen, kommen sie in Kontakt mit ihrer Intuition und Stärke. Den meisten Männern hingegen bleibt aus Gründen, die es im Moment nicht zu erforschen gilt, der Zugang dazu oft verschlossen.

Welche Frau kennt diese Situation nicht: Wir sind mit einem Freund, Ehemann, Liebhaber oder Sohn zusammen und merken, dass irgendetwas nicht stimmt. Sein Verhalten ist nicht so wie sonst und wir erkundigen uns, was los sei. Nicht selten kommt zur Antwort ein beinahe überzeugendes: »Nichts.«

Frauen gelten als das schwache Geschlecht, Männer als das starke. Die Frau gilt – schon rein äußerlich – als weich, der Mann als hart. Tatsächlich ist der weibliche Körper weicher und fülliger als ein Männerkörper. Die Haut eines Mannes ist nicht so weich wie die einer Frau, das Gewebe ist bei Männern in der Regel straffer und der Körper ist muskulöser.

Ein Merkmal des Dualitätsgesetzes von Yin und Yang ist, dass die Natur immer den Ausgleich sucht. Wenn sich also die Kraft im Inneren konzentriert, wird das Außen automatisch weicher und schwächer. Richtet sich die Kraft nach außen, wird das Innere geschwächt.

Die Yang-Betonung unserer Gesellschaft

Unsere westliche Gesellschaft ist sehr Yang-orientiert. Verstand, Logik und männliche Wertvorstellungen dominieren. Kaltblütig werden Gefühle und Intuition unterdrückt, Körperregungen missachtet und die Natur durch Technik und Wissenschaft ausgebeutet. Die Yang-Herrschaft spiegelt sich auch in unserer Religion: Der allmächtige Vater im Himmel steht über uns und wird angebetet. Aufmerksamkeit und Hoffnung der Menschen sind auf ein äußeres Ziel in der Zukunft gerichtet. Die meisten malen sich aus, wie glücklich sie sein werden, wenn sie dieses erst einmal erreicht haben: Wenn ich einen Partner hätte... Wenn mein Partner anders wäre... So bleibt wenig Kraft und Energie für die innere Entwicklung übrig. Der solchem Denken in Wirklichkeit zugrunde liegende Konflikt kann weder wahrgenommen noch aufgelöst werden.

Für Männer scheint diese Situation eher erträglich, denn von ihrer Yang-Prägung her sind sie mehr nach außen orientiert und leiden nicht so sehr unter dem Zustand innerer Leere wie Frauen. Durch ihre Yin-Betonung aber empfinden viele Frauen einen solchen Leerezustand als tiefen Schmerz und zermürbende Unzufriedenheit.

Teil II

Der Weg ins Innere

3   Yin – das weibliche Prinzip

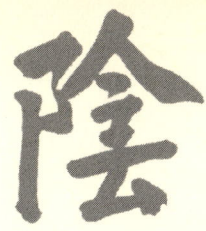

Chinesisches Schriftzeichen für Yin

Das weibliche Prinzip galt schon immer als geheimnisvoll und uner-
gründlich und wird mit den Tiefen des Unbewussten in Verbindung
gebracht. Worte reichen niemals aus, um die weibliche Essenz zu erfassen – eine Schwierigkeit, die ich beim Schreiben dieses Buches schmerz-
lich erfahre. Sobald ich versuche, weibliche Qualitäten mit Worten einzufangen, verlieren sie an Lebendigkeit, Tiefe und Kraft. Deshalb
schweigen auch so viele Frauen. Vielleicht wäre es viel treffender, kein
Frauenbuch zu schreiben. Etwas in Worte zu fassen, wofür es keine Worte gibt, ist frustrierend. Wenn ich hingegen mit anderen Frauen medi-
tiere, ist es so einfach, die Yin-Essenz zu erfahren. Und diese Erfahrung
teilen mit mir auch Frauen, die bislang keinen bewussten Zugang zu ihrer Yin-Kraft hatten. Aus diesem Grund benutzten die Menschen immer
schon Symbole, wenn sie tiefere Schichten ansprechen und etwas ausdrücken wollten, was Worte nicht vermögen.

Die Eigenheiten des Wassers werden im Tao benutzt, um symbolisch
die Yin-Qualität darzustellen: Das Wasser ist formlos und anpassungs-
fähig. Es strebt immer nach unten und ruht im tiefsten Punkt. Die Tiefe
des Wassers ist grenzenlos. Die Stärke des Wassers liegt in seiner Weichheit und Beständigkeit. Wasser kontrolliert das Feuer und hat die Kraft,
es auszulöschen. Wasser nimmt alles in sich auf und wird durch andere
Kräfte verändert. Kälte kühlt das Wasser ab und lässt es zu Eis erstarren.

Wärme wiederum schmilzt das Eis. Unter Feuereinfluss kann Wasser bis zum Siedepunkt erhitzt werden und verdampfen.

Der weibliche Weg

Da der weibliche Körper dem Yin-Prinzip unterliegt, ist es für uns Frauen wichtig, die kostbaren Yin-Anteile wahrzunehmen, zu nähren, zu entwickeln und zu bewahren. Wegen der Überbetonung der Yang-Qualitäten in unserer Gesellschaft sind auch die Bereiche Gesundheit, Lebensgestaltung, Therapie und Sexualität stark von männlichen Modellen geprägt, die nicht auf die typisch weiblichen Probleme abgestimmt sind.

Für die Gesunderhaltung und das Wohlbefinden der Frau ist es notwendig, weibliche Sensibilität und Verletzlichkeit sowie die Gesetzmäßigkeiten des Frauenkörpers zu beachten. Wichtig ist daher, dass Frauen genügend Selbstvertrauen entwickeln, um entscheiden zu können, was wann für sie gut ist und was nicht, damit sie ihr Gesundheitsprogramm, ihre Therapieform und ihren Ernährungsstil ihren sich ständig verändernden Körpersymptomen, Lebensumständen und persönlichen Bedürfnissen anpassen können.

Heute befinden wir uns in einer Zeit der Neuorientierung und des Umbruchs. Die bisher gültigen Maßstäbe, Strukturen und Normen sind im Begriff, sich aufzulösen. Weltweit verschieben sich Grenzen. Nehmen wir nur eine zehn Jahre alte Landkarte von Europa, um uns die Wechselhaftigkeit heutiger Zeit vor Augen zu führen.

Es besteht ein reger Austausch zwischen verschiedenen Kulturen. Uns steht heute eine unüberschaubare, verwirrende Fülle an Wissen und Möglichkeiten zur Verfügung. Von allen Seiten werden uns Rettungsringe zugeworfen, von denen uns einige zwar das Gefühl von Sicherheit vermitteln, aber nicht wirklich zeigen können, wie wir uns selbst über Wasser halten können.

Das Tao lehrt den Weg der Unabhängigkeit und Selbstheilung und unterstützt Sie, in Kontakt mit Ihrer inneren Kraft und Weisheit zu kommen. Sie lernen mit seiner Hilfe, sich an der eigenen Mitte zu orientieren und selbst zu entscheiden, was Sie brauchen und was nicht. In dem folgenden Abschnitt möchte ich Ihnen die Grundlagen der Selbstheilung vorstellen.

Selbstheilung aus der Mitte

Innere Zerrissenheit, Leere und fehlende Zentriertheit führen dazu, dass wir uns hauptsächlich an klischeehaften Äußerlichkeiten orientieren, mit denen wir uns identifizieren. Wir suchen Halt im Materiellen, in Beziehungen, in Status, Hobbys usw. Das Zentrum unserer Aufmerksamkeit liegt meist außerhalb der eigenen Person. Diese »innere Abwesenheit« ist die Hauptursache menschlicher Probleme und verhindert die bewusste Entwicklung und Heilung der weiblichen Sexualität.

Die drei Tan T'ien

Der erste Schritt der Selbstheilung besteht darin, die Aufmerksamkeit nach innen in die Mitte zu lenken, um dort ein heilendes Energiefeld aufzubauen. In der Mitte wird es möglich, die verschiedenen Ebenen Kopf, Gefühle und Körper zu einem Ganzen zu verschmelzen. Ist die Mitte belebt und beseelt, kann hier die »innere Medizin« erzeugt werden.

Auf der Abbildung auf Seite 41 sehen Sie die drei großen Energiezentren abgebildet, die auf chinesisch Tan T'ien heißen. Der untere Tan T'ien liegt unterhalb des Nabels in der Mitte des Bauchraumes, der mittlere Tan T'ien befindet sich in der Herzgegend und der obere Tan T'ien liegt im Kopf.

Das untere Energiezentrum wird auch das Medizinalfeld genannt, weil dort im Gegensatz zu den beiden anderen Energiezentren Energie unbedenklich gesammelt und gespeichert und die innere Medizin gebildet werden kann.

Hingegen kann es sehr gefährlich sein, im Herz oder auch im Gehirn Energien zu sammeln und zu verdichten, da diese sensiblen Energiezentren leicht überhitzen und Menschen dadurch aus dem Gleichgewicht geraten können.

Das Fundament der Selbstheilung für Frauen besteht darin, den unteren Tan T'ien positiv aufzuladen und dort Energien aufzunehmen und zu speichern. Dieser innere Verdichtungsprozess erfordert viel Zeit und Aufmerksamkeit.

Die eigene Mitte

Die meisten Menschen spüren ihre Mitte nicht. Um schneller voranzukommen, füllen viele ihre Mitte ersatzweise mit ihrer Vorstellung und Phantasien auf. Gedanken können jedoch Gefühle niemals ersetzen.

Als ich vor vielen Jahren in den USA einen taoistischen Workshop besuchte, tauschte ich mit anderen Praktizierenden Erfahrungen aus. Mich interessierte die Mitte; ich wollte wissen, wie sie sich anfühlt und wie man mit ihrer Kraft in Kontakt kommt. Die anwesenden Amerikaner berichteten mir von ihren überwältigenden Meditationserfahrungen: innere Feuerwerke, Energien in allen Farben und und und... Die Schilderungen waren so abgehoben und esoterisch, dass ich mir wie das Heidi aus den Schweizer Bergen vorkam, denn ich spürte gar nichts von alledem. Meine Mitte – wo war die? Niemand konnte mir eine befriedigende Anwort geben oder mir praktisch weiterhelfen. Und doch taucht in allen alten taoistischen Schriften die Mitte, sozusagen als der innere Schlüssel, immer wieder auf, und ich wollte diesem Phänomen auf den Grund gehen.

In den darauf folgenden Monaten beschäftigte ich mich intensiv mit meiner Mitte. Ich setzte alle mir zur Verfügung stehenden Mittel ein, probierte die verschiedensten Techniken aus, Atemtechniken, Massagen, Chi Kung, Bewegung, und richtete meine Aufmerksamkeit immer wieder in die Mitte, bis ich sie endlich deutlich wahrnehmen konnte.

Mit der Zeit wurde es einfacher, die Mitte zu spüren. Je mehr ich mich mit ihr beschäftigte, desto schneller konnte sich mein Körper an sie »erinnern«. In der Mitte zu bleiben und im Alltag aus der eigenen Mitte heraus zu leben, ist und bleibt eine große Herausforderung, besonders auch in intimen Beziehungen.

Anfangs ist es nötig, sich im geschützten Rahmen der Meditation oder während einer Übung zu zentrieren. Der beste Hinweis, ob wir uns erfolgreich zentrieren können, sind unsere Beziehungen, denn sie zeigen uns deutlich, wie stark wir in unserer Mitte wirklich verwurzelt sind.

Die Grundlagen der Selbstheilung

Die folgenden Übungen werden Sie auf Ihrem Weg zur Mitte dabei unterstützen, die eigene Ganzheit zu finden.

- Setzen oder stellen Sie sich aufrecht und entspannt hin und schließen Sie die Augen.
- Legen Sie nun die rechte Hand unter den Bauchnabel und die linke Hand auf den Rücken direkt gegenüber. Die Handflächen sind gegeneinander gerichtet, damit dadurch ein Magnetfeld entsteht.
- Fühlen Sie immer tiefer in Ihre Mitte hinein, bis Ihr Blut klar und deutlich pulsiert.
- Durch das Pulsieren werden Sie selbst zu Ihrer Mitte.
- Die Atmung wird immer entspannter und mit jeder Ausatmung sinken Sie noch tiefer in Ihre Mitte hinein.
- Machen Sie diese Übung, so oft Sie können, wo immer Sie sich befinden und immer mindestens so lange, bis der Puls in der Mitte jederzeit gut spürbar wird.

Zentrierungsübung

Wenn es Ihnen möglich geworden ist, mit der oben beschriebenen Übung Ihre Mitte zu aktivieren und ein Wärme- oder Energiegefühl zu erzeugen – dieser Prozess kann durchaus einige Wochen oder Monate dauern –, gehen Sie zum nächsten Schritt über.

Chi-Ball   *Zum Vertiefen*

- Atmen Sie, mit oder ohne Hilfe Ihrer Hände, wie oben, bis Ihre Mitte warm wird und pulsiert.
- Lassen Sie Aufmerksamkeit und Energie in Ihrer Mitte spiralförmige Kreise ziehen.
- Richten Sie Ihre Aufmerksamkeit in die Mitte, bis sich die Energien verdichten, bis ein Energiekonzentrat wie ein Ball entsteht: ein Chi-Ball.

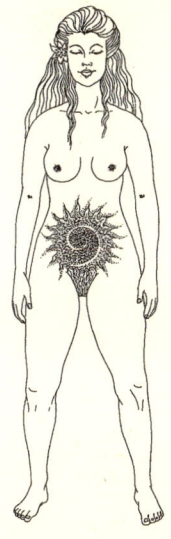

Chi-Ball

- Probieren Sie, mit welchem Tempo, welcher Intensität und in welche Richtung sich Ihre Energie am einfachsten verdichten lässt. (Dieser Prozess ist der Zubereitung etwa eines Puddings nicht unähnlich: Zuerst ist die Masse dünnflüssig und wird durch Umrühren und Wärme immer dicker.)

Durch die Zentrierungsübung wird in der Mitte ein Energiefeld erzeugt, die Grundlage der Selbstheilung. Der Selbstheilungsprozess besteht darin, dieses Energiefeld mit einer positiven Schwingung aufzuladen, damit sich die heilenden Kräfte entfalten. Er wird u. a. durch die folgenden zwei Möglichkeiten eingeleitet:

Das innere Ja   Zum Ausprobieren

Richten Sie Ihre volle Aufmerksamkeit in Ihre Mitte und laden Sie diese nun mit einem inneren Ja auf. Machen Sie das so lange, bis Ihre Mitte zu einem herzhaften Ja wird und positiv schwingt.

Das innere Lächeln   Zum Vertiefen

Mit dem inneren Lächeln ist Ihr Liebesgefühl gemeint, das z. B. beim Anblick einer wunderschönen Rose oder eines Babys ausgelöst wird. Rufen Sie sich ein Bild vor Augen, das in Ihnen ein gutes Gefühl und ein Lächeln auslösen kann und Sie dadurch in Kontakt mit Ihrer Herzkraft bringt. Dies ist der Anfang des inneren Lächelns. Das erzeugte positive Gefühl soll nicht nach außen fließen, sondern wie ein Elixier Ihre Mitte anfüllen.

- Setzen oder legen Sie sich entspannt hin, schließen Sie die Augen und atmen Sie ruhig und tief.
- Lassen Sie ein Bild, das in Ihnen das innere Lächeln hervorruft, vor Ihrem geistigen Auge aufsteigen, bis dadurch ein Wohlgefühl entsteht.
- Lenken Sie dieses Wohlgefühl dann mit der Ausatmung nach innen und füllen Sie Ihren ganzen Körper damit auf.

Inneres Lächeln

Machen Sie diese Übung so oft wie möglich, bis Sie sie auch mit offenen Augen beherrschen. Sie sollten sich am Anfang genügend Zeit nehmen. Achten Sie darauf, dass ein wirklich tiefes Gefühl in Ihnen entsteht, nicht bloß klischeehafte, laue rosa Traumwölkchen.

4   Tao der Sexualität

Ziel und Potenzial

Im Tao gilt die Sexualkraft als Grundlage für körperliche und geistige Gesundheit sowie Kreativität. Ziel des Tao der Sexualität ist, diese von körperlichen, emotionalen und mentalen Abhängigkeiten und Belastungen zu befreien.

Die Sexualenergie ist die einzige Energie, die sich multiplizieren lässt. Dieses Potenzial kann dafür eingesetzt werden, innere Prozesse wie Selbstheilung und Meditation zu beschleunigen und zu vertiefen. Das Tao fordert uns auf, die Sexualität bewusst zu lenken und mit den höheren Energiezentren und mit Liebe und Spiritualität zu verbinden.

Das Potenzial der Sexualität entfaltet sich in Unabhängigkeit und Selbstverantwortung. Wie sich die Sexualität bei jedem einzelnen Menschen manifestiert, wird durch seine innere Einstellung und die äußere Lebenssituation mitbestimmt. In den meisten Fällen verdeutlicht die Sexualität die emotionale, körperliche und materielle Abhängigkeit, in der wir Menschen stecken.

Innere Leere und Beziehungslosigkeit tragen dazu bei, dass die Sexualität überwiegend im Außen stattfindet. Um in Kontakt mit der eigenen Sexualkraft zu kommen, brauchen die meisten Menschen erst Stimulation, einen äußeren Anlass, einen Gedanken oder einen anderen Menschen. Viele Frauen werden oft erst durch ihre intimen Beziehungen zu Männern mit ihrer eigenen Sexualität konfrontiert.

Da die Sexualkraft oft nur in erregtem Zustand wahrgenommen wird, ist den wenigsten Menschen bewusst, dass sie eine ständig in ihrem Körper vorhandene Energiequelle ist. Die Verantwortung für die eigene Sexualität zu übernehmen bedeutet auch, den Kontakt zu ihr zu vertiefen. Diese innere Kraftquelle kann uns jederzeit zur Verfügung stehen, auch wenn äußere Stimulation ausbleibt. Um Sexualität zu erleben, sind wir nicht vom »richtigen« Partner abhängig, der uns im »richtigen« Moment und an der »richtigen« Stelle berührt und dazu zärtlich »Ich liebe dich« flüstert.

Was ist Sexualität?

Sexualität bedeutet auf lateinisch Geschlechtlichkeit; darunter fallen alle Vorgänge, die dazu dienen, die geschlechtliche Fortpflanzung zu ermöglichen. Sexualität hat mit Fortpflanzung zu tun, also mit Arterhaltung. Die Sexualität ist ein Vermehrungsmechanismus, der sich nicht nur auf körperlicher Ebene auswirkt, sondern auch die emotionale und energetische Ebene beeinflusst. Geschlechtsverkehr, Empfängnis, Schwangerschaft, Geburt und Menstruation sind Bestandteile der weiblichen Sexualität.

Die Sexualität hat unzählige Gesichter und Facetten; sie ist umwoben von Bildern, Mythen, Phantasien, Gefühlen, Träumen und Gedanken. Auch die Sexualität wird durch die zwei gegensätzlichen Pole Yin und Yang bestimmt, die ein hilfreicher Wegweiser im Umgang mit ihr sind.

»Will man mit seiner Energie arbeiten, ist es erforderlich, die ›Künste des Schlafgemachs‹ zu kennen. Wer sich in den Künsten von Yin und Yang nicht auskennt und nicht in der Lage ist, die beiden Kräfte in Harmonie zu halten, wird immer wieder erschöpft und ausgelaugt sein und nur mit großer Mühe und Anstrengung zu seiner inneren Kraft finden.« (Auszug aus den subtilen Lehren von Meister Ge Hong, übersetzt von Thomas Cleary).

Während die Wasserkraft für die Yin-Qualitäten steht, symbolisiert das Feuer Yang. Entsprechend der Qualität des Wassers präsentiert sich die weibliche Sexualkraft ganz unterschiedlich. Das Wasser ist farb- und formlos und nimmt Bilder, Phantasien, Gefühle und Gedanken in sich auf.

Die Wasserkraft wird bei jedem einzelnen Menschen von der Qualität dominiert, die am stärksten in ihm vorhanden ist. Das können auch unterdrückte und unbewusste Anteile sein. Häufig bestimmen daher die unbewussten, negativen Emotionen zu einem großen Teil die menschliche Sexualität.

Die Feuerkraft gibt der Sexualität Impulse und Kraft. Dadurch werden alle vorhandenen Qualitäten im Mensch intensiviert und verstärkt.

Die »Künste des Schlafgemachs«

»Künste des Schlafgemachs« wurden die sexuellen Weisheiten in China genannt. Die Künste, die ursprünglich exklusiv für die Gemächer des Kaisers bestimmt waren, haben mit der Zeit ihren Weg in einen größeren Kreis von Auserwählten gefunden. Im alten China soll es etwa zehn verschiedene Schulen gegeben haben, die sich mit den sexuellen Praktiken befassten. Die Kultivierung der Sexualkraft galt schon damals als sehr umstritten und wurde aus ganz unterschiedlichen Motiven ausgeübt.

Es gab Schulen, die das Sexual-Yoga zur Gesunderhaltung und Heilung des Körpers einsetzten. In Alchimistenkreisen versprach man sich durch den richtigen Umgang mit der Sexualenergie sogar Unsterblichkeit.

Aber es soll auch Schulen gegeben haben, die Scharlatanen und Lüstlingen Gelegenheit gaben, mit Sexspielen ihr Unwesen zu treiben. Reiche und machtgierige Herren kauften und raubten anscheinend junge Mädchen für ihre Sexualpraktiken. Auch gibt es Überlieferungen von weiblichen und männlichen Schamanen in China, die Sexual-Yoga praktizierten und dabei ekstatische Orgien und Rituale feierten.

Der Legende nach wurden die sexuellen Geheimnisse ursprünglich von Frauen gelehrt, wie etwa von dem »einfachen Mädchen«, das den Gelben Kaiser initiierte.

Sexuelle Weisheit

Die verschiedenen Richtungen des Tao waren sich jedoch darin einig, dass die Sexualkraft das Fundament für Gesundheit, Kreativität und geistiges Schaffen sei und auch eine wesentliche Bereicherung und Unterstützung auf dem spirituellen Weg sein konnte. So wurden Methoden entwickelt, um in Kontakt mit der Sexualkraft zu kommen, sie zu befreien und zur inneren Kraftquelle zu gelangen.

Das große Geheimnis besteht darin, die Sexualkraft zu bewahren, sie nicht nach außen fließen zu lassen, sondern im Körper zu behalten. Dadurch wird er belebt und mit Lebenskraft angefüllt. Die Sexualkraft vermag das Gehirn, die inneren Organe und die Drüsen zu nähren und zu stärken.

Die Sexualkraft zu bewahren und nach innen zu lenken bedeutet im Tao nicht – wie bei vielen anderen Wegen der Selbstfindung –, Mönch zu werden und zölibatär zu leben. Die Taoisten waren keineswegs gewillt, auf ein tolles Liebesleben zu verzichten. Im Gegenteil: Sie entwickelten Praktiken, die dazu dienten, durch das zweisame Liebesspiel noch mehr Kräfte zu erzeugen. Die Sexualkraft zu bewahren bedeutet für Männer, die Samenkraft im Körper zu halten und nicht zu ejakulieren. Das setzt voraus, dass man den Orgasmus vom Samenerguss trennen kann.

Frauen verlieren ihre Sexualkraft nicht unbedingt durch sexuelle Aktivitäten. Die Essenz weiblicher Sexualkraft wird im Ei gespeichert. Frauen verlieren einen großen Teil ihrer Energie und Substanz durch Menstruation und Geburten. Viel Kraft geht auch durch eine schwache Beckenbodenmuskulatur verloren. Wenn die unteren Tore nicht verschlossen sind, fließt die unverfeinerte Sexualkraft automatisch aus dem Körper zur Erde hinab.

Technik und Disziplin

Der traditionelle Weg des Tao der Sexualität ist sehr yang-betont, technisch und diszipliniert und besteht hauptsächlich aus körperlichem Training und Energiearbeit. Für die alten Chinesen und die Mehrheit der Männer mag das der richtige Weg gewesen sein. In meiner jahrelangen Arbeit als Sexologin und Meditationslehrerin habe ich immer wieder feststellen müssen, dass körperliches Training und Energiearbeit allein nicht ausreichen, um die sexuellen Weisheiten zu integrieren. Jedoch erlebe ich oft, dass Technik für Männer eine wichtige Voraussetzung ist und dass sie von intensivem körperlichen Training in der Sexualität sehr profitieren können. Technik hilft ihnen, die außer Kontrolle geratene Sexualkraft bewusst zu lenken.

Dieses yang-betonte Vorgehen kann bei Frauen genau das Gegenteil bewirken und sie daran hindern, mit ihrer natürlichen Weiblichkeit in Kontakt zu treten. Eine zu starke Yang-Betonung im Alltag und in der Sexualität ist die Ursache vieler sexueller Unzufriedenheiten. Technik und Disziplin gehören zum Yang-Aspekt und können die natürliche weibliche Energie verletzen, denn der Gegenpol von Natürlichkeit und Hingabe ist Technik und Disziplin.

Befreiung der Sexualkraft

Die Befreiung der Sexualkraft ist ein ganzheitlicher Prozess, der sowohl auf körperlich-energetischer als auch auf emotionaler, geistiger und spiritueller Ebene stattfindet. Um zu erfahren, was an der Sexualität so kostbar und heilsam sein kann, ist es notwendig, sie losgelöst von romantischen Vorstellungen und emotionalen Verstrickungen zu erleben.

Dass die Sexualkraft die einzige Energie ist, die sich erregen und vermehren kann, macht sie besonders interessant. So dient sie nicht nur dem Lustgewinn, sondern sie intensiviert und beschleunigt auch Selbstheilungsprozesse und hilft, die Stille zu vertiefen. Was heißt das genau? Wie Sie vielleicht an sich selbst feststellen, ist die Sexualität so stark mit Vorstellungen, Emotionen und Beziehungen verknüpft, dass es uns spontan nicht gelingt, diese Kraftquelle in uns wahrzunehmen oder gar

zu nutzen. Im Tao geht es um die Befreiung und Reinigung der Sexualkraft, damit diese als ständige Präsenz wahrgenommen werden kann.

Die drei Schätze

Das taoistische »Geheimrezept« für den Umgang mit der Sexualenergie
sind die drei Schätze: Essenz (Ching Chi), Lebenskraft (Chi) sowie Geist
und Spiritualität (Shen). Diese drei Schätze sind in der taoistischen
Übungspraxis von großer Bedeutung, daher ihr Name.

Die drei Schätze beschreiben den Weg der Transformation von der
grobstofflichen Essenz (Ching-Chi) bis zur höchsten Seinsebene. Welche Bedeutung haben diese drei Substanzen für uns und unseren Umgang mit Sex?

Die Essenz Ching Chi

Als Essenz wird die feinstoffliche Grundlage der Sexualenergie (Eizelle,
Spermien, Embryo) bezeichnet, die hauptsächlich in den Nieren gespeichert ist. Es handelt sich dabei um das energetische Reservoir des
Körpers, sozusagen seine Batterie. Durch Menstruation, Geburten und
den männlichen Samenerguss wird das Reservoir ausgeschöpft und mit
der Zeit geleert. Der weibliche Körper produziert im Laufe eines Lebens
insgesamt etwa 400 000 (Ur)Eizellen, von denen nur ca. 400 bis 500 zur
Ausreifung kommen. Ein Ejakulat (Samenerguss) enthält ca. 300 Millionen Spermien. Fast jede Eizelle und viele der Spermien sind geschaffen, um einem neuen Menschen die Grundlage zum irdischen Dasein zu geben. Alle nötigen Informationen sind in diesem Grundstein
enthalten. Der menschliche Körper stellt deshalb nur die besten Rohstoffe für die Fortpflanzung zur Verfügung. Die für die Produktion von
Eizellen und Samen erforderlichen Stoffe bezieht er vor allem aus den
Nieren. Aber auch die anderen Organe, Drüsen, das Gehirn und die Knochen werden für die Fortpflanzung angezapft.

Die Essenz im Körper erhalten

Das erste Geheimnis ist, die Essenz im Körper zu bewahren und zu vermehren. Die Ovaratmung ist eine Möglichkeit, der Eizelle die Kraft zu entziehen und die Ovarkraft dem Körper zuzuführen. So werden die inneren Organe, die Drüsen, das Gehirn und die Knochen gestärkt.

Im Verlauf des Buches werde ich Sie mit Techniken vertraut machen, die es Ihnen ermöglichen, die Ovarkraft im Körper zu behalten und als Kraftquelle zu nutzen. Damit die Techniken jedoch die gewünschte Heilwirkung erzielen, sollten sie nie losgelöst praktiziert werden, sondern immer als Bestandteil eines größeren Ganzen, und auf einem soliden Fundament aufgebaut sein.

Da die Ovaratmung eine sehr kraftvolle Übung ist, wird sie erst eingeführt, wenn die Gebärmutter gründlich von negativen Emotionen gereinigt ist; ansonsten kann sie gesundheitliche Schäden hervorrufen.

Die Essenz verfeinern

Das Ching Chi ist eine gröbere Energie als die Lebenskraft, die in unserem Körper zirkuliert. Wegen ihrer Dichte ist die Essenz träger und schwerer. Wenn das Ching Chi unverfeinert dem Körper zugeführt wird, können daraus Gesundheitsschädigungen folgen. Zum Beispiel kann unverfeinertes Ching Chi, das direkt in die Nieren gelangt, Allergien auslösen. Je feiner Energien sind, desto besser können sie von den Organen und den Drüsen absorbiert werden. Zu grobe Energie kann den Organismus belasten und beispielsweise auch eine starke emotionale Unausgeglichenheit bewirken.

Der kleine Energiekreislauf (siehe Seite 81) ist unter anderem eine wirksame Methode zur Verfeinerung von Energien, ebenso wie das bereits genannte innere Lächeln.

Die Lebenskraft Chi

Fast alle Menschen wünschen sich, mehr Lebenskraft zur Verfügung zu haben, aber nicht alle erleben ein Mehr an Energie als positiv. Durch den höheren Energiepegel werden nämlich nicht nur die positiven Eigenschaften verstärkt, sondern auch die negativen Emotionen intensiviert, die man als energieloser Mensch elegant vermeiden kann. In einem erhöhten Energiefeld machen sich innere Spannungen und Konflikte bemerkbar und fordern unsere Aufmerksamkeit. Diese ungeliebten Gäste tauchen so lange auf, bis wir sie verarbeitet und uns so für immer von ihnen verabschiedet haben.

Der zweite Schatz ist eigentlich weniger ein Geheimnis als vielmehr eine Kunst: die Kunst, den Körper und die Energie zu verfeinern und zu reinigen und von negativen Emotionen zu befreien.

Der Geist Shen

Das dritte Geheimnis besteht darin, den Geist von Sinnesverzerrungen und verwirrten Gedanken zu reinigen. So kann er klar, offen und flexibel werden und sich auf die Verbindung mit einem höheren Bewusstseinszustand vorbereiten.

Sorgfältiger Umgang mit der Sexualenergie

Der heilende und transformierende Umgang mit der Sexualenergie erfordert Sorgfalt und Sensibilität. Empfehlenswert ist das Erlernen verschiedener Methoden, denn jeder Körper reagiert individuell. Um die eigene Sexualität gezielt zu heilen und auszugleichen, braucht jeder Mensch etwas anderes.

Wenn man die Sexualenergie unsachgemäß manipuliert, mit ihr naiv herumspielt oder sie verdrängt, kann sie sich unverfeinert in Organen, Energiezentren oder gar im Gehirn festsetzen, was negative Auswirkungen auf Körper, Gefühle und Psyche haben kann. Überhitzungserscheinungen im Körper(auch Füllemuster genannt, die Sie im Laufe des Buches noch kennen lernen werden) können zu einem energetischen oder emotionalen Ungleichgewicht führen. Und über einen längeren Zeitraum hinweg können solche Disharmonien psychische oder körperliche Krankheiten bewirken. Um solche negativen Nebenwirkungen zu vermeiden, gilt es im Umgang mit der Sexualenergie besonders aufmerksam vorzugehen.

Der Verfeinerungsprozess der Sexualkraft wird von verschiedenen Körper- und Energieübungen und vor allem von der Zentrierungsübung begleitet, damit der Körper ganzheitlich auf das höhere Energieniveau vorbereitet wird.

5   Fundament einer erfüllten Sexualität

Sexuelle Erfüllung

Es berührt mich immer wieder aufs Neue, wenn ich erfahre, was Frauen und Männer sich von ihrer Sexualität erhoffen. Die Erwartungen an sexuelle Beziehungen übertreffen alle anderen Lebensbereiche bei weitem. Sexuelle Wünsche stehen heute häufig sogar als Ersatz für die verloren gegangene Religiosität. Dabei beanspruchen die tatsächlich gelebten sexuellen Momente wenig Zeit. Sie können ja selbst einmal ausrechnen, wie viele Minuten pro Monat Sie sexuell aktiv sind und wie viele davon Sie tatsächlich als orgastisch und erfüllend erleben. Vergleichen Sie damit einmal die Zeit, die Sie für Ihren Haushalt beanspruchen oder zum Kochen und Essen, zum Fernsehen und Lesen, zum Arbeiten...

Was unter sexueller Erfüllung verstanden oder erhofft wird, ist individuell sehr verschieden. Für mich hat es oft den Anschein, dass die Hoffnung auf sexuelle Erfüllung gleichbedeutend ist mit einer Sehnsucht nach Erlösung, die eher einen spirituellen als sexuellen Charakter hat.

Was ist eigentlich normal?

Im Zusammenhang mit sexueller Erfüllung taucht immer wieder die Frage auf, was eigentlich normal sei. Erstaunlich viele Menschen – Frauen wie Männer – kommen zu mir in die Sexualberatung, weil sie sich darüber informieren möchten, ob ihre Sexualität beziehungsweise ihre Gefühle und Neigungen der Norm entsprechen.

Normal ist, was der Norm entspricht, und das ist nicht unbedingt erstrebenswert. Die Norm ist die sicherste Liebestöterin überhaupt;

sie killt Lebendigkeit, Individualität und Kreativität. Diese aber verleihen der Sexualität erst ihre Würze. Was allgemein als normal betrachtet wird, können Sie oder ich durchaus als krank und pervers empfinden.

Die sexuelle Norm wird vom kollektiven Bewusstsein geprägt und dieses ist von moralischen Grundsätzen der Religion sowie der Überbetonung des männlichen Prinzips beeinflusst. Heute wird die Norm auch stark von den Medien und der Werbung manipuliert.

Erfüllung oder Entladung
Bleiben wir bei der Norm. Ihr zufolge gilt der Orgasmus, am besten noch der von beiden Partnern gemeinsam erlebte, als die sexuelle Erfüllung – ebenso wie der Samenerguss als Höhepunkt des männlichen Orgasmus. Und das stimmt ja auch. Der eigentliche Sinn und Zweck der Sexualität ist die Fortpflanzung und mit dem Samenerguss ist die Mission der Arterhaltung für eine bestimmte Zeit erfüllt.

Wie aber kann eine Sexualität, die entleert, erfüllend sein? Ein Zustand der Erfüllung ist gekennzeichnet durch innere Fülle und Wohlgefühl: Wie kann man da einen erfüllten Zustand erreichen, der durch Stimulation eingeleitet wird und in einer Entleerung von Lebenssäften gipfelt?

Absichtlich spreche ich hier nicht von sexueller Befriedigung, sondern von sexueller Erfüllung. Befriedigung und Erfüllung haben unterschiedliche Qualitäten. Sexuelle Erfüllung ist mehr yin-geprägt und wirkt nachhaltig nährend und heilend. Unter Befriedigung versteht man eher eine lustvolle und kurzfristige Spannungsentladung, die für ein paar Augenblicke einen entspannten Zustand erzeugt.

Dass Sexualität befriedigend sein kann, wissen wir und auch, dass der Sexualtrieb wie Hunger gestillt werden kann. Die interessante Frage lautet nun, ob es tatsächlich eine sexuelle Erfüllung gibt?

Sexuelle Erfüllung einladen

Sexuelle Erfüllung wird nicht allein nur durch die Gunst der kleinen Liebeskerlchen Amor und Eros verursacht. Wir selbst können viel dazu beitragen, unsere Chancen auf ein Erfüllungserlebnis zu erhöhen. Unsere Aufgabe besteht darin, ein einladendes Klima zu schaffen.

In die Sexualberatung kommen immer wieder erfolgreiche Geschäftsmänner, die ihre Sexualität »verbessern« wollen. Fast all diesen Männern ist gemein, dass sie ihre gesamte Energie und Zeit in die Karriere stecken, weshalb sie in ihrem Beruf auch erfolgreich sind. Ihre Sexualität hingegen erleben sie als unbefriedigend.

Doch in der Sexualität gilt wie auch in anderen Gebieten: Von nichts kommt nichts. Je mehr Zeit und Energie wir in die Sexualität investieren, desto mehr wird möglich. Und das erkläre ich auch besagten Geschäftsmännern. Wären sie bereit, so viel in ihre Sexualität zu investieren wie in ihren Beruf, hätte ihr Sexualleben bestimmt eine völlig andere Qualität.

Die vorherrschende Erwartung an einen sexuellen Höhepunkt lässt sich mit einem Fußballtor bei der Weltmeisterschaft vergleichen. Um eines zu schießen, reicht das Interesse an Fußball alleine nicht aus. Der Fußballer braucht Talent, ein ausgeprägtes Ballgefühl, einen gesunden Körper, intensives Training und ein gutes Zusammenspiel. In der Sexualität möchte man dieselben Höhepunkte erreichen, allerdings ohne jegliche Vorbereitung, quasi aus dem Nichts heraus, mal schnell am Feierabend zwischen Tagesschau und Krimi den orgastischen Höhenflug erleben.

Unterdrückte Macht

Es wird noch viel Zeit brauchen, bis sich das sexuelle Bewusstsein und Verhalten der Menschheit entwickelt. Nicht zu unterschätzende – unbewusste und bewusste – Kräfte wirken der Entwicklung des menschlichen Bewusstseins entgegen. Dass es durch den natürlichen Umgang mit der Sexualität möglich werden kann, Unabhängigkeit, Intelligenz und Kraft zu entwickeln, blieb den verschiedenen Kulturen und Religionen nicht verborgen. Kürzlich las ich, dass in Kuala Lumpur Küssen offiziell verboten wurde. In Kinos bleibe fortan das Licht eingeschaltet, damit niemand unbeobachtet im Dunkeln gegen das Kussverbot verstoßen könne.

Speziell den Frauen wurde und wird der natürliche Zugang zu ihrer Kraft versperrt, damit man sie so besser unter Kontrolle halten kann. Die Unterdrückung der Sexualkraft mit allen Mitteln – Gesetzen, Moral und Religion – erhält die Machtstrukturen. Nicht zuletzt geraten Frauen durch ihre Mutterrolle in finanzielle und emotionale Abhängigkeiten und erleben ein Energiedefizit. So wird ihnen der Ausbruch aus der bestehenden Norm und die Entwicklung neuer Werte noch zusätzlich erschwert.

Ein unnatürlicher und undifferenzierter Umgang mit der Sexualenergie lässt die menschliche Intelligenz verkümmern. Sexuelle Weisheiten wurden traditionell nur unter strengster Geheimhaltung an Auserwählte weitergegeben, nicht nur in China. Auch die europäischen Hexen, Alchimisten und Magier wussten die Kräfte der Sexualität zu nutzen. Dem Normalsterblichen blieb diese Welt vorenthalten und verborgen.

Durch Gebote und Gesetze wurde die Sexualität im Laufe der Jahrhunderte zu einer Tabuzone, so dass sie in die Heimlichkeit und Dunkelheit abgedrängt wurde. Die vom gesellschaftlichen Leben abgespaltene Stellung der Sexualität ist weltweit im Kollektiv verankert. So erklärt sich, dass es vielen Menschen peinlich ist, über ihre Sexualität zu sprechen, und sie sich auch häufig belügen, wenn es um sexuelle Beziehungen geht. Das Kollektiv muss mit neuen Informationen gespeist werden; wir brauchen mehr Klarheit und Transparenz in der Sexualität und dafür bedarf es der unermüdlichen Bemühung jedes Einzelnen.

Abgespalten und unerfüllt

Die Sexualität ist aus unserem Alltag verdrängt. Man hört selten, wie Nachbarn Liebe machen. Man sieht sie nie dabei und man spricht auch kaum über die eigene Sexualität, nicht einmal mit dem Menschen, mit dem man eine intime Liebesbeziehung pflegt.

Die Abspaltung der Sexualität von den anderen Ebenen ist eine der Hauptursachen dafür, dass Sexualität als unerfüllt empfunden wird. Schon als Kinder haben wir gelernt, bestimmte Bereiche aus dem bewussten Erleben in den Bereich des Unbewussten zu verdrängen. So fallen wir aus der Ganzheit in einen Zustand der inneren Zerrissenheit. Große Bereiche unserer Persönlichkeit unterstehen deshalb nicht unserem bewussten Erleben und Wirken. Diese von uns nicht bewusst besetzten Teile unserer Persönlichkeit werden fremdbestimmt und machen uns manipulierbar. Von unseren unbewussten Teilen werden wir wie Marionetten gelenkt und gelebt.

Sich auf allen Ebenen bewusst in die Gegenwart einzubringen ist ein wichtiges Ziel der taoistischen Lebensausrichtung. Eine gute Übung für ein bewussteres Leben ist die auf Seite 44 beschriebene Zentrierungsübung.

Die Sexualität vernetzen

Um die Sexualität in ihrer Ganzheit und Fülle zu erleben, ist es notwendig, die verschiedenen Ebenen zunächst zu entwickeln und dann bewusst miteinander zu vernetzen. Jede einzelne Ebene ist wie ein Baustein. Die verschiedenen Bauklötze ergeben zusammen ein solides Fundament, auf dem wir unsere Erfahrungen aufbauen können.

1. Den Kopf einbeziehen

Im Tao der Sexualität werden die geistigen und mentalen Funktionen nicht ausgeschaltet, sondern einbezogen. Der Zustand der Verwirrung und der Unklarheit, in dem wir uns fast alle ständig befinden, hindert uns daran, ins grenzenlose Meer der Sexualenergie einzutauchen und diese als nährende Fülle zu erleben.

Im Verlauf dieses Buches werden wir auf die verschiedenen mentalen und geistigen Funktionen eingehen, die das Sexualleben verzerren: Vorstellungen, Phantasien, Träume, Erinnerungen, Verhaltensmuster usw. Sie alle prägen unsere Sexualität und schränken sie ein. Die taoistischen Übungen schulen unsere Aufmerksamkeit und unser Bewusstsein und befreien und klären die geistigen Kräfte wie auch unser Verhalten von unnötigem Ballast, so dass wir offen der Wirklichkeit begegnen können.

2. Den Körper erfahren

Ohne Körper keine Sexualität, ohne Körperwahrnehmung keine sinnliche Erfahrung. Erst durch den Körper ist es uns möglich, Sexualität zu erfahren. Um intensive sexuelle Erfahrungen machen zu können, benötigen wir einen gesunden, harmonischen Körper, ein entwickeltes Körperbewusstsein und eine starke Verwurzelung. Viele sexuelle Probleme sind auf körperliche Schwächen und Disharmonien zurückzuführen. Den Körper abzuspalten bedeutet, sich seiner Körperwahrnehmungen nicht bewusst zu sein. So kann die Sprache des Körpers nicht verstanden werden und ein harmonischer Fluss der Sexualenergie wird unmöglich.

Es gibt verschiedene Ursachen dafür, dass die Körperwahrnehmung vom restlichen Menschen abgespalten ist.

■ Kinder oder Erwachsene, die geschlagen oder missbraucht wurden oder anderen traumatischen Erlebnissen ausgesetzt waren, sind aufgrund dieser schmerzhaften Erfahrungen energetisch aus ihrem Körper geflüchtet. Aus Selbstschutz haben sie die bewusste Verbindung zu ihrem Körper unterbrochen. Körperliche und seelische Schockzustände können die Vernetzung zwischen Körper und Geist unterbrechen.

- Männer sind oft stolz auf ihren unempfindlichen Körper. Sie investieren viel Zeit und Disziplin in seine Stählung. Beim Sport überschreiten sie absichtlich die Schmerzgrenze, um den Körper abzuhärten und ihn gefühllos zu machen.
- Schmerz- und Schlafmittel, Tranquilizer, Drogen und Alkohol schwächen die Körperwahrnehmung. Keine Übung kann die Wirkung dieser Substanzen aufheben.
- Eine andere häufige Ursache für die körperliche Unempfindlichkeit liegt darin, dass man ihm zu wenig Beachtung und Liebe schenkt, etwa weil man das nie gelernt hat.

Ich möchte Ihnen eine Übung vorstellen, mit der Sie den Körper wieder mit dem Kopf vernetzen. Machen Sie diese Übung (s. Abb. Seite 64) am besten gleich am Morgen, noch während Sie im Bett liegen.

Kopf und Bauch verbinden   ***Zum Ausprobieren***

- Massieren Sie die beiden abgebildeten Punkte mit Daumen und Zeigefinger der einen Hand.
- Legen Sie gleichzeitig die andere Hand auf die Stirn.
- Stimulieren Sie beide Nierenpunkte 27, bis Ihre Atmung tiefer wird und Sie das Gefühl haben, dass der Kopf mit dem Körper verbunden ist.
- Legen Sie nun die Hand, mit der Sie die Punkte massiert haben, auf den Bauchnabel, und massieren Sie diesen eine Weile.
- Lassen Sie nun die Hände ruhig auf Bauchnabel und Stirn liegen und verweilen Sie so, bis Sie sich als ein Ganzes spüren.

3. Gefühle fühlen

Schon als Kleinkinder werden wir darauf gedrillt, Gefühle zu unterdrücken. Mit allen Mitteln zwingt man uns dazu, uns den gesellschaftlichen Normen und dem Willen oder den Launen unserer Eltern anzupassen. Jungen sind dieser manchmal brutalen Dressur meist stärker ausgelie-

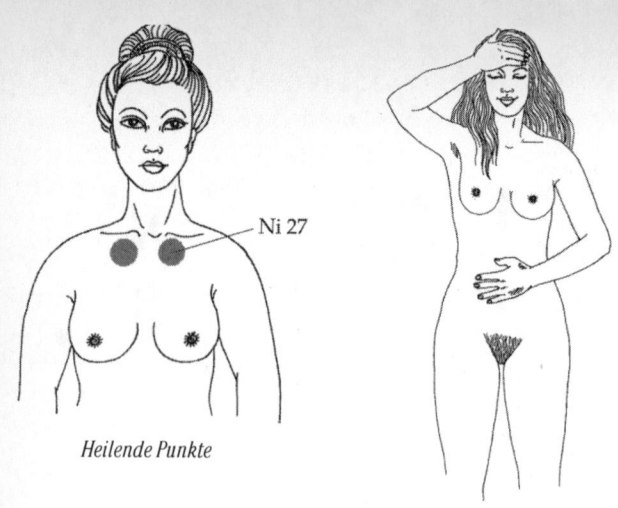

Heilende Punkte

Ni 27

Kopf und Bauch verbinden

fert als Mädchen. Gefühle zu unterdrücken oder sie nicht zu zeigen haben wir als Überlebensstrategie lernen müssen. Kein Wunder, dass der Umgang mit ihnen verwirrend ist.

Für Kinder und Erwachsene, die missbraucht und geschlagen wurden oder psychischen Übergriffen ausgeliefert waren, ist das Zulassen von Gefühlen besonders schwierig und erfordert sehr viel Liebe, Geduld und Selbstvertrauen.

Im Umgang mit der Sexualität sind Gefühle immer wieder die größten Hindernisse. Die Atmung kann Ihnen helfen, in Kontakt zu verdrängten, abgespaltenen Gefühlen zu kommen. Als ersten Schritt empfehle ich Ihnen ein Atemtraining mit zunächst zwei Atemtechniken für den Einstieg.

Das Ziel eines Atemtrainings ist die Entwicklung eines Atembewusstseins. Wenn die Atmung wieder natürlich fließt, hat man die Grundlage für Lebendigkeit in allen Lebenslagen geschaffen.

Die Atmung ausdehnen   *Zum Ausprobieren*

- Stellen Sie sich aufrecht hin und atmen Sie kräftig ein, damit sich Ihr ganzer Brustkasten so weit wie möglich ausdehnt.
- Beim Ausatmen geben Sie so lange wie möglich einen Ton von sich, bis die Lunge völlig geleert ist. Machen Sie diesen Ton ca. dreimal und atmen Sie danach ein paarmal tief durch.
- Beugen Sie nun Ihren Oberkörper nach vorn; lassen Sie die Knie leicht gebeugt und die Hände locker hängen. Atmen Sie dabei möglichst tief durch, bis sich Körper und Atemfluss immer mehr entspannen.
- Richten Sie sich langsam wieder auf und beenden Sie die Übung mit der Zentrierung (Seite 44).

Tiefenatmung   *Zum Vertiefen*

- Legen Sie sich bequem hin und schließen Sie die Augen. Konzentrieren Sie sich auf den Rachenraum an der Rückwand des Gaumens.
- Saugen Sie nun die Luft ein, nicht wie gewohnt durch die Nasenlöcher, sondern der Sog kommt aus dem Rachenraum. Der Mund bleibt dabei geschlossen.
- Atmen Sie langsam und rhythmisch, ohne Anstrengung. Bei der Ausatmung lassen Sie sich nach innen hineinziehen. Am Anfang nicht so viel Luft einsaugen, es könnte Ihnen sonst schwindlig werden.

Machen Sie die Atmung, solange es sich gut anfühlt.

4. Die Energien fließen lassen

Nicht alle Menschen haben Zugang zu ihrer energetischen Ebene. Um sexuelle Erregung und Intensität zu empfinden, braucht man nicht nur Energie, sondern diese sollte auch fließen. Zur Energetisierung des Körpers werden ebenfalls, wenn auch andere, Atemübungen eingesetzt.

Viele Frauen haben Angst, sich dem Energiefluss hinzugeben. Üben Sie daher diese Hingabe am besten so oft wie möglich allein. Umso besser gelingt es Ihnen dann auch in Ihren Liebesbeziehungen.

Tanzen   *Zum Ausprobieren*

- Tanzen ist eine der wirkungsvollsten Methoden, die Energie in Fluss zu bringen, aber nur freies Tanzen ohne Struktur und ohne Zuschauer. Legen Sie eine tolle, energievolle Musik auf, die Sie so richtig in Schwung bringt. Tanzen Sie zu ihr zwanzig Minuten lang ekstatisch, am besten mit geschlossenen Augen.

- Anschließend legen Sie sich zehn Minuten ruhig hin und lassen die Energie, die im Körper freigesetzt wurde, in Ihre Mitte fließen, bis sie sich zu einer Energiekugel verdichtet.

Kundalinimeditation   *Zum Vertiefen*

Die Kundalinimeditation ist eine sehr wirksame Methode, mit der man Energien ins Fließen bringt. Sie besteht aus vier Phasen, die mit geschlossenen Augen durchgeführt werden, am besten mit einer Augenbinde.

1. Phase: Beginnen Sie Ihren ganzen Körper wild zu schütteln. Lassen Sie ihn eine Viertelstunde lang ununterbrochen vibrieren, sich bewegen und schütteln. Je intensiver und tiefer das Schütteln, desto mehr können Sie bewirken. Wenn Sie menstruieren, führen Sie diese Phase nur sanft aus.

2. Phase: Tanzen Sie nun eine Viertelstunde lang ununterbrochen so energetisch wie möglich und vergessen Sie dabei nicht, tief zu atmen.

3. Phase: Stellen Sie sich aufrecht hin und bleiben Sie eine Viertelstunde bewegungslos stehen. Konzentrieren Sie sich auf Ihre Füße und verwurzeln Sie sich mit der Erde. Konzentrieren Sie sich gleichzeitig auf Ihre Mitte und lassen Sie die freigesetzten Energien dorthin fließen, ohne dabei den Körper zu bewegen.

4. Phase: Legen Sie sich hin, die Hände auf Ihrer Mitte, um Körper und Energie von der Mitte her in Harmonie zu bringen.

Über den Buchhandel kann eine CD für die Kundalinimeditation bezogen werden.

6 Aus dem Kopf

Wir werden so erzogen, als wäre der Verstand die einzige menschliche Ebene. So werden seine Funktionen überlastet, denn er muss die Arbeit anderer Ebenen und Energiezentren übernehmen. Sexualenergie und Emotionen können nicht vom Intellekt verarbeitet werden. Besteht dennoch der – falsch verstandene – Anspruch, entstehen Verwirrung und Spannung.

In diesem Kapitel gehe ich auf verschiedene Bewusstseinszustände und geistige Aktivitäten ein, die das Sexualleben beeinflussen und prägen. Dazu zählen unter anderem Lebenseinstellung, Konditionierung, Denkmuster, Phantasie, Träume, Vorstellungs- und Geisteskraft.

Die beiden großen Anführer aller Ebenen sind das Bewusstsein, das dem Yang-Prinzip untersteht, und das Unbewusste, welches das Yin-Prinzip verkörpert. Die meisten menschlichen Probleme resultieren aus dem Kampf zwischen Bewusstsein und Unbewusstem.

Bewusstsein und Unbewusstes

Unter Bewusstsein wird das bewusste geistige und seelische Erleben von Sinneseindrücken, Vorstellungen, Gedanken, Erinnerungen, Gefühlen, Empfindungen sowie Trieb- und Willensregungen bezeichnet.

Unbewusst sind alle psychischen Inhalte und Vorgänge, die nicht bewusst sind und vom Ich nicht wahrgenommen werden können. Das Unbewusste wird in zwei Bereiche eingeteilt: das persönliche Unbewusste und das kollektive Unbewusste.

Der unbewusste Bereich speichert alles, was nicht bewusst gelebt, wahrgenommen und verarbeitet wird. Unter Bewusstseinserweiterung versteht man das Eindringen des Bewusstseins in die Tiefen und Abgründe des Unbewussten mit dem Ziel, die unbewussten Inhalte ins Bewusstsein zu holen. Mit dem Tao der weiblichen Sexualität lernen wir, die unbewussten persönlichen und kollektiven Anteile der Sexualität bewusst wahrzunehmen. So wird es möglich, hemmende und einengende Verhaltensmuster und Blockaden aufzulösen.

Durch die Organübungen, die Sie in Kapitel 15 finden, lernen Sie sich mit einem Organ zu verbinden und die dort gespeicherten unbewussten Inhalte bewusst wahrzunehmen und aufzulösen.

Bewusstseinserweiterung

Frauen haben von ihrer Yin-Prägung her einen leichteren Zugang zu den Tiefen des Unbewussten. Wichtige Voraussetzungen für das Kennenlernen des Unbewussten sind, sich im Inneren zu verwurzeln und sich auf Stille und Tiefe einzulassen. Je tiefer wir ins Innere vordringen, desto besser können unbewusste Bereiche wahrgenommen und erforscht werden.

Viele yang-betonte Schulen der Bewusstseinsentwicklung versuchen mit allen Mitteln, unbewusste Yin-Kräfte, zu denen Gefühle und Sexualität gehören, mit Disziplin und mentalen Techniken zu kontrollieren und zu bekämpfen, anstatt sich mit ihnen zu verbinden und zu befreunden. Deshalb werden immer wieder so genannte Geistliche, Mönche und spirituelle Männer von ihrer Sexualität überrollt: Trotz Zölibatsversprechen lassen sie sich heimlich auf Liebesbeziehungen ein oder üben sogar Missbrauch aus...

Ohne Verbindung zum Unbewussten ist es nicht möglich, die Sexualenergie durch die Sexualzentren zu lenken und diese in eine feinere Schwingung zu bringen.

Klarheit im Kopf

Die Vorstellung, man müsse beim Sex den Kopf ausschalten, ist weit verbreitet. Gemeint sind dabei die nicht abzustellenden Gedanken, die pausenlos beurteilen und kritisieren. Aber um die dahinter steckenden

Verhaltensmuster aufzulösen, sollten wir sie uns erst einmal bewusst machen.

Ein klarer und wacher Kopf ist eine wichtige Voraussetzung für die Entwicklung der Sexualität. Deshalb strebt das Tao danach, den Geist von Bildern, Phantasien und Vorstellungen zu reinigen, damit er sich beruhigt, leert und der Wirklichkeit öffnen kann. So kann er diese in ihrer ursprünglichen Lebendigkeit und Klarheit wahrnehmen.

Die ständig in uns kreisenden Gedanken hindern uns daran. Sie sind wie die Abgeordneten unseres Unbewussten, sind Ausdruck unserer Konditionierung, Wertvorstellungen, Vergangenheit, Erfahrungen usw. Wollen wir die Gedanken ausschalten, so müssen wir bereit sein, Vorstellungen los- und die eigenen Begrenzungen fallen zu lassen: einen kleinen Tod erleben, aus dem etwas Neues entsteht.

Fixe Vorstellungen

Die meisten Menschen haben ganz bestimmte Vorstellungen, wie ihr Leben und ihr Sex sein sollten, wie ein Liebesspiel oder ein Liebespartner zu sein hat und unter welchen Bedingungen Sex oder Liebe für sie in Frage kommen. Wir meinen zu wissen, unter welchen Umständen wir glücklich und sexuell erfüllt wären.

Tragisch hieran ist, dass unsere Umwelt und unser Leben so sind, wie sie sind, und sich nicht oder selten unseren Vorstellungen anpassen. So jagt in Liebesbeziehungen ein Konflikt den anderen, weil selten ein Partner genau so ist, wie wir ihn uns idealerweise vorstellen. Die Sexualität kann sich am besten in der Wirklichkeit und im Hier und Jetzt entfalten. Vorstellungen, Ansprüche, Wünsche, Träume und Phantasien aber töten die Lust, denn sie kastrieren die Lebendigkeit und verzerren die Wirklichkeit.

Der Umgang mit der Wirklichkeit

Sich der Realität zu stellen ist oft unangenehm, aber die beste Ausgangslage für positive Veränderungen. Solange die Wirklichkeit von Wünschen, Idealen und Vorstellungen verzerrt ist, kann dieser Prozess sehr verwirrend sein.

Grundsätzlich haben wir zwei Möglichkeiten, dem Leben zu begegnen. Wir können uns entweder bemühen, die Realität kennen zu lernen: Wir wählen den Pfad der Selbsterkenntnis und ergründen das Geheimnis unseres Leben und wir entdecken und entfalten unsere eigene Natürlichkeit. Dazu ist natürliche Neugier auf die Vielfalt des Lebens ebenso erforderlich wie die Bereitschaft, sich auf Neues und Unbekanntes einzulassen.

Die andere Möglichkeit besteht darin, seine Realität anhand von Bildern, Wünschen und Vorstellungen zu erschaffen, um so zu werden, wie diese es vorgeben und die Gesellschaft es von einem erwartet.

Nach einem Meditationswochenende sagte eine junge Frau plötzlich ganz spontan zu mir: »Die meisten Menschen merken einfach nicht, dass das Leben so ist, wie es ist, und nicht so ist, wie sie meinen.« Ich war tief berührt von der Weisheit dieser Aussage, die so treffend die Traumwolke beschrieb, die oft unsere Wahrnehmung vernebelt.

Das Tao lehrt uns, in die Realität zu investieren und unsere Energie nicht mit dem Bau von Luftschlössern zu vergeuden. Solange wir jedoch nicht in der Lage sind, Träume von der Realität zu unterscheiden, wird das nicht möglich sein.

Tagträume und romantische Träume

Beim Tagträumen befindet man sich zwischen Wachsein und Schlafen. In der Psychoanalyse wird Tagträumen als eine traumähnliche Phantasietätigkeit verstanden, bei der sich die Bewusstseinsklarheit vermindert. Besonders stark beschäftigen sich Tagträume mit Sexualität. Ich möchte behaupten, dass man mehr Zeit auf sexuelle Tagträume verwendet als auf wirklichen sexuellen Austausch.

Der romantische Traum beispielsweise hindert Frauen immer wieder daran, sich auf die sexuelle Realität einzulassen. Ob sie sich als glücklich, sexuell erfüllt und erotisch fühlen, machen sie meistens von äußeren Umständen abhängig, nach dem Motto: Nicht ohne meinen Märchenprinzen. Solange sexuelle und sinnliche Gefühle nur durch eine bestimmte Situation oder einen bestimmten Menschen ausgelöst werden können, bleibt die sexuelle Erfüllung ein Zufallstreffer.

Dabei hat die weibliche Sexualität den großen Vorteil, dass sie unabhängig ist. Um Sexualität zu entwickeln, spielt es keine Rolle, in welcher Situation sich eine Frau befindet. Ob sie einen Partner hat oder nicht, ob er verständnisvoll, unsensibel oder pervers ist: Frau kann jede Situation mit ihren eigenen sexuellen Qualitäten bereichern. Jede Situation stellt für sie eine neue Herausforderung und Gelegenheit dar, unbewusste Seiten an sich kennen zu lernen und zu entwickeln.

Dazu allerdings brauchen Frauen den ständigen Kontakt zu ihrer inneren Heilkraft. Solange sie in ihrer Weiblichkeit und Sexualität nicht verankert sind, bleibt die Sexualität zu zweit limitiert und problematisch.

Das persönliche Energiefeld selbst bestimmen

Viele Frauen können heute zumindest bei uns ihre Lebensgestaltung selbst bestimmen. Wir haben die Wahl, ob wir heiraten, in Frauen-, Männer- oder Dreiecksbeziehungen leben wollen. Es ist möglich, einen Lebenspartner durch verschiedene Lebensabschnittspartner zu ersetzen oder als Single-Frau ein unabhängiges und freies Leben zu führen.

Es liegt in unserer persönlichen Verantwortung, unser Leben so zu leben, dass Selbstheilung möglich wird. Jede Handlung, jeder Gedanke, jedes Gefühl in uns erzeugt eine bestimmte Schwingung, ein persönliches Energiefeld. Es hängt von Ihnen ab, ob Sie den Duft einer Blume ausströmen, ein Sonnenstrahl sind oder ein bedürftiges Energieloch, das wie ein Vakuum alles Negative an sich zieht. Die taoistische Energiearbeit, die Sie im folgenden Kapitel kennen lernen werden, kann

Sie unterstützen, Ihr persönliches Energiefeld zu stärken und alte, im Körper festgefahrene destruktive Energiemuster bewusster wahrzunehmen und mit positiven Kräften in eine andere Schwingung zu bringen.

Persönliche alltägliche Energiemuster zu erkennen und zu verstehen erfordert viel Aufmerksamkeit. Um sie aufzulösen, reicht es nicht, sie lediglich intellektuell zu erkennen. Je stärker Sie Ihre unbewussten Anteile erhellen, desto besser erkennen Sie mit Ihrem ganzen Wesen die Muster, die Ihre Sexualität prägen und behindern. Je zentrierter Sie leben, umso natürlicher werden Sie neue Erkenntnisse und Qualitäten in Ihren Alltag integrieren und umsetzen können.

7 Das feinstoffliche Energienetz

Chi und die subtilen Energiezentren

In vielen religiösen und esoterischen Lehren geht man davon aus, dass der physische Körper des Menschen von einem Energienetz durchwoben ist, das den einzelnen Menschen mit dem Universum verbindet.

So nimmt man in China schon seit über 4000 Jahren an, dass der Körper ein feinstoffliches System enthält, das Meridiansystem. Die darin fließenden Energieströme werden »Chi« oder »Qi« genannt, in Japan heißen sie »Ki« und in Indien spricht man von »Prana«. Leider gibt es kein gleichbedeutendes deutsches oder englisches Wort. »Odem« drückt die Qualität von Chi am ehesten aus. Oft wird es mit »Energie« übersetzt, was jedoch die Qualitäten von Chi nur unvollkommen wiedergibt. Diese feinstoffliche Energie wird auch als Vitalkraft bezeichnet, die das physische Leben prägt.

Energiepunkte
Dank der feinstofflichen Energiephänomene hat sich im Laufe der Zeit ein tiefes Verständnis für körperliche Funktionen entwickelt. Man stellte fest, dass gewisse Punkte auf der Haut sehr sensibel reagieren, wenn ein Organ oder eine Funktion des Körpers aus dem Gleichgewicht geraten ist. Diese sensiblen Hautstellen sind als Akupunktur- oder Akupressurpunkte bekannt. Sticht man sie mit Nadeln an, kann man den Energiefluss im Körper ins Gleichgewicht bringen.

Über den ganzen Körper sind ungefähr 300 dieser Punkte verteilt und durch sogenannte Meridianlinien miteinander verbunden. Bei den in diesem Buch aufgeführten heilenden Punkten handelt es sich zum Teil um solche Energiepunkte.

Diese werden auch als Öffnungen zum Universum betrachtet. Je durchlässiger sie sind, desto besser können sich die kosmischen Kräfte in uns entfalten. Sind die Energiepunkte oder -zentren verschlossen oder verletzt, wird die Energie dort gefangen gehalten oder zerstört und die Menschen fühlen sich verunsichert und vom Ganzen isoliert. Im Anhang des Buches finden Sie eine Übersicht der für die weibliche Sexualität wichtigen Punkte.

Energiezentren

Im Unterschied zu den Energiepunkten sind Energiezentren Stellen, wo eine Vernetzung und somit eine Energieverdichtung stattfindet. Hier fließen verschiedene Energiebahnen zusammen. Die Energiezentren sind ebenfalls Öffnungen zur Außenwelt, durch die Energien aufgenommen oder auch verloren werden. Menschen können durch sie manipuliert werden.

Energiearbeit

Die taoistische Energiearbeit, Chi Kung oder Qi Gong genannt, strebt danach, die himmlischen Yang-Kräfte mit den irdischen Yin-Kräften im menschlichen Körper zu vereinen.

Der bewusste Umgang mit der Sexualenergie ist ein kleiner, wenn auch ein essenzieller Teil der inneren Qi-Gong-Praxis. Die feinen Energieströme im Körper bewusst durch die verschiedenen Energiezentren zu lenken ist eine wichtige Voraussetzung im Umgang mit der Sexualenergie. Der kleine Energiekreislauf, den ich Ihnen in diesem Kapitel ausführlich darstelle, bildet die Grundlage der taoistischen Energiearbeit. Er ist im Umgang mit der Sexualität von großer Bedeutung.

Energie (Chi) wird dem Yang-Prinzip zugeordnet, auch wenn die feinstoffliche Energie sehr sanft sein kann. Hingegen ordnet man den dichteren physischen Körper, die Materie, dem Yin-Prinzip zu. Ein gesunder, ausgeglichener Körper (Yin) ist die Grundlage für Vitalität und vermag Yang anzuziehen und aufzunehmen.

Frauen und Energiearbeit

Aufgrund seiner Sensibilität kann der weibliche Körper auf Energiearbeit sehr oder sogar zu stark reagieren. Viele wirkungsvolle Energieübungen und Sexualpraktiken sind auf das männliche Energiemuster abgestimmt. Damit es Männern möglich wird, sich der offenen Leere des Tao hinzugeben – dem Nirwana oder wie immer man diesen Zustand nennen mag –, muss erst möglichst viel Yang-Energie im Körper erzeugt werden, die den isolierenden Yang-Panzer durchbrechen kann.

Wir Frauen gehen von einer anderen Ausgangslage aus. Für uns ist es wichtig, in der Energiearbeit und Sexualität immer nur so viel Energie auszulösen, wie wir – durch den Chi-Ball oder durch Stille – integrieren können. Wenn der weibliche Körper sich dem Yang-Prinzip zu stark unterwirft, d. h. zu energetisch und dominant wird, verkümmert die innere Stärke, die weibliche Kraftquelle, die nur durch Yin-Qualitäten genährt wird. Yin kann zu starkes Yang nicht aufnehmen.

Yin bindet Yang

Schwaches Yin kann Yang nicht halten

Yin, die Erdkraft oder der physische Körper, hat die Fähigkeit, Yang, die himmlische Kraft, anzuziehen, aufzunehmen und an sich zu binden. Ein schwacher Körper zieht weniger Energie an, kann weniger Energie in sich aufnehmen und wenig Energie halten. Ein Körper ist z. B. schwach, weil er zu wenig Blut hat. Blutarme Frauen oder Frauen mit einer geschwächten Substanz (geschwächten Organen und Knochen) können auf Energiearbeit, insbesondere mit der sexuellen Energie, schnell überreagieren.

Wichtige Hinweise
Energiearbeit, Energieübungen und intensiver yang-betonter Sex können zu Nebenwirkungen führen.
Nebenwirkungen der Energiearbeit:
- Anhaltende innere Unruhe
- Schlafprobleme
- Gestresstsein
- Hitzewallungen
- Emotionale Unausgeglichenheit
- Starke Menstruationsblutung
- Ungeduld
- Reizbarkeit
- Angst
- Herzklopfen
- Das Gefühl, nach intensiven Erlebnissen in ein Loch zu fallen

In solchen Fällen ist es notwendig, sich zuerst ein solides körperliches Fundament zu erarbeiten. Dabei helfen substanzaufbauende Ernährung, Verwurzelungs- und Zentrierungsübungen, die durch eine chinesische Kräutertherapie ergänzt werden können. Je stärker und gesünder Ihr Körper ist, desto höher ist Ihr persönlicher Energiepegel. Je stärker Sie in Ihrem Körper verwurzelt sind, desto besser können Sie das hohe Energieniveau halten.

Der kleine Energiekreislauf

Kleiner Energiekreislauf heißt das System, bei dem zwei Energiegefäße, das *Konzeptionsgefäß* (KG – auch Dienergefäß oder Ren Mai genannt) und das *Lenkergefäß* (LG – auch unter dem Namen Du Mai bekannt), zu einem Kreislauf zusammengeschlossen sind. Der kleine Energiekreislauf verbindet verschiedene Energiepunkte und -zentren miteinander. Das Konzeptionsgefäß wird dem Yin-Prinzip zugeordnet, das Lenkergefäß dem Yang-Prinzip. Durch den kleinen Energiekreislauf wird der ganze Körper mit Energien versorgt und harmonisiert. Das bewusste Kreisenlassen der Energien führt zu ihrer Verfeinerung. So wird es möglich, die heiße Yang-Kraft aus dem Himmel und die dichte, träge Yin-Kraft der körpereigenen Energiefrequenz anzupassen. Diese lässt sich durch den Kreislauf und durch Meditation verfeinern, bis das Energiefeld immer heller und positiver wird. Beispielsweise kann die träge und dichte Sexualenergie in Form von Ovarkraft durch die verschiedenen Energiezentren gelenkt, verfeinert und in Lebenskraft umgewandelt werden.

Energiekreislauf und Sexualität

Immer wieder beobachte ich, dass der kleine Energiekreislauf bei Frauen nicht besonders beliebt ist. Dabei ist der Prozess seiner Öffnung meines Erachtens ein wichtiges Training im Umgang mit Energie. Die Kunst der Energiearbeit besteht nicht nur darin, Energien auszulösen und intuitiv fließen zu lassen, sondern ebenso wichtig ist, die Energie bewusst im Körper lenken, sie verdichten und integrieren zu können.

Der erste und wichtigste Schritt beim Erlernen des kleinen Energiekreislaufes ist, in der Mitte Energien anzusammeln und zu verdichten. Dies ist die Grundlage dafür, dass die Sexualkraft in eine höhere und feinere Schwingung gebracht und mit positiven Qualitäten angereichert werden kann. Zudem ist er unerlässlich für die Arbeit mit Naturkräften und für Frauen in Heilberufen. Empfehlenswert ist es, den Kreislauf allein zu üben.

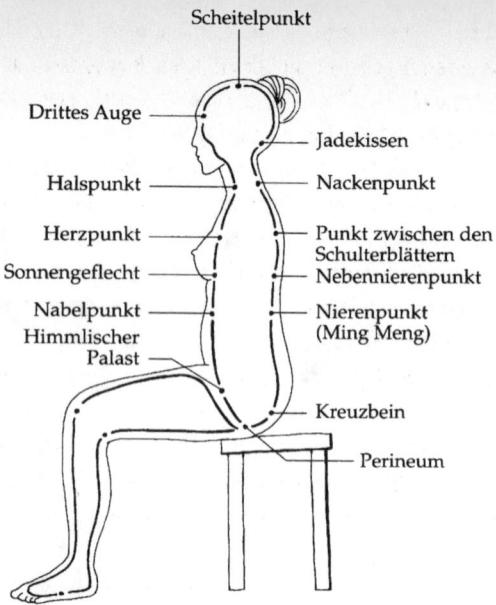

Scheitelpunkt

Drittes Auge

Jadekissen

Halspunkt

Nackenpunkt

Herzpunkt

Punkt zwischen den
Schulterblättern

Sonnengeflecht

Nebennierenpunkt

Nabelpunkt
Himmlischer
Palast

Nierenpunkt
(Ming Meng)

Kreuzbein

Perineum

Kleiner Energiekreislauf und Energiezentren

Energiezentren des kleinen Energiekreises

Folgende Energiezentren werden über den kleinen Energiekreislauf
miteinander verbunden:

1. *Nabelzentrum*: An diesem Punkt beginnen und beenden wir die
   Übung.
2. *Himmlischer Palast*: das Sexualzentrum der Frau. Dieser Punkt liegt
   eine Handbreit unter dem Nabel in Höhe der Gebärmutter.
3. *Perineum*: Das »Tor zwischen Leben und Tod« liegt am Damm und
   ist ein Sammelbecken für die Yin-Kräfte, die durch diesen Punkt
   leicht aus dem Körper herausfließen.
4. *Kreuzbein/Steißbein*: Im Tao werden die »acht Tore« des Kreuz-
   beins auch die »acht Höhlen der Unsterblichkeit« genannt. Sind sie

blockiert, ist es der Sexualenergie nicht möglich, in höhere Energiezentren zu gelangen und sich mit dem Bewusstsein zu vereinen.

5. *Nierenpunkt*: Das »Tor des Lebens« liegt gegenüber dem Nabel und versorgt Nieren und Geschlechtsorgane.

6. *Nebennierenpunkt*: Er liegt gegenüber dem Sonnengeflecht in Höhe der Nebennieren. Hier entspringt das sexuelle Feuer.

7. *Punkt zwischen den Schulterblättern*: Er liegt gegenüber dem Herzzentrum. Hier werden oft chronische Krankheiten gespeichert. Bei Überhitzung und starken Emotionen kann das Herz durch diesen Punkt entlastet werden.

8. *Nackenpunkt*: Er entspricht dem siebten Halswirbel und stellt im Energiekreislauf eine heikle Passage dar, die besonderer Aufmerksamkeit bedarf. Ist der Nackenpunkt blockiert, kann die Energie nicht in die höheren Energiezentren fließen. Sie wählt dann den Weg des geringsten Widerstandes und fließt durch die Arme aus dem Körper hinaus.

9. *Kleinhirnpunkt*: Das »Jadekissen« reguliert das Atemzentrum und ist Teil der Schädelpumpe, durch die das Gehirn mit Chi und Cerebrospinalflüssigkeit versorgt wird. Die Schädelpumpe können Sie aktivieren, indem Sie das Kinn leicht anziehen und so den Nacken gut dehnen und durchlässiger machen.

10. Der *Scheitelpunkt* liegt in der Mitte der Kopfspitze; zu ihm gehört die Zirbeldrüse. Dieses Energiezentrum übernimmt eine Kompassfunktion, es hilft uns, unser Leben in einem größeren Zusammenhang zu sehen und uns weiterzuentwickeln.

11. Das *Dritte Auge* liegt auf der Stirn etwas oberhalb zwischen den Brauen. Lassen Sie sich von Ihrem Finger leiten, das Dritte Auge ist gut spürbar. Es ist mit der Hypophyse verbunden.

12. *Gaumenpunkt*, »Himmlischer Teich«: Hier fließen Du Mai und Ren Mai, die Yin- und Yang-Kräfte zusammen. Bringen Sie Ihre Zunge an den Gaumen hinter die Schneidezähne, so werden die beiden Kanäle miteinander verbunden. Achten Sie darauf, Ihren Mund ge-

schlossen zu halten. So kann die Energie in einem geschlossenen Kreislauf fließen und Sie sind geschützt. Durch einen offenen Mund können viele unerwünschte Energien in Ihr Energiesystem geraten. Beim Sprechen geht durch den offenen Mund viel Kraft verloren.

13. Der *Halspunkt* liegt unterhalb der Schilddrüse und sollte nicht zu stark stimuliert werden. Es ist ein sehr sensibler Punkt, der leicht überreagiert.

14. Das *Herzzentrum* wird von der Thymusdrüse gesteuert. Bei der Selbstheilung ist dies das wichtigste Zentrum, in dem sich Liebe, Frieden und Mitgefühl entfalten können.

15. Das *Sonnengeflecht* liegt im Oberbauch zwischen Rippenbogen und Bauchnabel. Von hier aus entwickelt sich die Aura. Unterdrückte Emotionen, Selbstkontrolle und Machtprobleme können im Sonnengeflecht als unangenehme Spannungen empfunden werden.

Öffnen des Energiekreises

Bevor Sie beginnen, hier noch einige grundsätzliche Informationen. Ziel des kleinen Energiekreises ist, die verschiedenen Energiezentren zu öffnen und durch die beiden Energiegefäße miteinander zu verbinden. Den Energiekreislauf zu öffnen dauert normalerweise einige Zeit. Ich kenne jedoch viele, die den kleinen Energiekreislauf nur in ihrer Vorstellung machen, wodurch die Essenz verloren geht. Um dies zu vermeiden, ist es notwendig, zuerst zu lernen, die Energien in der Mitte zu verdichten. Erst anschließend ist es möglich, die Energiezentren zu öffnen und Energie bewusst zu lenken.

Wenn Sie hierzu in der Lage sind, spüren Sie das ganz eindeutig. Sie werden sich nicht fragen: »Ist es richtig so?« Sie werden es dann wissen, weil Sie es erfahren.

Die Punkte kennen lernen

Lernen Sie nacheinander alle Punkte kennen, bis Sie für jeden Punkt ein Gefühl entwickelt haben. Seien Sie dabei erfinderisch, indem Sie alle

Ihnen zur Verfügung stehenden Mittel einsetzen: Hände, Atmung und Geisteskraft. Kreisen Sie mit der Energie so lange an einem Punkt, bis er lebendig wird.

Bringen Sie dann mit Hilfe der Atmung Ihre Aufmerksamkeit von einem Punkt zum nächsten. Sie können am Anfang auch Ihre Hände zu Hilfe nehmen. Durch das Auflegen der Hände stimulieren Sie zusätzlich die Punkte und weisen der Energie die Richtung.

Bei vielen Frauen fließt der Energiekreislauf in entgegengesetzter Richtung im Vergleich zu Männern, nämlich vorne hoch und hinten hinunter. Dennoch werden wir ihn hier aus zwei Gründen in umgekehrter Richtung einüben: Bei Frauen ist häufig das Herzzentrum blockiert und es könnte negative Auswirkungen haben, wenn man noch mehr Energie in Richtung Herz schickt, z. B. Herzstechen, Herzklopfen oder emotionale Probleme. Zudem handelt es sich beim Öffnen des Kleinen Kreislaufs um ein Energietraining, bei dem es weniger um ein möglichst intensives Energiegefühl geht als vielmehr um das bewusste Lenken von Energien.

Kleiner Energiekreislauf   *Zum Ausprobieren*

- Setzen Sie sich aufrecht und entspannt auf einen Stuhl, ohne sich anzulehnen. Schließen Sie die Augen und lenken Sie Ihre Aufmerksamkeit in die Mitte.

- Sobald Sie diese klar und deutlich spüren, richten Sie Ihre ganze Aufmerksamkeit auf das Nabelzentrum. Geben Sie sich diesem Punkt ganz hin. Sie können Ihre Hände dabei auf den Nabel legen. Kreisen Sie nun mit Ihrer Aufmerksamkeit an diesem Punkt und spüren Sie, wie er immer lebendiger wird.

- Nun können Sie mit der Ausatmung das Gefühl und die Energie dieses Punktes zum nächsten Punkt, dem Himmlischen Palast, lenken. Mit Ihrer Atmung, der Geisteskraft und dem energetischen Kreisen beleben Sie ihn so lange, bis Sie auch hier etwas spüren.

- Dann gehen Sie jeweils weiter zum nächsten Punkt in der oben genannten Reihenfolge der Energiepunkte.

- Wenn Sie am Scheitelpunkt angelangt sind, legen Sie die Zunge an den Gaumen hinter die Schneidezähne und lenken die Energie über das Dritte Auge bis zum Halspunkt. Von dort fahren Sie fort wie beschrieben.
- Sind Sie wieder am Nabel angelangt, lenken Sie alle Energien in die Mitte und verdichten dort wieder Ihre Energie zu einem Energieball.

Die Abwärtslenkung der Energie – vom Nabel zum Himmlischen Palast und von dort bis zum Damm – geschieht mit der Ausatmung, so als ob Sie die Energie nach unten stoßen. Bei der Lenkung nach oben – vom Damm über die diversen Energiepunkte bis zum Scheitelpunkt – ziehen oder saugen Sie die Energien beim Einatmen aufwärts, wie mit einem Strohhalm. Je öfter Sie mit dem kleinen Energiekreis arbeiten, desto durchlässiger werden die Energiezentren und -bahnen. Nach Auflösung der Energieblockaden wird es möglich, den Kreis mit einem Atemzug zu vollenden. Aber keine Eile: Lassen Sie sich für jeden einzelnen Schritt genügend Zeit, denn die Energiezentren sind nicht nur energetisch, sondern auch mental, emotional und physisch blockiert.

8 Energiemuster der weiblichen Sexualität

Yin – das Fundament der weiblichen Sexualität

Die Quelle der weiblichen Sexualität liegt im Innersten der Frau. Sie entspringt der Stille und ist in der Tiefe verwurzelt. Das Yin-Prinzip ist unter anderem dafür verantwortlich, dass die weiblichen Geschlechtsorgane geschützt im Inneren des Schoßes eingebettet liegen – im Gegensatz zu den männlichen Geschlechtsorganen, die sich ungeschützt außerhalb des Körpers befinden.

Die biologische Aufgabe des weiblichen Körpers ist, sich zu öffnen. Zur Befruchtung nimmt er die männlichen Samenzellen in sich auf. So kann der Embryo im Schoß der Frau an einem geschützten Platz reifen.

Innen stark – außen schwach
»Innen stark und außen schwach« entspricht dem weiblichen Prinzip. Es liegt in der Verantwortung der Frau, Innen- und Außenleben in einem ausgewogenen Verhältnis zuzulassen und zu entwickeln. Viele Frauen können erst durch den Kontakt zu ihrer inneren Stärke Sinnlichkeit zulassen und genießen.

Innen stark und außen schwach

Damit Frauen ihre Feinfühligkeit und Verletzlichkeit in intimen Beziehungen als positive Qualitäten erleben können, bedarf es dieser inneren Stärke oder eines tiefen Vertrauens. Sensibilität und eine ausgeprägte gefühlsmäßige Wahrnehmung sind für uns Frauen zudem ein notwendiges Sensorium für die genaue Erfassung bestimmter Situationen und Stimmungen. Die Yin-Qualitäten ermöglichen durch ihre Durchlässigkeit und Offenheit eine Öffnung und dadurch eine Verbindung zur Außenwelt. Die innere Stärke befähigt Frauen, auf negative und destruktive Situationen und Gefühle positiv einzuwirken, noch bevor diese verletzen können.

Offenheit

Offenheit und Empfänglichkeit entsprechen dem Yin-Prinzip und sind Grundvoraussetzungen für die Erfahrung tiefer sexueller Erfüllung. Die Qualitäten des Offenseins beschränken sich nicht nur auf die sexuellen Kontakte. Offenheit bedeutet auch, sich vom Leben berühren und inspirieren zu lassen; die Fähigkeit, Ideen, Energien, Gefühle und Stimmungen anderer Menschen in sich aufzunehmen.

Sexuelle Öffnung, Hingabe und Aufnahmebereitschaft können uns Frauen noch verletzlicher machen. Deshalb ist es unumgänglich, dass wir lernen, mit diesem hochsensiblen Yin-Zustand umzugehen. Die Zentrierungsübung ist in diesem Zusammenhang ein wirkungsvolles Werkzeug.

Verletzlichkeit

Ich kenne keine Frau, die noch nie in ihrem Leben verletzt worden ist. Im Zusammenhang mit Sexualität gehen Verletzungen meist noch tiefer und hinterlassen große Wunden. Frauen, die in ihrer Mitte ruhen, können damit umgehen und sich selbst heilen.

Ich empfinde diese so genannte Verletzlichkeit eher als Feingefühl, Betroffenheit oder eine tiefe Berührung. Befinden wir uns in einer positiven Schwingung, nennen wir das Liebe und Mitgefühl; aus einer negativen Grundschwingung heraus deuten wir sie als Verletzung.

Weitere Energiemuster

Außen stark – innen schwach
»Außen stark und innen schwach« entspricht
dem Energiemuster des Yang-Prinzips. Die Yang-
Energie strahlt aus und verleiht dem Körper – seiner inneren Schwäche und Sensibilität – Schutz.
Die Sexualität ist dadurch stärker durch Yang-
Qualitäten bestimmt. Sie ist außenorientiert und
wird als sehr spannend, energetisch und geil erlebt. Da Yang an der Oberfläche bleibt, empfinden Frauen eine yang-betonte Sexualität nicht
als nährend und heilend.

*Außen stark
und innen schwach*

Um tiefe sexuelle Erfüllung und Betroffenheit zu empfinden, gilt es, die
hochexplosiven Yang-Kräfte mittels der Yin-Wurzeln in die Tiefe zu leiten.

Außen schwach – innen schwach
Dieser bedrohliche Zustand ist leider immer häufiger anzutreffen. Der
Körper ist weder geschützt noch in der Lage, auf Fremdeinflüsse zu
reagieren und einzuwirken.

Die betroffenen Menschen werden leicht zum Medium für das kollektive Unbewusste und sie nehmen auch jegliche Umwelteinflüsse
ungefiltert in sich auf. Frauen in diesem Zustand können sich weder
sexuell wirklich öffnen und hingeben noch ab-
grenzen. Ihnen ist zu empfehlen, keine sexuellen Kontakte zu haben, bis sie in ihrer Mitte ein
Energiefeld aufgebaut haben und sich, ihre Bedürfnisse und ihre Grenzen wieder spüren. Häufig versuchen Frauen und Männer den Zustand
der energetischen Leere mit mentalem Sex,
Phantasien, Machtspielen und Perversionen zu
kompensieren.

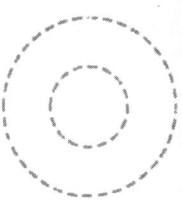

*Außen schwach
und innen schwach*

Außen stark – innen stark
Diese Powerladung kommt in der Natur sehr
selten vor. In jedem Fall handelt es sich um
einen Ausnahmezustand.

*Außen stark
und innen stark*

Vom Yin zum Yang

Eine yin-betonte Sexualität wird vom Wasser beherrscht und ist ge-
fühlsbetont, tief, sanft, ruhig, entspannend und heilend. Eine yang-
betonte Sexualität wird vom Feuer beherrscht; sie ist intensiv, höhe-
punktorientiert, heftig, erregend, spannend und intensiv. Erst die
Vereinigung der beiden Gegensätze ergibt ein Ganzes. Das Tao der weiblichen Sexualität unterstützt bei Frauen nicht nur die Entwicklung der
Yin-Qualitäten, die sozusagen das Fundament für die Yang-Kraft sind.
Eine solide Yin-Verwurzelung ermöglicht es Frauen auch, sich unbeschwert im Yang-Bereich zu bewegen oder eine spannende yang-betonte Sexualität zu leben, ohne sich dabei zu verlieren.

Teil III

Unser Körper –
gesund und natürlich

9 Harmonie im Körper

Der Einfluss der Ernährung auf Gesundheit und Sexualität

Energie, Luft und Liebe und dazu noch ein paar heilende Übungen sind ohne Zweifel wichtige Zutaten zur Erhaltung unserer Gesundheit, aber der Körper braucht auch Rohstoffe – lebenswichtige Nährstoffe, die er aus den Nahrungsmitteln bezieht.

Geschmack, Farben, energetische und thermische Einflüsse wirken gezielt auf Organe und Körperfunktionen ein, also auch auf die Sexualität. So haben Essstörungen oder schlechte Ess- und Trinkgewohnheiten direkte Folgen für die Sexualkraft.

Natürliche Nahrung
»Du bist, was du isst.« Wer kennt das Sprichwort nicht? Je natürlicher die Nahrungsmittel sind, die wir dem Körper zuführen, desto besser für ihn. Die unzähligen chemischen Stoffe, mit denen die meisten Nahrungsmittel behandelt werden, bedeuten für den Körper immer eine zusätzliche Belastung. Wie soll er all diese der Natur fremden Stoffe identifizieren und verarbeiten können? Hormon-, Penizillin- und Pestizidrückstände, Farbstoffe, Geschmacksverstärker und Konservierungsmittel stiften im Körper Verwirrung. Die Auswirkung, die chemisch behandelte oder gar genmanipulierte Nahrungsmittel auf den menschlichen und tierischen Organismus haben, darf keineswegs unterschätzt werden. Da dieser in seinem Verwirrungszustand nicht weiß, wie er die unnatürlichen Substanzen verarbeiten soll, bleiben sie irgendwo im Körper liegen, im Darm, an den Gelenken, im Gewebe, in den Knochen und Organen usw. Dieser chronische Vergiftungszustand kann unberechenbare emotionale Reaktionen – gerade auch im sexuellen Bereich – auslösen.

Das Yin und Yang der Ernährung

Das Tao geht davon aus, dass alle Nahrungsmittel und Getränke eine thermische Wirkung auf den Organismus haben. Sämtliche Nahrungsmittel werden den Bereichen »kalt«, »erfrischend«, »neutral«, »wärmend« und »heiß« zugeordnet, und zwar unabhängig davon, ob ein Nahrungsmittel kalt oder warm gegessen wird. Wenden wir uns nun den thermischen Auswirkungen der Nahrungsmittel auf die Sexualität zu.

Wenn ich durch Modezeitschriften blättere oder mich in Großstädten umschaue, sehe ich viele magere, ja ausgehungerte Frauen oder Mädchen. Im Café nippen sie an einer Cola light oder bestellen sich einen Salatteller. Angezogen wirken diese Frauen mit ihren langen, dünnen Beinen und bauchfreiem Oberteil sehr modisch. Aber unbekleidet bieten sie einen erschreckenden Anblick: ein Skelett mit hauchdünnem Hautüberzug.

In der Jugend ist das innere Reservoir noch gefüllt. Organe, Drüsen und Knochen enthalten genügend Reserven, so dass man sich einige Jahre damit über Wasser halten kann. Doch wenn diese Notbank schließlich geplündert ist, zehrt man sich allmählich selbst auf. Ich meine hier nicht die Frauen, die von Natur aus sehr schlank sind, obwohl sie richtig essen, sondern diejenigen, die sich abquälen, um ein vermaledeites Schlankheitsideal zu erfüllen. In unseren Breitengraden ernährt man sich gern kalorienbewusst, d. h. überwiegend mit energielosen Nahrungsmitteln, von denen viele eine kühlende Wirkung auf den Körper haben.

Je stärker Yin als die körperliche Substanz und als Energieträger ist, desto mehr Yang kann es in sich aufnehmen. Da Frauen dem Yin-Prinzip unterliegen, sind sie von ihrer Natur her rundlicher und massiger als Männer. Dass sie mit allen Mitteln gegen ihre natürlichen Rundungen ankämpfen, verdeutlicht die geringe Wertschätzung, die sie gegenüber ihren weiblichen Qualitäten empfinden. Das yang-betonte Schönheitsideal – lang, dünn und muskulös – verwirklicht sich immer auf Kosten der Weiblichkeit.

Natürliche Rundungen bedeuten nicht Übergewicht. Dieses ist oft der gegenteilige Ausdruck der Unausgewogenheit. Übergewicht kann beispielsweise durch einen Yang-Mangel entstehen, durch einen Mangel an Bewegung, Aktivitäten oder yang-betontem Sex. Es kann auch die Folge schlechter Essgewohnheiten sein, etwa wenn man zu viel auf einmal isst oder zu viele Nahrungsmittel zu sich nimmt, die Feuchtigkeit und Kälte erzeugen.

Dies ist kein Buch über Schönheit, sondern über die weibliche Sexualität. Sie hängt nicht von äußeren Schönheitsidealen ab, sondern von der Lebendigkeit, Vitalität und Lebenslust einer Frau. Die Kunst des Tao der Ernährung ist es, Nahrungsmittel so auszuwählen, dass die weiblichen Anteile dadurch gestärkt und bewahrt werden.

Für viele Frauen ist richtiges Essen der erste Schritt zu einer lustvolleren Sexualität.

Sinnvolle Ernährung

Was heißt richtige Ernährung? Ein endloses Thema. Für Frauen, besonders auch die berufstätigen, ist richtiges Essen enorm wichtig. Mindestens zwei warme gekochte Mahlzeiten pro Tag, mit Suppe und viel Gemüse, durchaus auch mit natürlich gezogenem Fleisch, kann Frauen Kraft geben. Die Mahlzeiten sollten möglichst abwechslungsreich und Suppen oder Eintöpfe mit Kräutern, Wurzeln und Knochen angereichert sein.

Viele Frauen frieren ständig. Sie brauchen lange, bis sich ihre Sexualenergie erregt, falls überhaupt. In warmen Ländern oder im Sommer geht das vielleicht noch irgendwie, aber im Winter ist das beinahe unmöglich, besonders mit einem Partner, der nicht genügend Feuer besitzt, um das zu Eis gefrorene Wasser zu schmelzen.

Folgende Symptome weisen auf Kälte in Ihrem Körper hin:
- Starke Kälteempfindlichkeit
- Abneigung gegenüber Kälte

- Allgemeine Verlangsamung
- Emotionale Zustände
- Viel heller Urin

Überprüfen Sie anhand der folgenden Listen die von Ihnen bevorzugten Nahrungsmittel und Getränke auf ihre thermische Wirkung.

Wichtiger Hinweis

Wenn Sie unterkühlt sind, nehmen Sie nicht gleich nur noch erwärmende und heiße Nahrungsmittel zu sich, denn zu viel Feuer verdunstet das Wasser. Das heißt, die wertvollen Yin-Anteile wie Blut und Säfte können dadurch verdampft werden, und wir alle haben nicht genug davon.

Bleiben Sie im neutralen, leicht erwärmenden Bereich. Bei zu viel Hitze im Körper können folgende Symptome auftreten:

- Innere Unruhe
- Nervosität
- Ungeduld
- Schlaflosigkeit
- Dunkler Urin
- Starke Menstruationsblutung

Die thermische Wirkung von Nahrungsmitteln

Nahrungs-mittel	*Kalt*	*Erfrischend*	*Neutral*	*Erwärmend*	*Heiß*
Gemüse	Alge Eisbergsalat Endivie Grüner Salat Kresse Löwenzahn- wurzel Spargel	Alle Kohlarten Aubergine Blumenkohl Broccoli Champignon Essiggurke Gurke Mangold	Avocado Buschbohne Erbse Kartoffel Kohlrabi Rosenkohl Rübe	Fenchel Frühlingszwie- bel Lauch Meerrettich Möhre Süße Kartoffel Zwiebel	–

Nahrungs-mittel	Kalt	Erfrischend	Neutral	Erwärmend	Heiß
Gemüse		Radieschen Rettich Sauerkraut Schwarz-wurzel Sellerie Tomate Zucchini			
Getreide und Hülsenfrüchte	–	Adukibohne Dinkel Erbse Gelbe Soja-bohne Gerste	Hefe Hirse Kichererbse Linse Mais Mehle, Flocken, Grützen Reis Roggen Rote Soja-bohne Sauerteigbrot Schwarze Sojabohne Stangenbohne Weizen	Amaranth Buchweizen Grünkern Hafer Sago Süßer Reis	–
Obst	Banane Kiwi Rhabarber Wassermelone	Unreifes Obst Beerenfrüchte Apfel Birne Brombeere Heidelbeere Himbeere Johannisbeere Orange Pampelmuse	Ananas Dattel Feige Honigmelone Pflaume	Aprikose Erdbeere Korinthe Mango Papaya Süßkirsche Traube	–

Nahrungs-mittel	Kalt	Erfrischend	Neutral	Erwärmend	Heiß
			Preiselbeere Quitte Sauerkirsche Stachelbeere Zitrone		
Milch-produkte	–	Kuhmilch Joghurt Sauermilch Saure Sahne	Quark Butter Ei Käse, Vollfett Sahne, süß	Käse, stark fermentiert Schimmel-käse Ziegenkäse Ziegenmilch	–
Nüsse	Sonnenblu-menkerne	Cashewnuss	Erdnuss Haselnuss Mandel Sesam	Kastanie Kokosmilch Pinienkerne Walnuss	–
Fleisch und Fisch	Ente Kaviar Krabbe Tintenfisch	Hase Schweine-fleisch	Kalb Karpfen Rind	Aal Barsch Fasan Forelle Garnele Hähnchen Hirsch Hummer Lachs Languste Mies-muscheln Scholle Shrimp Sardelle Thunfisch Wachtel Wild-schwein	Lamm Ziegenmilch Ziege

Nahrungs-mittel	Kalt	Erfrischend	Neutral	Erwärmend	Heiß
Gewürze	Kaltgepresste Öle	Estragon	Honig	Basilikum	Chili
	Salz		Malz	Dill	Fenchel
	Sojasauce		Rohrzucker	Essig	Muskatnuss
			Safran	Ingwer	Nelke
			Süßholz	Kakao	Pfeffer
				Knoblauch	Zimt
				Majoran	
				Oregano	
				Rosmarin	
				Senf	
				Thymian	
				Vanille	

Nahrungsmittel und Sexualität

Rohkost und Vollkornprodukte: Für viele Frauen ist die Verdauung von Rohkost eine zu große Belastung für die Verdauungsorgane. Frau fühlt sich dadurch eher schlapp und müde als vital und erotisch.

Milchprodukte: Milchprodukte sind Babynahrung und haben auf die Sexualenergie eine eher einschläfernde Wirkung, da sie viel Schleim produzieren. Dadurch wird die Sexualenergie zähflüssig und stagniert.

Süßigkeiten: Die Geschmacksrichtung »Süß« produziert Feuchtigkeit im Körper. Zu viel Feuchtigkeit erstickt die zarte weibliche Sexualenergie und macht den Körper träge, schwer und dumpf. Dem Körper ist es beinahe unmöglich, die feinstofflichen Energieströme wahrzunehmen.

Getränke: Reines Wasser hat aufgrund seiner stark entgiftenden Wirkung für unser Wohlbefinden eine große Bedeutung. Wie keine andere Flüssigkeit nimmt es die verschiedenen Substanzen in sich auf und transportiert sie aus dem Körper. Es gibt keinen Ersatz für reines Quellwasser oder durch einen Filter aufbereitetes und energetisiertes Wasser. Gesundheits- und Kräutertees sind wegen ihrer Wirkstoffe nicht neutral, weshalb sie eine andere Wirkung als reines Wasser auf den Stoffwechsel haben.

Fürs Tagebuch

Verschaffen Sie sich einen Überblick über Ihre Trinkgewohnheiten und stellen Sie eine Liste über die Art und Menge von Getränken zusammen, die Sie täglich zu sich nehmen. Wie wirken die Getränke?

Die thermische Wirkung von Getränken

Kalt	Erfrischend	Neutral	Erwärmend	Heiß
Frauenmantel-tee	Champagner	Kamillentee	Honigwein	Fencheltee
Grüner Tee	Fruchtsaft	Malzbier	Ingwertee	Glühwein
Guinness	Gemüsesaft	Maishaartee	Kaffee	Schnaps
Pils	Getreidekaffee	Süßholztee	Kümmeltee	Whisky
Schwarzer Tee	Hagebuttentee	Wasser	Likör	Wodka
	Pfefferminztee		Rotwein, trocken	Yogitee
	Sojamilch		Traubensaft	Zimtrindentee
	Weißwein, trocken		Wein, süß	
	Weizenbier			

Heilkräuter

Liebestränken und Potenzmitteln – also auch den verborgenen Kräften der Heilkräuter – wurde im alten China besondere Aufmerksamkeit geschenkt. Durch geheime Kräutermischungen erhoffte man sich sexuelle Stärke, besonders auch, weil die Sexualität ja als das Tor zur Unsterblichkeit galt.

Noch heute sind Hirschhorngelee, Ginseng oder Seehundpenis wichtige Bestandteile chinesischer Medizin, vor allem zur Stärkung der männlichen Potenz. Und die menschliche Plazenta ist ein häufiger Bestandteil von weiblichen Stärkungsmitteln. In China gibt es in bestimmten Gebieten immer noch den Brauch, dass Frauen nach der Geburt ihre Plazenta zur Stärkung einnehmen.

Zum Glück ist in der Frauenheilkunde das große Kräuterwissen der Taoisten erhalten – im Gegensatz zur europäischen Kräuterheilkunde, die zusammen mit hunderttausenden von Hexen auf den christlichen

Scheiterhaufen verbrannt wurde. Die Auswahl der richtigen Kräutermischungen ist eine hohe Kunst, die man sich nur durch jahrelanges
Studium aneignen kann. Deshalb enthält dieses Buch keine Kräuter-
rezepturen, weil diese hochpotent sind und bei unsachgemäßem Einsatz das Gegenteil von dem bewirken können, was man beabsichtigt.

Die fünf Elemente

Ein gesunder und ausgeglichener Körper ist der Nährboden für eine erfüllte Sexualität. In der taoistischen Gesundheitslehre hilft die Theorie
der fünf Elemente Holz, Feuer, Erde, Metall und Wasser neben dem
Dualitätsgesetz von Yin und Yang, den Körper besser zu verstehen.

Im nun folgenden Kapitel werden wir anhand der fünf Elemente die
Grundsubstanzen des Körpers sowie die inneren Organe und ihre Ent-

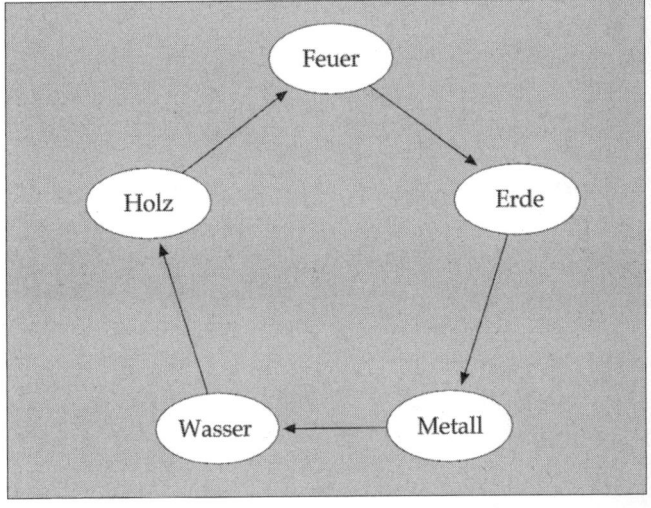

Die Wandlungsphasen der fünf Elemente

sprechungen betrachten. Dabei berücksichtige ich hauptsächlich die Aspekte, die im Zusammenhang mit der Sexualität eine Rolle spielen. Weiterführende Literatur zum Thema Gesundheit und Traditionelle Medizin finden Sie im Anhang des Buches. Dort sind auch alle genannten heilenden Punkte aufgeführt.

Fülle und Leere in den Organen

Unter Fülle wird in der chinesischen Medizin ein Zustand bezeichnet, der aus einem Zuviel an Energie, Hitze oder auch Feuchtigkeit und Schleim – entsteht. Stagnation kann ebenfalls in einem Organ Fülle erzeugen, im Gegensatz zu einem Zustand der Leere, einem Zuwenig an Energie, Blut oder Wärme. Fülle ist ein Yang-Muster und Leere ein Yin-Muster.

Das Element Holz

Leber und Gallenblase werden dem Holzelement zugeordnet. Wachstum und Bewegung charakterisieren die Holz-Qualität, die sich in der Jahreszeit Frühling manifestiert. Die Holzenergie ist innovativ und vibrierend, sie gibt Impulse und ist kreativ. Sie ist zuständig für Bewegung, Wachstum, Erneuerung und Regeneration. In der Sexualität sorgt das Holzelement für Spannung, Zündstoff, Abwechslung und Erregung. Es bringt die Sexualenergie ins Fließen. Die Holzenergie ist extrovertiert, sprunghaft und schwungvoll. Menschen mit Holznatur lieben oberflächliche, unverbindliche Flirts und Liebesabenteuer.

Yin-Organ: Leber
Yang-Organ: Gallenblase
Sinnesorgan: Augen
Körperflüssigkeit: Tränen

Körperteile: Muskeln, Sehnen, Nerven und Nägel

Geruch: Säuerlich

Energiewurzel: Chi

Energiebewegung: Aufwärts

Farbe: Grün

Die Leber

Das Yin-Organ des Holzelementes ist die Leber.

Ihre *allgemeinen Aufgaben* sind:

- Sie bewegt das Chi.
- Sie sorgt für den harmonischen Fluss der Emotionen.
- Sie verarbeitet Eindrücke.
- Sie baut Stress ab.
- Sie verleiht dem Körper Spannkraft.

Ihre Funktionen bei der *Menstruation* sind:

- Sie speichert das Blut.
- Sie bewegt das Blut.
- Sie stimuliert und harmonisiert die Gebärmutter.
- Sie sorgt für einen harmonischen Energiefluss.

Leberfülle

Leberstagnation: Sowohl Chi, Blut oder Nässe können in der Leber Stagnation auslösen und folgende *allgemeine Symptome* hervorrufen:

- Spannungsgefühl im Bauch, unterhalb des Rippenbogens
- Depressionen, Melancholie, Launenhaftigkeit, schneller Stimmungswechsel

Menstruation:

- PMS (prämenstruelles Syndrom) mit Gereiztheitszuständen, raschem Stimmungswechsel, Launenhaftigkeit, Spannungsgefühl in Brüsten und Hals

- Unregelmäßige Mens
- Klumpiges Mensblut
- Krämpfe

Sexualität:

- Die Sexualenergie kommt nicht richtig ins Fließen, gerät plötzlich ins Stocken und bricht ab.

Heilende Punkte:

- G 34 reguliert das Leber-Chi.
- L 3 reguliert das Leber-Chi und das Blut.
- MP 10 reguliert das Blut.

Tipps zur Heilung:

- Genügend Bewegung, z. B. Tanzen oder die Kundalinimeditation
- Sanftes Leberklopfen mit lockerer Faust
- Kreative Betätigung
- Reinigungs- oder Entgiftungskur im Frühling
- Stress abbauen und Emotionen verarbeiten

Leberhitze

Allgemeine Symptome:

- Reizbarkeit
- Spannungszustand, Unruhe, unruhiger Schlaf, Schlafstörungen
- Bitterer Geschmack im Mund
- Schwindelgefühl
- Hitzewallungen
- Zysten und Myome

Sexualität:

- Sexuell erregbar, jedoch nur eine oberflächliche Befriedigung möglich
- Lust auf Selbstbefriedigung
- Ein Orgasmus kann bei Leberhitze Entspannung und Kühlung bewirken.

Menstruation:

- Verfrühte Mens, starker Blutfluss

Heilende Punkte:

- Le 2 beseitigt das Leberfeuer.
- G 20 beseitigt Leberfeuer.

Tipps zur Heilung:

- Regelmäßige Entspannungsübungen zum Ausgleich der Emotionen
- Fette und scharfe Speisen, Kaffee, Wein und Spirituosen meiden

Bei Leberhitze handelt es sich um einen Yang-Zustand, der langfristig durch die Förderung der Yin-Qualitäten ausgeglichen werden kann.

Nässe und Hitze in der Leber

Allgemeine Symptome:

- Vaginaler Juckreiz
- Übelriechender Ausfluss, evtl. Pilzerkrankungen oder Herpes
- Gelber, klebriger Zungenbelag
- Heftige, evtl. auch unkontrollierbare Wut

Menstruation:

- Starke Blutung mit intensivem Geruch

Sexualität:

- Die sexuelle Energie kann sehr heftig und träge sein und bleibt dadurch leicht im genitalen Bereich stecken.

Heilender Punkt:

- G 34 bewegt stagniertes Chi und leitet Nässe aus.

Tipps zur Heilung:

- Rohkost, Milchprodukte, Süßigkeiten, Alkohol und Fleisch weglassen
- Meditation und Sensibilitätstraining

Leberleere
Leberblut-Mangel
Allgemeine Symptome:

- Schwindelgefühl
- Nächtliches Aufwachen
- Nachtschweiß

- Unscharfes Sehen und trockene Augen
- Brüchige Nägel
- Schlechtes Gedächtnis
- Gefühle der Sinnlosigkeit
- Gestresstsein

Menstruation:
- Schwache bis keine Blutung, blasses Blut

Sexualität:
- Sexuelle Erregung kann ein unangenehmes Gefühl oder auch Schmerzen auslösen
- Wenig bis kein sexuelles Interesse

Heilende Punkte:
- M 36 und MP 6 fördern die Blutbildung.

Tipps zur Heilung:
- Stress abbauen und Aktivitäten einschränken
- Blutaufbau mit ausgewogener Ernährung und Heilkräutern
- Genügend, aber nicht zu viel Bewegung
- Heilender Leberlaut: Schschschsch

Das Element Feuer

Das Feuerelement strahlt Wärme, Liebe, Leidenschaft und Freude aus. Feuer bringt Licht und Klarheit, es dehnt sich aus, strebt nach oben und steht für Kommunikation und Entwicklung. In der Sexualität strebt das Feuer nach Leidenschaft, Höhepunkten und Dominanz. Es durchblutet und erregt den Körper und sorgt für Intensität. Das Feuer stimuliert die geistigen Aktivitäten, sexuelle Phantasien und die Begierde.

Yin-Organ: Herz
Yang-Organ: Dünndarm
Sinnesorgan: Zunge (Sprache)

Körperflüssigkeit: Schweiß
Körperteile: Gefäße und Gesicht
Geruch: Angebrannt
Energiewurzel: Wärme
Energiebewegung: Ausdehnung
Richtung: Süden
Farbe: Blutrot

Das Herz

Das Yin-Organ des Feuerelementes ist das Herz.

Seine *allgemeinen Funktionen* sind:

- Es regiert das Blut.
- Es wandelt das Nahrungs-Chi in Blut um.
- Es sorgt für eine gute Blutzirkulation.
- Es gibt dem Geist ein Zuhause, wo er sich verwurzeln und erholen kann.
- Es steuert und versorgt das Bewusstsein, mentale und emotionale Aktivitäten, das Gedächtnis, das Denken und den Schlaf.
  Seine Funktion in der *Menstruation*:
- Das Herz verteilt das Blut.

Herzfülle
Hitze im Herzen

Allgemeine Symptome:

- Psychische Unruhe
- Erregung
- Schlaflosigkeit
- Hitzegefühl
- Ständiges und schnelles Reden
- Unkonzentriertheit
- Herzklopfen
- Unklares Denken
- Rote Zungenspitze

Menstruation:

- Verfrühte Mens
- Starke und heftige Blutungen

Sexualität:

- Herzhitze kann sowohl körperliche Unruhe als auch mentale Aktivitäten wie sexuelle Phantasien u.ä. auslösen.

Heilende Punkte:

- H 8 leitet Herzfeuer aus.
- KG 15 beruhigt den Geist und leitet Hitze aus.

Tipps zur Heilung:

- Bitterer Geschmack (z. B. Wermutkraut oder bitteres Bier) leitet Hitze aus, sonst keinen Alkohol einnehmen
- Stimulation und Aktivitäten, auch TV, einschränken
- Akupunktur und Kräuterbehandlung notwendig
- Kaltes Wassertreten
- Yin stärken
- Entspannungsübungen lernen

Herzleere

Herzblut-Leere: Traumatische Erlebnisse können einen Zustand der Herzleere bewirken.

Allgemeine Symptome:

- Abgrenzungsprobleme im Alltag und in Beziehungen
- Unkonzentriertes Denken
- Undefinierbares Unwohlsein
- Vergesslichkeit
- Herzklopfen, Angstzustände, Schreckhaftigkeit
- Gestörter Schlaf
- Schnelles Überforderungsgefühl
- Rote Wangen

Menstruation:
- Verspätete Menstruation
- Spärliche Blutung bis hin zum Ausbleiben der Menstruation

Sexualität:
- Frauen mit einer Herzblutschwäche fühlen sich von intensiver Yang-Energie und männlicher Erregung leicht überfordert, da sie sich in einem hypersensiblen und sehr durchlässigen Zustand befinden.
- Abgrenzungs- und Abhängigkeitsprobleme in sexuellen Beziehungen
- Wenig bis gar keine Lust auf Sex, vielmehr Bedürfnis nach Herzwärme, Nähe, Zuwendung und Geborgenheit

Heilender Punkt:
- H 7 tonisiert Herzblut und Herz-Yin und beruhigt den Geist.

Tipp zur Heilung:
- Heilender Herzlaut: Haaaaaaaaaaaaaaaaaaaaa

Das Element Erde

Das Erdelement ist die Königin der Mitte. Aus ihrem Zentrum gleicht sie sich und ihre Umgebung aus und sorgt für inneren und äußeren Frieden. Transformation und Integration sind ihre Qualitäten. Dank dieser Eigenschaften kann man das eigene Leben seinen Überzeugungen entsprechend gestalten und Ideen verwirklichen. Das Erdelement hilft dem Körper, die lebenserhaltenden Nährstoffe aufzunehmen und zu verarbeiten. Diese gehen ins Blut über, von wo aus sie den ganzen Organismus mit Nahrung versorgen. Der Spätsommer ist die Jahreszeit des Erdelementes, die Zeit der Reife und der Ernte.

Eine starke Erde ermöglicht es, die Sexualität aus der Mitte zu leben und zu bestimmen. Menschen mit einer schwachen oder leeren Mitte können in der Sexualität leicht fremdbestimmt und manipuliert werden.

Die Milz

Das Yin-Organ des Erdelements ist die Milz.

Allgemeine Aufgaben: Transformation und Transport

- Die Milz achtet darauf, dass das Blut in den Blutgefäßen bleibt.
- Sie nährt Muskeln und Extremitäten.
- Sie kontrolliert das aufsteigende Chi (und hält so die Organe in der richtigen Position).
- Sie steuert die Fähigkeit, sich zu konzentrieren, zu lernen und sich Dinge zu merken.

Milzfülle

Nässe der Milz

Allgemeine Symptome:

- Trägheits- und Schweregefühl
- Kein Durst bzw. keine Lust zu trinken
- Geschwächter Geschmackssinn
- Übelkeit und Völlegefühl
- Schwerer, dumpfer, nebliger Kopf
- Übelriechender Stuhlgang oder Ausfluss

- Wasseransammlungen in der unteren Körperhälfte (Dieser Zustand erschwert die Wahrnehmung feiner Energieströme in Körper und Umgebung.)

Sexualität:
- Die zarte weibliche Sexualenergie wird in der Milzfülle ertränkt und das sexuelle Feuer erlischt.

Heilende Punkte:
- MP 9 leitet Nässe aus der unteren Körperhälfte aus.
- MP 6 beseitigt Nässe.

Tipps zur Heilung:
- Aus der Mitte leben
- Zentrierungsübung
- Regelmäßig essen
- Zucker, Rohkost, Milchprodukte und Alkohol mindestens zwei Monate lang weglassen
- Feuchtes Klima meiden
- Vollbäder und Wasseranwendungen einschränken
- Gewisse Vitaminpräparate, Haschisch und die Pille können Nässe im Körper erzeugen.

Milzleere
Blut- und Chi-Leere
Allgemeine Symptome:
- Müdigkeit und Mattigkeit
- Blasser und fahler Teint
- Schwache Extremitäten
- Weicher Stuhl bis Durchfall
- Organsenkungen
- Hämorrhoiden und Krampfadern
- Vermehrte Blutungen
- Müdigkeit nach dem Essen
- Unkontrollierbare Lust auf Süßigkeiten

- Leere im Kopf
- Unfähigkeit, sich zu sammeln und auf einen Punkt zu konzentrieren
- Lernschwierigkeiten

Menstruation:
- Die Blutung kann am Anfang der Periode heftig sein und dann aufhören.
- Schmierblutungen mit hellem und wässrigem Blut können tagelang anhalten.

Sexualität:
- Frau fühlt sich zu schlapp und müde, um an Sexualität zu denken.

Heilende Punkte:
- MP 6 stärkt das Milz-Chi.
- KG 6 stärkt und hebt das Milz-Chi (bei Senkung und Prolaps).
- MP 1 stärkt die Milzfunktion (gegen Blutungen).

Tipps zur Heilung:
- Regelmäßiges Essen in ruhiger Umgebung
- Rohkost, Vollkornprodukte, Süßigkeiten und Alkohol vermeiden
- Nicht zu viel auf einmal essen
- Mentale Aktivitäten (Lernen und Bildschirmarbeit) einschränken oder besser ausgleichen

Der Magen

Der Magen hat eine zentrale und wichtige Aufgabe, deshalb werden wir ihn als einziges Yang-Organ etwas näher betrachten. Er gilt als Wurzel der fünf Yin-Organe und Hauptnahrungsquelle des Körpers. Egal, wie krank ein Mensch ist, wie heftig die Symptome sind, solange der Magen gesund und stark ist, ist auch die Prognose gut.

Magenfülle

Magenhitze

Allgemeine Symptome:
- Schlechter Mundgeruch
- Zahnfleischbluten

- Magenbrennen bis hin zu Übelkeit
- Ständiges Hungergefühl
- Psychische Unausgeglichenheit, Unruhe, Schlafstörungen
- Lust auf kalte Getränke

Heilender Punkt:

- M 45 leitet Hitze aus dem Magen und beruhigt den Geist.

Tipps zur Heilung:

- Sämtliche Reizstoffe wie Koffein, Tein, Tabak, Alkohol, Tabletten und chemische Nahrungszusätze (E-Faktoren) vermeiden
- Regelmäßige Nahrungsaufnahme
- Nur kleine Portionen essen
- Heiße, fettige und scharfe Nahrungsmittel vermeiden
- Viel Rohkost zu sich nehmen; Früchte nur, wenn der Magen die Säure verträgt

Magenleere
Blut- und Chi-Leere

Allgemeine Symptome:

- Große Müdigkeit, vor allem am Morgen
- Schwächegefühl in den Gliedern
- Appetitmangel
- Weicher Stuhlgang
- Unangenehmes Druckgefühl in der Magengegend

Heilende Punkte:

- M 36 stärkt das Magen-Chi.
- KG 12 stärkt das Magen-Yin.

Tipps zur Heilung:

- Regelmäßig essen
- Mahlzeiten in Ruhe einnehmen
- Gekochte und leicht verdauliche Nahrungsmittel zu sich nehmen
- Zentrierungsübung machen, aus der Mitte leben
- Heilender Laut für Milz und Magen: Chuuuuuuuuuuuuuuuuuuuu

Das Element Metall

Dem Metellelement ist der Herbst zugeordnet und es entspricht der Kristallisation. Es kondensiert und konzentriert Körperfunktionen. Metall wird von der Erdkraft genährt und vom Feuer kontrolliert. In der Sexualität übernimmt das Metallelement eine Schutz- und Abwehrfunktion und es verleiht uns den animalischen Instinkt.

Yin-Organ: Lunge
Yang-Organ: Dickdarm
Sinnesorgan: Nase
Körperflüssigkeit: Schleim, Urin, Säfte
Körperteile: Haut, Haare und Schleimhäute
Geruch: Penetrant
Angst: Zukunftsangst
Energiewurzel: Blut und Säfte
Bewegung: Absteigend und konzentrierend
Himmelsrichtung: Westen
Farbe: Weiß

Die Lunge
Das Yin-Organ des Metallelements ist die Lunge.
Allgemeine Funktionen:
- Die Lunge wird auch die Meisterin des Chi und der Atmung genannt. Das Chi des Himmels (die Luft) wird eingeatmet, »unreines Chi« wieder ausgeatmet.
- Die Lungen kontrollieren Haut und Haare.

Lungenfülle
Hitze und Schleim
Allgemeine Symptome:
- Steifheit von Wirbelsäule, Hals und Postur
- Chronische Stirn- und Nebenhöhlenentzündungen

- Kurzatmigkeit
- Husten mit Auswurf

Heilender Punkt:
- Lu 1 beendet Husten und löst Schleim.

Tipps zur Heilung:
- Süßigkeiten und Milchprodukte weglassen (Schleimbildung reduzieren)
- Rauchige und verschmutzte Luft meiden

Lungenleere
Blut- und Chi-Leere

Allgemeine Symptome:
- Müdigkeit und Energielosigkeit
- Gesichtsblässe
- Schwache Stimme
- Neigung zu Erkältungskrankheiten
- Kurzatmigkeit
- Geschwächtes Abwehrsystem
- Perspektivlosigkeit
- Mutlosigkeit
- Traurigkeit
- Undankbarkeit

Heilender Punkt:
- LU 9 tonisiert das Lungen-Chi.

Tipps zur Heilung:
- Möglichst viel an die frische Luft gehen
- Genügend schlafen
- Atemübungen zur Vergrößerung des Atemvolumens (einmal pro Tag außer Atem kommen)
- Klimaanlage meiden
- Weder rauchen noch mitrauchen
- Heilender Lungenlaut: Sssssssssssss

Das Element Wasser

Das Wasserelement, das »yinigste« der Elemente, ist dem Winter zugeordnet. Die Wandlungsphase Wasser stellt das Ende eines Zyklus dar und ist zugleich Quelle von etwas Neuem und sein Nährboden. Die Nieren gehören hierzu. Sie gelten als Wurzel des Lebens. Die dem Wasserelement zugeschriebenen Qualitäten sind das Anhäufen, Aufbewahren und Konservieren. Die weibliche Sexualität entspringt der Wasserqualität.

Yin-Organ: Nieren
Yang-Organ: Blase
Sinnesorgan: Ohren
Körperflüssigkeit: Sexualsäfte
Körperteile: Knochen, Mark, Hirn, Zähne, Knie, Füße, Lendenwirbel
Geruch: Verwesen
Angst: Todesangst
Körpersubstanz: Knochen
Bewegung: Zusammenziehend, nach innen
Richtung: Norden
Farbe: Dunkelblau und Schwarz

Die Nieren

Das Yin-Organ des Wasserelements sind die Nieren.

Allgemeine Funktionen:

- Sie sind die Meisterin der Fortpflanzung.
- Sie regieren bei der Geburt.
- Sie bewahren die Lebenskraft.
- Sie produzieren und nähren die Knochen, das Mark und das Gehirn.
- Sie kontrollieren die unteren Körperöffnungen.

Der rechten und der linken Niere werden unterschiedliche Funktionen zugeschrieben: Die linke Niere gilt als die eigentliche Niere, während man in der rechten Niere das Tor zur Vitalität sieht. Das Nieren-Yin liefert die materielle Substanz und gilt als die Quelle aller Yin-Energien im Körper. Sie ist die Grundlage des Nieren-Yangs. Das Nieren-Yang, auch Nierenfeuer genannt, stellt die nötige Wärme für alle Nierenfunktionen zur Verfügung und gilt als Quelle der Yang-Energien im gesamten Körper.

Eine echte Nierenfülle ist zu selten, um speziell darauf einzugehen.

Nieren-Leere
Nieren-Yin-Leere: Blut- und Chi-Leere
Allgemeine Symptome:
- Dunkler Urin
- Nachtschweiß
- Schwindelgefühl
- Rote Wangen
- Trockene Haut
- Vergesslichkeit
- Vermehrter Durst, vor allem gegen Abend
- Rücken- und Knochenprobleme
- Osteoporose
- Haarausfall
- Hitzewallungen
- Innere Unruhe
- Rote Zunge ohne Belag
- Fehlgeburten
- Inkontinenz

Menstruation:
- Langer Zyklus
- Schmierblutung nach dem Zyklus
- Hellrotes, wässriges Blut

Sexualität:
- Dem Körper fehlt die körperliche Grundlage zur Hingabe. Er ist leicht erregbar, jedoch fühlt frau sich nach sexueller Aktivität schlechter, ausgelaugt.

- Ruhe und Zufriedenheit bleiben aus.
- Nieren-Yin-Schwäche ist häufig bei Frauen zu Beginn der Menopause anzutreffen.

Heilender Punkt:
- Ni 1

Tipps zur Heilung:
- Sich viel Ruhe gönnen
- Aktivitäten stark einschränken
- Stress vermeiden
- Regelmäßige Ernährung zum Substanzaufbau
- Sich nach einer Entbindung eine lange Ruhephase gönnen
- Nur sehr sanfter, liebevoller Geschlechtsverkehr
- Genügend Vormitternachtsschlaf
- Den Nieren keine Wärme zuführen

Nieren-Yang-Leere

Allgemeine Symptome:
- Extreme Müdigkeit, Erschöpfung
- Depression
- Willensschwäche
- Keine Lust auszugehen
- Vermehrte Urinausscheidung, heller Urin, schwacher Harnstrahl
- Harninkontinenz
- Chronischer vaginaler Ausfluss
- Gebärmuttersenkung
- Kälteempfinden und Abneigung gegen Kälte
- Kreuzschmerzen
- Schwache Beine, speziell Knie
- (Weibliche) Unfruchtbarkeit
- Weiße Gesichtsfarbe
- Beinödeme

Menstruation:
- Verspäteter Zyklus
- Verlängerte Blutung

Sexualität:
- Sexuelles Desinteresse

Heilender Punkt:
- KG 4 stärkt das Nieren-Yang.

Tipps zur Heilung:
- Nierenatmung
- Nieren wärmen
- Nieren massieren
- Keine sexuellen Aktivitäten
- Kälte vermeiden, auch kaltes Wasser
- Heilender Nierenlaut: Huuuuuuuuuuuuuu (ein Hauchlaut)

Knochen

Die Knochen sind die innersten und dichtesten Körperteile. Durch ihre ausgeprägte Yin-Qualität besitzen sie eine starke Speicherfunktion. In den Knochen werden nicht nur Energien, sondern auch Informationen gespeichert.

Mark

Im Knochenmark wird die Essenz, das Ching Chi, gespeichert, eine wichtige körperliche Grundlage für die Sexualkraft.

Die Brüste

Die Brüste gelten als das Weiblichkeitssymbol schlechthin. Für viele Frauen sind sie das empfindlichste Sexualzentrum. Die meisten Menschen haben durch die Brüste ihre erste Mahlzeit erhalten. Dass in ihnen Milch produziert und dadurch ein Baby ernährt werden kann, verdeutlicht ihr Potenzial. Für Wohlbefinden und Gesundheit sind die Brüste eine wichtige Energie- und Heilquelle, die nicht zu unterschätzen ist. In diesem Kapitel werde ich Ihnen Übungen vorstellen, die Sie in Kontakt mit den magischen Kräften in Ihren Brüsten bringen.

Die Brustkrebsrate steigt stetig. Brustkrebs ist die häufigste Todesursache für Frauen zwischen 35 und 54 Jahren. Zu vielen Frauen werden die Brüste amputiert. Warum so viele Brüste erkranken, kann man bis heute nicht mit Bestimmtheit sagen, sicherlich tragen verschiedene Faktoren dazu bei.

Brüste

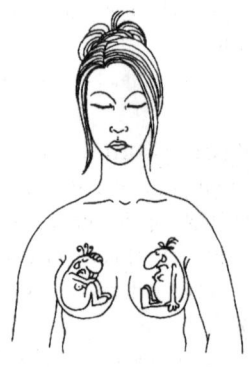

Leidende Brüste

Die Brüste sind sehr sensibel, zart und weich. Viele kleine Blutgefäße, Nervenzellen, Milchdrüsen und Lymphgefäße bilden in ihnen ein komplexes System, das sorgfältig und liebevoll behandelt werden will.

Empfehlungen zur Gesunderhaltung der Brüste:

- Brüste nicht durch Beißen, Kneifen oder zu starkes Saugen verletzen; dies gilt nicht für die Stillzeit. Während der Stillzeit sind die Brüste, besonders die Brustwarzen, weniger empfindlich.
- Die Brüste im Liebesspiel nicht überreizen.
- Nikotin, Koffein und Alkohol meiden.
- Chemische Nahrungsmittelzusätze – Düngemittel, Pestizide, Hormone, Konservierungsmittel und Geschmacksverstärker – unbedingt meiden.
- Zur Körperpflege nur natürliche Produkte verwenden.

Ziehen in den Brüsten, Zysten, Knötchen und auch Krebs entstehen nach Ansicht der chinesischen Medizin immer im Zusammenhang mit der Leber. Eine wichtige Aufgabe der Leber ist die Bewegung von Chi und Blut im Körper. Kann sie sie nicht erfüllen, lohnt es sich, eine gute chinesische Ärztin aufzusuchen und sich mit Akupunktur und Kräutern behandeln zu lassen. Zur Unterstützung können Sie die Selbstheilungsübungen für die Leber machen.

Wissenschaftlich anerkannte Risikofaktoren für die Entstehung von Brusterkrankungen sind:

- Hormonelle Veränderungen bzw. ein unausgewogener Hormonhaushalt (frühe Menarche, Kinderlosigkeit, späte Wechseljahre, zugeführte Hormone wie Östrogen)
- Erbanlage
- Strahlenbelastungen, z. B. durch regelmäßige Röntgenbestrahlung
- Übergewicht

Die eigenen Brüste kennen lernen

Nehmen Sie sich genügend Zeit und finden Sie anhand folgender Fragen heraus, welche Gefühle Sie Ihren Brüsten entgegenbringen:

1. Was bedeuten Ihnen Ihre Brüste?
2. Welche Beziehung haben Sie zu ihnen?
3. Wie fühlen sie sich an?
4. Mögen Sie Ihre Brüste?
5. Wie reagieren sie auf Berührung?
6. Fassen Sie Ihre Brüste an?
7. Mögen Sie es, wenn Ihre Brüste angefasst oder gestreichelt werden?
8. Mögen Sie es, wenn an Ihren Brüsten gesaugt wird?
9. Wie reagiert die Umwelt auf Ihre Brüste?

Wichtige Hinweise für die nachfolgenden Busenübungen

1. Machen Sie die Busenübungen nur, solange es sich gut anfühlt. Wenn Sie dabei unruhig werden oder sich Hitze entwickelt, hören Sie sofort auf und bringen die Energie in Ihre Mitte. Machen Sie dann die Zentrierungsübung und die Übung des inneren Lächelns, bis Sie sich wieder wohl fühlen.

2. Bei Brusterkrankungen sollte frau lediglich die Übung zur Reinigung und das innere Lächeln praktizieren. Die anderen Übungen nur nach Absprache mit Ihrer Ärztin ausführen.

3. Stechender Schmerz in den Brüsten oder in der Brust kann ein Anzeichen von zu viel Hitze oder Stau sein. In diesem Fall nicht noch mehr Energie in die Brüste bringen – etwa mit der Busenatmung –, sondern die Brüste entstauen. Die folgende Atmung ist dabei hilfreich.

- Nehmen Sie die Position der Reiterin ein.
- Mit der Einatmung bringen Sie beide Arme seitlich hoch bis über den Kopf.
- Hier drehen Sie die Handflächen zur Erde, die rechte Hand liegt nun oberhalb der linken.
- Mit der Ausatmung und dem Laut Hiiiiiiiiiiiiii führen Sie nun Ihre Hände langsam nach unten und kämmen sozusagen die Hitze aus dem Oberkörper in Ihre Beine. Lassen Sie sie an den Beinen hinab und in die Erde fließen.

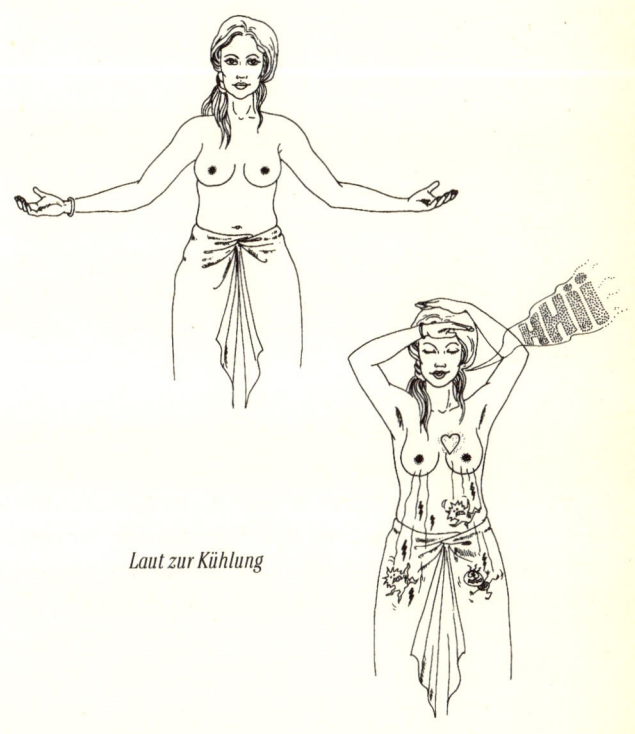

Laut zur Kühlung

Über die Wirkung der Busenübungen möchte ich Ihnen nichts verraten. Probieren Sie die Übungen selbst aus und lassen Sie sich überraschen, welche Energien und Gefühle sich entfalten können.

Busenbewusstsein   *Zum Ausprobieren*

Erinnern Sie sich so oft wie möglich daran, dass Sie Brüste haben, und füllen Sie diese mit dem inneren Lächeln.

Busenbewusstsein

Entlastung der Brüste   *Zum Ausprobieren*

Wenn das Herz mit negativen Gefühlen wie Trauer, Schmerz und Verzweiflung voll ist, fließen diese über und lagern sich zusätzlich in den Brüsten ab. Mit der Reinigung der Brüste können Sie auch Ihr Herz entlasten.

- Stellen Sie sich entspannt aufrecht hin und schließen Sie die Augen.
- Atmen Sie durch das Dritte Auge – den Punkt auf der Stirn, wo Sie eine kleine Einbuchtung feststellen können – das goldene Licht aus dem Universum ein.
- Atmen Sie bis in Ihre Brüste und füllen Sie diese mit goldenem Licht.
- Mit der Ausatmung leiten Sie alles Belastende und Schwere über

Beine und Füße aus Ihrem Körper hinaus. Damit nichts in den Brüsten stecken bleibt, können Sie auch die Hände zu Hilfe nehmen und die Energien aus den Brüsten nach unten in die Erde streichen.

■ Machen Sie zum Abschluss die Zentrierungsübung.

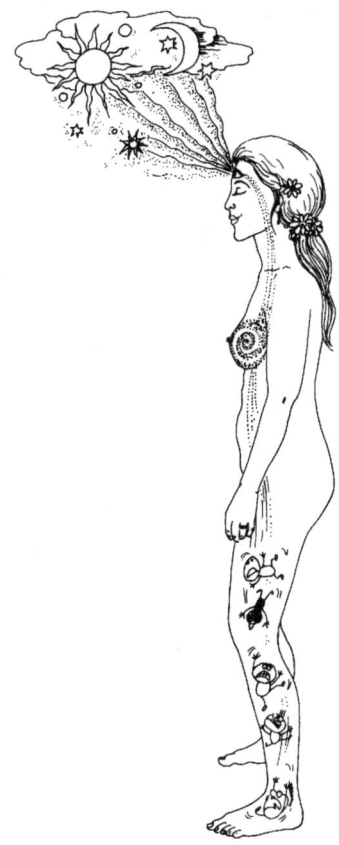

Entlastung der Brüste

Busenatmung

- Sie stehen aufrecht und schließen die Augen.
- Stellen Sie durch die Atmung eine Verbindung zu Ihren Brüsten her, bis Sie deren Weichheit und Offenheit gut spüren.
- Füllen Sie sie auf mit dem inneren Ja.
- Atmen Sie nun sanft durch Ihre Brustwarzen ein, bis Sie ein leichtes Soggefühl wahrnehmen können.
- Laden Sie auf diese Weise Ihre Brüste energetisch auf, bis diese ganz prall werden.
- Nun laden Sie Ihre Brüste mit der Qualität auf, die auf Sie die größte Heilwirkung hat. Das könnte beispielsweise Licht sein, ein Baum, ein Edelstein oder was immer Sie persönlich anspricht.
- Zum Abschluss legen Sie beide Hände auf die Brüste, lächeln in sie hinein und atmen ganz langsam und ruhig weiter, bis die Energie die Brüste füllt, überfließt und sich im ganzen Körper verteilt.

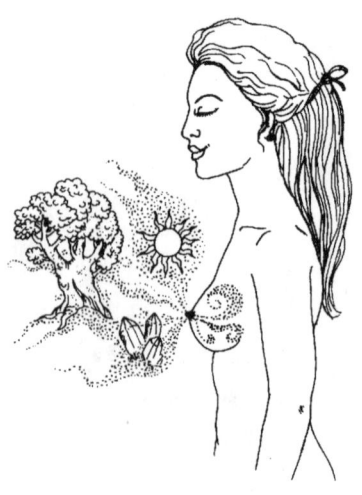

Busenatmung

Busenmassage　　　　　　　　　　*Zum Ausprobieren*

Eine Übung, die ins tägliche Übungsprogramm jeder Frau gehört. Benutzen Sie dazu Ihr Busenöl oder sonst ein natürliches Öl.

- Massieren Sie mit genügend Öl kreisförmig Ihre Brüste ein und wech-
  seln Sie regelmäßig die Richtung. Die Bewegung von der Brustmitte
  nach oben auswärts hat eine verteilende ausdehnende Wirkung,
  nach unten einwärts eine konzentrierende und sammelnde.

- Sie können unterschiedliche Reaktionen hervorrufen, je nachdem,
  ob Sie heftiger oder sanfter massieren, schneller oder langsamer,
  großflächig oder nur um die Brustwarze herum. Viel Spaß bei Ihren
  Erfahrungen und Beobachtungen.

Busenmassage

- Setzen Sie sich aufrecht hin und schließen Sie die Augen.
- Massieren Sie nun Ihre Brüste, bis diese energetisiert sind.
- Füllen Sie sie nun mindestens zehn Minuten lang mit der heiligen Silbe Aum (sprich: Om).
- Bleiben Sie anschließend ganz ruhig sitzen und atmen Sie tief. Schauen Sie dabei immer tiefer in Ihre Brüste hinein, bis die Brüste Ihnen ihr Geheimnis offenbaren.
- Legen Sie sich anschließend hin.

Brüste und Geschlechtsorgane

Es besteht eine direkte Verbindung von Brüsten und Herz zu den Geschlechtsorganen.

Nach chinesischer Medizin sind zwei Meridiane (Energieleitbahnen), der Bao Mai und der Chong Mai, hier für zuständig. Die Verbindung zwischen Brüsten und Gebärmutter ist am deutlichsten während Menstruation, Schwangerschaft und Stillzeit zu spüren.

Viele taoistische Sexualpraktiken, etwa die Hirschübung, die wir noch genauer betrachten werden, basieren auf dieser Verbindung.

Schlaffer Busen

Der Busen besteht nicht aus Muskeln, sondern aus Fett- und Bindegewebe, deshalb wird er mit den Jahren auch schlaffer. Das Bindegewebe wird über das Erdelement versorgt. Ein schlaffer Busen kann erfolgreich über die Milz gestärkt werden, vor allem durch gezielte Ernährung. (Beachten Sie die Ernährungstipps in Kapitel 9.) Regelmäßige Brustmassage und häufiges kühles Abduschen haben eine unterstützende Wirkung.

Heilender Punkt:

- Ma 18 harmonisiert die Brüste.

Tipps zur Heilung:

- Massage mit Öl.
- Liebevoller Umgang. Lassen Sie sich beim Liebesspiel nicht in die Brüste beißen oder lieblos berühren, wenn Sie dies nicht mögen.
- Bauen Sie ein liebevolles Verhältnis zu Ihren Brüsten auf und entwickeln Sie ein Busenbewusstsein.
- Der Busen mag Tageslicht und frische Luft, nicht aber zu viel direkte Sonnenbestrahlung.
- Duschen Sie Ihre Brüste regelmäßig ab, dies fördert die Durchblutung.

Rezeptur Busenöl:

Als Basisöl eignet sich Mandelöl besonders gut, das Sie mit ätherischen Ölen Ihrer Wahl anreichern können, und zwar mit jeweils 30 Tropfen auf 30 ml Pflanzenöl.

- Zitronengras (Lemongrass) stärkt das Gewebe.
- Geranium entwickelt die Brüste.
- Bockshornklee stimuliert die Brustdrüsen.
- Rosenöl weckt tiefe Gefühle.

Busenöl

Das Blut

Wegen des monatlichen Blutverlustes spielt dieser Körpersaft im Leben jeder Frau eine zentrale Rolle. Er beeinflusst Lebensqualität, Gesundheits- und Gemütszustand. Blutqualität und -menge bilden auch die materielle Grundlage der weiblichen Sexualität. In der taoistischen Tradition wird das Blut als das materielle Zuhause der spirituellen Kräfte betrachtet. Es gilt als Ich-Träger und jedem Individuum vorbestimmt. Im alten China wird das Blut der »rote Saft der Mutter Erde« genannt und verkörpert das Yin-Prinzip, das allen Dingen Leben verleiht.

Blut und Säfte nähren

Wegen der spirituellen Kräfte des Blutes ist seine Bewahrung und Stärkung das wichtigste Prinzip in der taoistischen Frauenheilkunde und Übungspraxis. Blut und die anderen Körpersäfte haben denselben Ursprung und beeinflussen sich gegenseitig. Zu letzteren zählen die trüben und klaren Körperflüssigkeiten, welche die Haut, Schleimhäute, Gelenke, das Gehirn, das Knochenmark, die Augen, Ohren, Nase und den Mund befeuchten: Schweiß, Speichel, Schleim, Tränen, Magensaft, Lymphflüssigkeit, Liquor, Gelenkflüssigkeit, Sexualsekrete, Urin und Galle.

Das Blut wird durch übermäßiges Schwitzen (z. B. Sauna), Erbrechen und Durchfall geschwächt. Aus dem Überfluss von Blut und Chi gehen die Menstruation, die Essenz (Ching Chi) und die Substanz (Organe und Knochen) hervor.

Entstehung des Blutes aus taoistischer Sicht:

- Die zur Blutbildung notwendigen Rohstoffe beziehen wir zum größten Teil aus unserer Nahrung.
- Chi gibt den Impuls, der die Blutbildung und den dazu notwendigen Umwandlungsprozess in Gang setzt.
- Durch den Magen gelangen Nahrungsmittel in den Körper und werden zur Verarbeitung an die Milz weitergeleitet.

- Die Milz entzieht Nahrungsmitteln und Flüssigkeit die reinen Teile.
- Die Nieren geben zur Blutbildung von der im Knochenmark gespeicherten Essenz ab.
- Das Lungen-Chi bewegt das Nahrungs-Chi zum Herzen. Im Herz wird das Nahrungs-Chi in Blut umgewandelt.
- Das Feuer gibt dem Blut seine rote Farbe.
- Die Leber speichert das Blut.

Allgemeine Funktionen des Blutes:
- Das Blut bildet die körperliche Grundlage der weiblichen Sexualität.
- Es gibt dem Geist die materielle Grundlage, weshalb es auch Ich-Träger genannt wird.
- Das Blut ist die Mutter des Chi. Schwaches Blut bedeutet geschwächtes Chi.
- Das Blut versorgt den Körper mit Nährstoffen.
- Das Blut befeuchtet das Gewebe.

Blutleere
Allgemeine Symptome:
- Müdigkeit
- Blasser Teint
- Vergesslichkeit
- Schlafstörungen (nächtliches Aufwachen)
- Unscharfes Sehen
- Schreckhaftigkeit
- Herzklopfen
- Angstzustände
Symptome bei chronischem Blutmangel:
- Trockenheit im Körper (spröde Haut und Haare, brüchige Nägel)
- Ichschwäche

- Abgrenzungsprobleme
- Emotionale Schwäche, z. B. schnelles Ausbrechen in Tränen
- Geringe Belastbarkeit

Menstruation:
- Dumpfer Schmerz am Ende oder nach der Periode
- Spärliche Blutung

Sexualität:
- Der Saft und die innere Fülle fehlen, so dass man die Sexualität nicht genießen kann, d. h. es fehlt die körperliche Grundlage, die es Frauen ermöglicht, die Sexualität als innere Fülle zu erleben.

Heilende Punkte:
- KG 4 nährt Blut und Gebärmutter und beruhigt den Geist.
- Ma 36 und M 6 tonisieren Blut und Chi.

Tipps zur Heilung:
- Substanzaufbauende Ernährung
- Blutaufbauende Kräuterkur (kann man sich verschreiben lassen)
- Stress abbauen
- Aktivitäten einschränken
- Genügend Ruhe und Schlaf
- Schwitzen vermeiden (keine Sauna)
- Atemübungen an der frischen Luft

Blutfülle: Bluthitze

Zu viel Hitze im Körper kann langfristig sowohl die Organe als auch das Blut erhitzen. Bluthitze liegt vor, wenn die Hitze tief in den Körper eingedrungen ist. Es handelt sich um einen chronischen Zustand, der für die Betroffenen unangenehm und anstrengend ist, da er immer starke Emotionen hervorruft. Seine Auflösung erfordert Zeit; am besten lässt man sich von einem chinesischen Arzt behandeln. Ärztliche Behandlung ist jedoch nur wirkungsvoll, wenn gleichzeitig innere und äußere Konflikte gelöst werden, die die tieferen Ursachen von Bluthitze sind.

Allgemeine Symptome:

- Hitzegefühle
- Mundtrockenheit
- Hauterkrankungen
- Innere Unruhe bis zu extremer Erregung
- Impulsivität und schwer kontrollierbare Gefühlsausbrüche
- Massive Schlafstörungen
- Maniforme und psychotische Zustandsbilder
- Angstzustände
- Dunkler Urin
- Verstopfung

Menstruation:

- Plötzlicher und heftiger Beginn der Blutung
- Hell- oder dunkelrotes Blut
- Verfrühte Mens
- Schmierblutungen lange nach der Mens

Sexualität:

- Der Körper steht unter Spannung, kann daher sehr leicht erregbar sein.
- Es kann vorkommen, dass vor lauter Erregung eine Überreizung entsteht, die den Höhepunkt verhindert.
- Ein Orgasmus könnte den Körper etwas kühlen und ausgleichen.

Heilende Punkte:

- M 6 kühlt und bewegt Blut.
- Ni 2 kühlt Blut und leitet Hitze aus.
- Le 2 kühlt das Blut.

Tipps zur Heilung:

- Alkohol, Drogen und Zigaretten meiden
- Behandlung notwendig (chinesische Kräuter und Akupunktur)
- Bewusster Umgang mit Emotionen
- Entspannungsübung (falls dies in dem Zustand überhaupt möglich ist)

- Stresssituationen und Spannungen meiden
- Konfliktsituationen klären
- Scharfe, fettige und wärmende Speisen weglassen
- Konsequent alle Nahrungsmittel und Getränke mit chemischen Zusätzen aus dem Speisezettel streichen

Die weiblichen Geschlechtsorgane

Die weiblichen Geschlechtsorgane dienen der Eizellenproduktion, der Aufnahme des Jade-Schafts (des männlichen Gliedes), der Luststeigerung, der Herbeiführung der Yin-Flut (des weiblichen Orgasmus) und der Öffnung des Inneren Tores (des Muttermundes und Gebärmutterhalses) zur Befruchtung.

Sie dienen außerdem der Entwicklung des befruchteten Eis bis zur Geburt des Kindes.

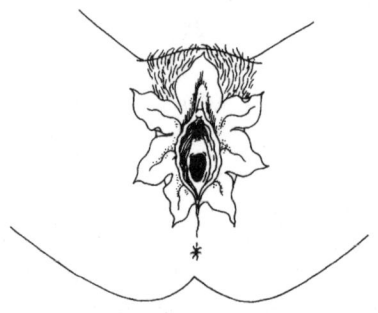

Die chinesischen Bezeichnungen für die Geschlechtsorgane sind sehr phantasievoll und poetisch.

Lassen Sie sich von ihnen dazu inspirieren, Ihre Geschlechtsorgane zu taufen.

Duftende Rose

Die Vulva, auch Scham oder weibliches Genital genannt, hat Namen wie duftende Rose, Lotusblüte, Jadetor und goldene Schlucht.

Göttliches Feld

Die großen Schamlippen sind die äußeren, reichlich mit Fettgewebe ausgestatteten Wülste. Außen sind sie mit Haaren bedeckt und auf der Innenseite mit einer feinen Haut überzogen. In ihr münden zahlreiche Talgdrüsen, die sie glatt und geschmeidig halten.

Rote Perlen

Die kleinen Schamlippen sind schmale Falten und liegen innerhalb der großen zum Scheideneingang hin; sie umschließen die Klitoris. Meistens sind sie kleiner als die großen, sie können aber auch weit vorstehen. Bei bestimmten afrikanischen Stämme gelten die kleinen Schamlippen als schön und werden durch künstliches Ziehen oder sogar durch Anhängen von Gewichten verlängert. Bei sexueller Erregung vergrößern sich die Schamlippen.

Kostbare Perle – Klitoris

»Kostbare Perle« wird die Klitoris (oder der Kitzler) genannt. Sie ist größer, als es von außen den Anschein hat. Im Innern ist sie ausgestattet mit Fühlorganen, den Meißner-Tastkörperchen, den Vater-Pacini-Körperchen und den Genitalkörperchen. Sie verleihen der Perle, die manchmal auch Yin-Bohne genannt wird, ihre Empfindsamkeit und machen sie so kostbar. Zusammen mit den beiden Schwellkörpern kann sie bei Erregung anschwellen, sich vergrößern und verhärten.

Noch heute werden in bestimmten Ländern die weiblichen Geschlechtsorgane beschnitten. Bei diesem Verstümmelungsakt wird die Klitoris entfernt, entweder herausgeschnitten oder herausgebrannt. Meistens erleben die Mädchen ihn bei vollem Bewusstsein.

Schau mich an   *Zum Ausprobieren*

- Wählen Sie einen ruhigen Platz aus, wo Sie ungestört sind. Für die Übung brauchen Sie einen möglichst großen Handspiegel.
- Setzen Sie sich bequem hin, am besten auf den Boden. Die Beine sind vor dem Körper aufgestellt und so weit wie möglich geöffnet.
- Stellen oder legen Sie den Spiegel so hin, dass Sie Ihre Rosenblüte bequem betrachten können.
- Atmen Sie ruhig und tief, während Sie ihre äußeren Geschlechtsorgane betrachten. Damit Sie besser sehen, können Sie mit den Fingern die Schamlippen etwas auseinanderspreizen.
- Beobachten Sie die Gedanken und Gefühle, die während der Betrachtung in Ihnen aufkommen.
- Nach fünfzehn Minuten legen Sie sich ruhig hin.
- Anschließend schreiben Sie Ihre Erfahrungen auf.

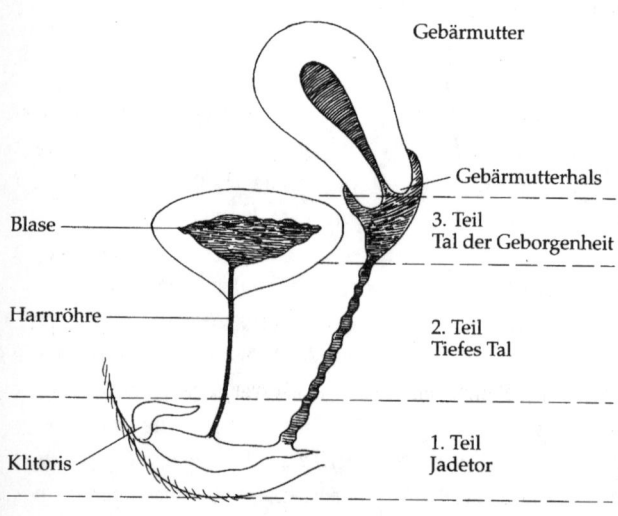

Die drei Abschnitte des Scheidenkanals

■ Legen Sie sich hin und verbinden Sie sich gedanklich und über die Atmung mit den Schamlippen und der Klitoris.

■ Lächeln Sie in Ihre Schamlippen und Klitoris hinein, bis diese zurücklächeln und Sie spüren, wie die Rosenblüte zu pulsieren beginnt, sich mit jedem Pulsschlag ausdehnt und zusammenzieht und immer lebendiger wird.

Das Jadetor – die Scheide

Die Scheidenöffnung ist durch eine dünne Hautfalte, das Jungfernhäutchen (Hymen), stärker oder weniger deutlich verschlossen. Dicke und Elastizität des Häutchens sind verschieden. In seltenen Fällen ist das Häutchen so elastisch, dass es sich beim Eindringen des Jadeschaftes genügend ausdehnen kann. In den meisten Fällen wird das Häutchen beim erstenmal zerrissen, was zu geringer Blutung und der Bildung von Hautfetzen und Fransen führt.

Der Scheidenkanal

Der eigentliche Geburtskanal ist gewöhnlich eine zehn bis elf Zentimeter lange Röhre, die sehr dehnbar und geräumig ist. Die Scheidenwand ist drüsenlos und mit einer dicken schwammigen Schleimhaut ausgekleidet.

Auf die Zellen der Scheide wirkt Östrogen ein. In ihnen ist in großer Menge Glykogen gespeichert, das in der Scheide zu Milchsäure umgewandelt wird. Ein gesundes Scheidenmilieu enthält Milchsäurebaktereien (Döderleinbakterien), welche die Scheide mit einem weißlichen Belag überziehen. Das Vaginalsekret ist säuerlich.

Vorhofdrüsen (Bartholin-Drüsen)

An den beiden Seiten, wo das Jungfernhäutchen befestigt ist, befinden sich die Öffnungen der zwei Vorhofdrüsen; sie sondern ein schleimiges Sekret ab. Sie können den Finger in die Vagina einführen, am oberen

Rand entlanggleiten und dort die beiden Drüsen erspüren. In diesem Bereich liegt auch der G-Punkt. Bei Erregung schwillt er an, manchmal sondert er sogar ein durchsichtiges Sekret ab, das sogenannte weibliche Ejakulat.

Reflexzonen des Scheidenkanales

Zahllose Liebespositionen wurden entwickelt, um die Reflexzonen der Sexualorgane zu stimulieren. Achten Sie beim Liebesspiel (mit oder ohne Partner) darauf, dass nicht nur ein bestimmter Punkt oder immer dieselbe Zone, sondern dass alle Bereiche gleichmäßig stimuliert werden.

Hierbei hilft die Übung mit dem Energy-Ei, die Sie noch kennen lernen werden.

Auch mit einem Vibrator kann man die verschiedenen Zonen wunderbar beleben.

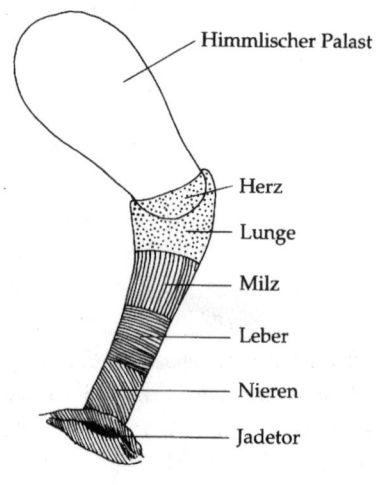

Reflexzonen der weiblichen Geschlechtsorgane

Gereizte und trockene Scheide

Mögliche Ursachen:

- Chronischer Yin-Mangel (Blutschwäche)
- Niedriger Östrogenspiegel
- Lungenschwäche
- Chemische Medikamente, die speziell die Schleimhäute austrocknen
- Rauchen

In den Wechseljahren kann die Scheide spröde und trocken werden, was beim Liebemachen schmerzt. Mit einer Creme können Sie der Scheide die Milchsäurebaktereien (Döderlein-Stäbchen) zuführen, so dass die Schleimhäute Feuchtigkeit produzieren können.

Tipps zur Heilung:

- Keine synthetische Unterwäsche tragen
- Zum Waschen nur milde Produkte verwenden, ohne Zusatz von Parfum oder starken Kräuteressenzen
- Keine Tampons verwenden, sondern Naturschwämme oder natürliche, nicht chemisch gebleichte Binden aus dem Naturkostladen

Gebärmutterhals

Der Scheidenkanal endet im Gebärmutterhals, dem unteren Drittel der Gebärmutter, und reicht bis zum Muttermund. Im Tao wird diese empfindsame Stelle das »Innere Tor« genannt. Ich kenne Frauen, die in der Lage sind, dieses völlig zu verschließen. Während der Menstruation können sie das Blut so lange in der Gebärmutter behalten, bis sie diese willentlich entleeren, genauso wie sie Blase oder Darm kontrollieren. Die Vorteile sind offensichtlich: Sie brauchen weder Tampons noch Binden. Zusätzlich wird die Gebärmutter durch das Blut genährt und gestärkt.

Viele Frauen sind der Ansicht, dass der Muttermund sich nur bei der Geburt öffnet, und zwar unter enormen Schmerzen, und dass dieser Muskel willentlich nicht zu beeinflussen ist. Ich kann mich in diesem Punkt nur auf meine eigene Erfahrung und die meiner Tao-Freundinnen beziehen. Ich vermag die Gebärmutter nicht ganz zu verschließen, manchmal gelingt es mehr, manchmal weniger. Es ist mir aber möglich, den Muskel zu bewegen. Dadurch bewegt sich auch die Gebärmutter und es entsteht tief in mir ein sehr sinnliches Gefühl.

Probieren Sie selbst aus, was in Ihrem Körper möglich ist. Wenn Sie mit dem Verschließen des Muttermundes Erfolg haben, bitte ich um Rückmeldung.

Schmerzen beim Geschlechtsverkehr

Obwohl die Vagina dehnbar ist, leiden manche Frauen bei der Penetration unter starken Schmerzen. Das kann verschiedene *Ursachen* haben:

- Bei einer geschwächten Leber kann Erregung als schmerzhaft erlebt werden.
- Wenn Gebärmutter, Blase oder die Därme gesenkt sind, kann das Eindringen des Penis in bestimmten Positionen schmerzhaft sein.
- Schmerzhaft kann der Geschlechtsverkehr auch sein, wenn die Erregung nicht stark genug ist.
- Der Penis kann zu lang sein. Da der Scheidenkanal bei den Frauen verschieden lang ist, kann die Penisspitze, auch Schildkrötenkopf genannt, in das Innere Tor eindringen. Für Frauen ist das sehr schmerzhaft. Männer werden hierdurch zusätzlich stimuliert. Die Reizung des Gebärmutterhalses sollte in jedem Fall vermieden werden, denn sie kann zu Entzündungen oder anderen Krankheiten führen. Besorgen Sie sich in einem Sex-Shop weiche Gummiringe, die über den Penis gestülpt werden, damit er nicht so tief eindringen kann. Sie können sich dort beraten lassen, welches Produkt für diesen Zweck erhältlich ist. Experimentieren Sie auch mit verschiedenen Positionen, legen Sie sich Kissen unter das Gesäß usw.
- Psychologische Probleme können ebenfalls die Ursache für Schmerzen beim Geschlechtsverkehr sein. In diesem Fall ist es ratsam, eine therapeutische Fachperson einzubeziehen.

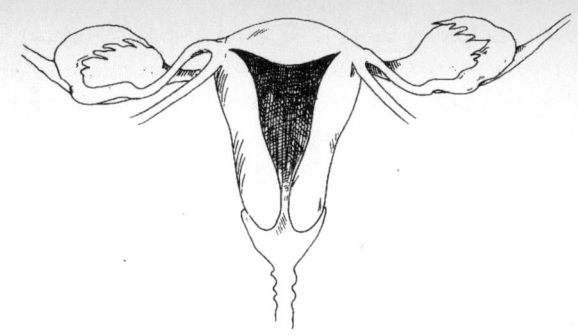

Gebärmutter und Eierstöcke

Himmlischer Palast – Gebärmutter

Die Gebärmutter mündet am Muttermund in die Scheide. Sie ist birnenförmig, stark muskulös und wiegt bei einer erwachsenen Frau zwischen 80 und 120 Gramm. Vor der Menstruation ist sie voller Blut und daher etwas schwerer. Während der Schwangerschaft wird das Gewicht der Gebärmutter etwa verzehnfacht. Die Hauptmasse der Gebärmutterwand besteht aus einer dicken Schicht glatter Muskulatur. Diese Muskulatur ist innen von einer Schleimhaut überzogen. Man unterscheidet zwischen dem Uteruskörper, der zwei Drittel der oberen Gebärmutter einnimmt, dem Gebärmuttergrund, der die obere Kuppe bildet, und dem Gebärmutterhals, der in den Scheidenkanal mündet.

Sprache der Gebärmutter

Die Gebärmutter ermöglicht uns Frauen zu menstruieren, den männlichen Samen aufzunehmen und dem Embryo einen geschützten Rahmen zu bieten, damit er bis zur Geburt wachsen und gedeihen kann.

Wer die Sprache der Gebärmutter versteht, weiß genau, in welchem Zustand sich eine Frau befindet. Sie offenbart sich in der Menstruation und dem vaginalen Ausfluss. (Die wichtigsten Signale haben Sie im Zusammenhang mit den fünf Elementen bereits kennen gelernt.)

Ausgehend von der Qualität von Menstruation und Ausfluss kann in der traditionellen chinesischen Medizin eine Behandlung vorgenommen werden. Dazu ist eine langfristige Beobachtung der Menstruation erforderlich, die schriftlich festgehalten wird.

Fürs Tagebuch

Legen Sie sich ein Menstruationsbüchlein an, in dem Sie Ihre Beobachtungen über die Beschaffenheit des Ausflusses festhalten. Von Bedeutung sind folgende Punkte:

- Länge des Zyklus
- Länge der Blutung
- Wie ist die Blutung? Spärlich, heftig, normal?
- Fließt das Blut?
- Wie ist die Farbe des Blutes?
- Haben Sie Schmerzen? Wenn ja, vor, am Anfang, am Ende oder nach der Mens?
- Wie sind die Schmerzen? Stechend, dumpf, krampfartig?
- Wie ist Ihr Gemütszustand? Vor der Mens? Während der Mens?
- Mondphasen

Bei Erkrankungen der Gebärmutter handelt es sich meistens um einen Hilferuf, mit dem sie die Aufmerksamkeit erzwingt. Da die Gebärmutter für Frauen die zentrale Rolle spielt, werde ich ihr in diesem Buch zwei weitere Kapitel widmen.

Himmlischer Trichter – Eileiter

Ein Eileiter ist durchschnittlich zwischen 11 und 14 Zentimeter lang. Sein Anfang ist trichterförmig und er verengt sich zur Gebärmutter. Die Innenseite des Eileiters ist mit einem Flimmerepithel ausgekleidet. Dieses sondert ein Sekret ab, welches das Ei transportiert und zusammen mit der Bewegung des Eileitermuskels in die Gebärmutter bringt.

Verborgener Schatz – Eierstöcke

Ein Eierstock hat etwa die Größe einer Walnuss. Hier werden die Hormone gebildet, welche die Grundlage zur Fortpflanzung bilden. Die Hauptaufgabe des Eierstocks besteht darin, etwa 400 bis 500 der ungefähr 100 000 Eizellen, die von Geburt an in jedem Eierstock gespeichert sind, zu entwickeln und für eine Befruchtung reifen zu lassen.

11   Starker Unterleib

Übungen zum Unterleibstraining

In diesem Kapitel möchte ich Ihnen verschiedene Unterleibsübungen vorstellen. Es gibt Reinigungs- und Lockerungsübungen sowie Übungen zur Stärkung, Belebung und Sensibilisierung der Geschlechtsorgane.

Wie lange oder wie oft Sie eine bestimmte Übung machen, bleibt Ihren individuellen Erfahrungen überlassen. Finden Sie für sich heraus, was Ihnen gut tut, und lassen Sie ruhig auch Übungen aus dem Trainingsprogramm weg, wenn Sie damit nicht zurechtkommen.

Für die in diesem Kapitel vorgestellten Übungen brauchen Sie keinerlei Vorkenntnisse oder Übungserfahrung. Sie können sie auch ausführen, wenn Sie den kleinen Energiekreislauf noch nicht beherrschen. Bauen Sie Ihr Unterleibstraining langsam auf und übertreiben Sie die Übungen nicht. Ein yin-betontes Körpertraining besteht nicht darin »durchzuhalten«. Die weibliche Energie reagiert empfindlich auf yang-betonte Verhaltensweisen wie Disziplin, Technik und Kontrolle. Hingegen ist wichtig, dass die Lust am Experimentieren und ein sinnliches Wohlgefühl Sie bei allen Übungen begleiten.

Wichtige Hinweise

- *Menstruation*: Machen Sie nur Energieübungen, wenn die Blutung dadurch nicht stärker wird. Lassen Sie auf jeden Fall während der Mens die Eierübung und das Beckenbodentraining weg.

- *Schwangerschaft*: Ich möchte keiner Frau raten, während einer Schwangerschaft mit dem Einüben von Energieübungen zu beginnen.

- *Spirale*: Frauen, die eine Spirale haben, ist zu empfehlen, während der Unterleibsübungen sehr sensibel mit sich umzugehen.

- *Myome*: Sie entstehen immer aus einem »Zuviel«, deshalb bewirken Energieübungen wie die Eierübung keine Heilung, sondern eher das Gegenteil. Achten Sie darauf, dass Sie den Energiefluss im Körper über die Leber anregen, und lernen Sie Hitze und Energie aus der Gebärmutter in die Erde auszuleiten. Der Laut zur Kühlung hilft dabei. Suchen Sie eine(n) chinesische(n) Ärztin/Arzt auf, der/die Sie mit einer Akupunktur- und Kräuterbehandlung unterstützt.
- Bei *Krebs* und anderen *Krankheiten* das Übungsprogramm mit dem Arzt/der Ärztin absprechen.
- *Zysten* entwickeln sich meist durch Kälte, deshalb sind Energieübungen oft sehr wirkungsvoll, zumal wenn sie mit einer Ernährungsumstellung und wärmenden Kräutertees kombiniert werden.

Machen Sie sich zunächst bewusst, was Sie mit den Übungen in Ihrem Körper bewirken möchten. Wählen Sie gezielt solche Übungen aus, mit denen Sie sich im Hinblick auf Ihre Bedürfnisse und Schwächen unterstützen. Nichts ist demotivierender, als sich endlich zu regelmäßigen Körperübungen aufzuraffen, die dann keine Wirkung zeigen.

Spaß und Wohlbefinden sind das Allerwichtigste beim Üben. »Ich muss« oder »ich sollte« sind schlechte Beweggründe und sie funktionieren nur selten. Wählen Sie einen geeigneten Ort und Zeitpunkt, wo Sie ohne großen Aufwand ein paar Übungen durchführen können. Meine beiden Lieblingsübungsplätze sind das Bett und das Badezimmer.

Grundlagen

Die Basisübungen der weiblichen Selbstheilung, die Zentrierungsübung und das innere Lächeln, haben Sie bereits kennen gelernt. Alle anderen Praktiken bauen auf ihnen auf. Sie sind Vorbereitung und Abschluss einer jeden Übung. Nehmen Sie sich vor jeder Übung die Zeit, sich zu zentrieren, und schließen Sie sie auch jedesmal damit ab. Es lohnt sich. Die verschiedenen Übungen wirken in einer Weise auf Ihren Energiehaushalt ein, die man durchaus mit einer Operation vergleichen kann.

Die Zentrierungsübung kann man mit dem Zunähen einer Wunde nach einer Operation vergleichen.

Stehen in der Position der Reiterin   *Zum Ausprobieren*

Die Position der Reiterin ist eine Grundstellung für alle Übungen im Stehen.

- Stellen Sie Sich aufrecht hin.
- Die Füße stehen parallel und schulterbreit auseinander auf dem Boden.
- Entspannen Sie die Zehen (nicht krallen).
- Die Knie sind weich und leicht gebeugt, die Oberschenkel geöffnet.
- Die Wirbelsäule ist gerade.
- Stellen Sie das Becken so, dass es weder einen Knick noch ein Hohlkreuz gibt und der Energiefluss im Rücken nicht blockiert ist.
- Stellen Sie sich vor, Sie säßen auf einem Pferderücken.

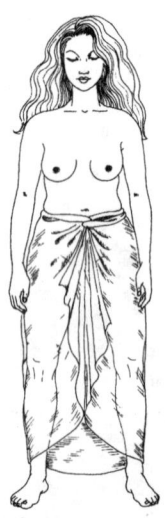

Stand der Reiterin

Atmung

Wenn nicht ausdrücklich eine andere Atemtechnik empfohlen wird, begleitet alle Übungen eine natürliche, langsame, ruhige und tiefe Nasenatmung. Die Einatmung ist die Yang-Phase, aktiv und intensiv, die Ausatmung ist die Yin-Phase, ein passives Los- und Geschehenlassen.

Zentrierung   Zum Vertiefen

- Setzen oder stellen Sie sich aufrecht und entspannt hin und schließen Sie die Augen.
- Legen Sie nun die rechte Hand unter den Bauchnabel und die linke Hand auf den Rücken direkt gegenüber. Die Handflächen sind gegeneinander gerichtet, damit dadurch ein Magnetfeld entsteht.

Zentrierung

- Fühlen Sie immer tiefer in Ihre Mitte hinein, bis Ihr Blut klar und deutlich pulsiert.
- Durch das Pulsieren werden Sie selbst zu Ihrer Mitte.
- Die Atmung wird immer entspannter und mit jeder Ausatmung sinken Sie noch tiefer in Ihre Mitte hinein.

143

Verschiedene Stärkungsübungen

Die Tore verschließen

Zur Energiearbeit gehört als wichtiger Bestandteil zu lernen, wie man die Tore, d. h. die verschiedenen Körperöffnungen, verschließt. Viele Frauen sind einfach deshalb energielos, weil ständig ihre Tore geöffnet sind und die Energie herausfließt. Außerdem ist ihr Innenraum dadurch ungeschützt und negativen Einflüssen ausgesetzt.

Wir unterscheiden zwischen oberen und unteren Toren. Mit den oberen Toren sind Augen, Ohren, Mund und Nase gemeint. Deshalb wird bei Übungen oft empfohlen, Augen und Mund zu schließen, nach innen zu hören und zu riechen, damit sich die oberen Tore schließen. Die unteren Tore sind Vagina, Harnröhre, Perineum – ein wichtiger Energiepunkt am Damm – und Anus.

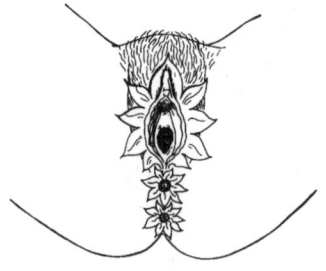

Die unteren Tore

Hier möchte ich den unteren Toren besondere Aufmerksamkeit schenken. Sind sie geöffnet, verlässt die dichte und eher schwere Sexualenergie in unverfeinerter Form unentwegt den Körper. Die unteren Tore bewusst öffnen und schließen zu können, bietet Schutz und ermöglicht eine stärkere bewusste Abgrenzung. Der erste Schritt zum Verschließen der Tore besteht in Unterleibstraining.

Das Tor zwischen Leben und Tod

Das am Damm gelegene Perineum wird auch das »Tor zwischen Leben und Tod« oder »Yin-Treffpunkt« genannt. Dieses Tor ist im Umgang mit der Sexualität von größter Bedeutung. Von ihm hängt es wesentlich ab, ob Sie die Sexualenergie nach oben leiten können oder nach außen fließen lassen. Nehmen Sie sich genügend Zeit für diesen Punkt, bis Sie ihn gut wahrnehmen und losgelöst von den anderen Toren kontrahieren können. Das Perineum hat eine stark heilende Wirkung. Die Stimulation des Punktes stärkt die weiblichen Geschlechtsorgane, die unteren Tore, reguliert die Mens, beruhigt den Geist und klärt das Gehirn.

Trainieren Sie diesen Punkt so lange, bis es Ihnen auch in erregtem Zustand oder während des Orgasmus möglich ist, die Kontrolle über ihn zu behalten. (Das kann monate-, wenn nicht jahrelang dauern). Frauen, die am Damm geschnitten sind, widmen dem Perineum besondere Aufmerksamkeit, indem Sie mit verstärkter Geisteskraft dieses Energiezentrum wieder auffüllen.

Das Perineum beleben   *Zum Ausprobieren*

- Erspüren Sie mit dem Finger das Perineum. Sie können sich auch auf einen Hartgummiball setzen, um das Tor besser wahrzunehmen.
- Sobald Sie das Zentrum spüren, kontrahieren Sie es ganz leicht, bis sich ein Sog entwickelt.

Der Liebesmuskel

Die Stärke des Unterleibs hängt stark vom Tonus und der Flexibilität des Liebesmuskels – des Pubococcygeusmuskels, kurz PC-Muskel – ab. Er durchzieht den ganzen Beckenboden, verbindet die Geschlechtsorgane, den Anus, das Gesäß und die Beine miteinander und kontrolliert Scheide, Harnröhre und Anus. Der Liebesmuskel beeinflusst nicht nur die erotischen Empfindungen im Beckenbereich, sondern auch die Gesundheit.

Den Liebesmuskel stärken   *Zum Ausprobieren*

- Setzen Sie sich entspannt hin und schließen Sie die Augen.
- Saugen Sie nun mit der Einatmung die Muskeln am Eingang des Scheidenkanals sanft nach innen, wodurch ein leichter Tonus entsteht. Sie können am Anfang den Finger benutzen, um den Muskel besser zu lokalisieren.
- Halten Sie die Atmung und die Spannung etwas, dann lassen Sie ausatmend los. Die Energie bleibt in der Scheide und kräftigt die Muskeln.

Die drei Tore öffnen und schließen   *Zum Vertiefen*

Versuchen Sie nun abwechselnd Vagina, Anus und Perineum zu öffnen und zu verschließen, zuerst langsam und dann etwas schneller.

Vaginalpumpe   *Zum Vertiefen*

Führen Sie diese Übung im Sitzen oder Stehen durch.

- Schließen Sie die Augen und richten Sie Ihre ganze Aufmerksamkeit in die Vagina. Mit der Einatmung saugen Sie diese nach oben ein und halten dabei Atem und Spannung an, solange es für Sie bequem ist.
- Mit der Ausatmung lösen Sie die Anspannung und durchfluten mit der freigesetzten Energie und dem inneren Lächeln den ganzen Vaginalbereich.

Achten Sie bei dieser Übung darauf, dass An- und Entspannung ausgewogen sind. Diese Übung können Sie auch mit offenen Augen machen, wo immer Sie sich befinden.

Drei Pumpen   *Zum Vertiefen*

Gehen Sie nun gleichermaßen mit Anus und Perineum vor, wobei Sie zuerst beide Bereiche einzeln behandeln und anschließend abwechselnd Vagina, Anus und Perineum, bis Sie die einzelnen Bereiche immer schneller voneinander trennen und bewegen können. Achten Sie darauf, dass beim Üben die Pobacken und Oberschenkel entspannt bleiben.

Becken lockern im Stehen

Zum Ausprobieren

- Nehmen Sie die Position der Reiterin ein, lassen Sie die Arme locker hängen und zentrieren Sie sich.
- Schütteln Sie nun Ihr Becken so wild und heftig, bis es sich von allein bewegt und tiefe Spannungen und Blockaden sich lockern.
- Atmen Sie dabei durch den Mund und lassen Sie aufsteigende Laute einfach heraus.
- Zum Abschluss setzen Sie sich aufrecht hin. Die rechte Hand liegt auf dem Bauchnabel, die linke auf dem Rücken, um die in Bewegung gebrachten Energien wieder in die Mitte zu lenken und zu verdichten.

Bauch beleben

Zum Vertiefen

- Nehmen Sie die Position der Reiterin ein.
- Legen Sie die Hände auf den Bauchnabel und massieren Sie mit den Handballen spiralförmig den gesamten Bauch.

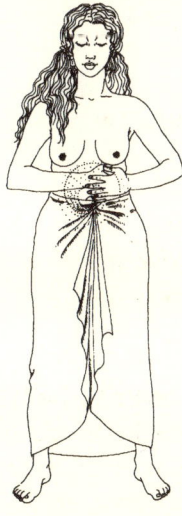

Bauch beleben

- Schließlich lassen Sie die Spirale kleiner werden, bis Sie wieder am Nabel angelangt sind.
- Ändern Sie die Richtung der Spirale immer wieder, vergrößern und verkleinern Sie sie abwechselnd.
- Machen Sie diese Übung so lange, bis der Bauch so richtig warm und lebendig ist.

(Diese Übung ist übrigens sehr gut gegen Verstopfung.)

Vaginale Pulsation   Zum Vertiefen

Diese Übung können Sie liegend oder stehend ausführen.

- Legen Sie sich entspannt hin und richten Sie Ihre Aufmerksamkeit in die Vagina.
- Lächeln Sie sie sanft und liebevoll an, bis sie wie von selbst zu atmen beginnt.
- Lassen Sie die Atmung immer ruhiger, tiefer und innerlicher werden, bis Sie den Puls Ihrer Vagina ganz deutlich wahrnehmen.

Unterleibspulsation   Zum Vertiefen

Wenn es Ihnen möglich ist, Ihren vaginalen Puls deutlich zu fühlen, können Sie den Puls auf den ganzen Unterleib ausdehnen.

Starker Rücken – starker Bauch   Zum Ausprobieren

- Legen Sie sich flach auf den Rücken und atmen Sie mehrmals tief durch.
- Ziehen Sie nun das Kinn zum Brustkorb und heben Sie dabei den Kopf ca. fünf Zentimeter vom Boden weg.
- Gleichzeitig ballen Sie beide Hände und heben die Arme leicht vom Boden ab.
- Die Beine heben Sie ebenfalls und winkeln sie rhythmisch an und ab, ohne dass Sie dabei den Boden berühren.
- Dann entspannen Sie sich und ruhen sich eine Weile aus.
  Diesen Ablauf können Sie je nach Kondition und Bedürfnis zwei- bis fünfmal wiederholen.

Das Energy-Ei

Das Energy-Ei ist ein Mineralienei, das in der taoistischen Tradition zur Stärkung des Unterleibs benutzt wird. Die Eierübung hat nicht nur eine energetisierende und durchblutende Wirkung auf den Unterleib, sondern sie wirkt auch der zunehmend verbreiteten Harninkontinenz und Organsenkung entgegen.

Das Ei ist der Länge nach durchbohrt und eine Nylonschnur oder Zahnseide ist durch das Loch gezogen; so kann das in die Vagina eingeführte Ei leicht entfernt werden. Im Anhang des Buches finden Sie eine Bezugsadresse.

Das Energy-Ei

Als Vorbereitung zum ersten Gebrauch Ihres Energy-Eis legen Sie dieses, mitsamt der Schnur, mindestens fünfzehn Minuten lang in siedend heißes Wasser. Ob Sie das Ei danach jedes Mal auskochen wollen oder nur gelegentlich, hängt von Ihrer persönlichen Empfindlichkeit ab.

Eierübung   *Zum Ausprobieren*

- Nehmen Sie die Position der Reiterin ein.
- Nachdem Sie sich zentriert haben, beginnen Sie mit der Brustmassage: Legen Sie beide Hände auf Ihre Brüste und füllen Sie diese mit dem inneren Lächeln auf.
- Massieren Sie Ihre Brüste langsam und tief, bis Sie merken, dass sich die Wirkung bis in Ihre Geschlechtsorgane ausdehnt.
- Mit der Ausatmung lassen Sie die Energie aus den Brüsten in Ihre Geschlechtsorgane fließen, bis sich Ihre Scheide wie eine Blüte öffnet. Dabei unterstützen Sie diese mit dem inneren Lächeln und einer sanften Massage.
- Nun führen Sie das Energy-Ei tief in Ihre Scheide ein.

- Stellen Sie sich nun wieder aufrecht hin und halten Sie das Ei mit Ihrem Liebesmuskel fest.
- Für Frauen, die geboren haben und geschnitten wurden, ist es schwierig, das Ei zu halten. Lassen Sie sich nicht entmutigen, sondern massieren Sie Vagina und Damm täglich mit einem nährenden natürlichen Öl, z. B. kaltgepresstem Oliven- oder Sesamöl. Lenken Sie Ihre Aufmerksamkeit im Alltag immer wieder in Ihren Unterleib und spielen Sie ohne Ei regelmäßig mit den Muskeln, bis diese lebendiger werden.
- Nun können Sie zum nächsten Schritt übergehen. Drücken Sie mit der Ausatmung das Ei nach unten zum Scheidenausgang. Bevor das Ei herausrutscht, saugen Sie es mit der Einatmung und der Kontraktion der Muskeln im Scheidenkanal wieder nach oben.

Wichtiger Hinweis

Machen Sie die Eierübung nur ganz sanft; es soll dabei keine Hitze im Körper entstehen. Für Frauen, die zu Nervosität neigen, ist es empfehlenswert, erst die Zentrierungsübung zu beherrschen. Noch besser gleicht man die Energien im Anschluss an die Eierübung mit dem kleinen Energiekreislauf aus.

Nehmen Sie sich nach der Eierübung genügend Zeit, um die Energien in Ihre Mitte zu lenken und Ihren Beckenboden zu schließen.

12   Im Einklang mit der Natur

Natürlicher Rhythmus

Die Sexualität in Harmonie mit dem Rhythmus der Natur zu bringen ist ein zentraler Teil der taoistischen Lebensweise. Der weibliche Zyklus wird von den Mondphasen bestimmt, deshalb ist es für uns Frauen wichtig, unseren Menstruationszyklus mit den Mondphasen in Einklang zu bringen.

In diesem Kapitel stelle ich Ihnen Übungen und Methoden vor, mit denen Sie sich mit den Naturkräften verbinden können, um Ihren Körper in harmonischen Einklang mit der Natur zu bringen. Eine Reihe von Tipps zur Heilung sollen Ihnen zudem helfen, Ihren Alltag natürlicher zu gestalten.

Je mehr wir uns von unserer eigenen Natur und Natürlichkeit entfernen, desto komplizierter und unbefriedigender erfahren wir auch Sexualität. Dabei sind oft die eigene Bequemlichkeit, Gleichgültigkeit und Verantwortungslosigkeit die einzigen Hindernisse, die uns von einer natürlichen Lebensgestaltung abhalten.

Schmerzhaft und inakzeptabel sind die Ausbeutung und Zerstörung unserer natürlichen Umwelt, unserer Mutter Erde. Natürlichkeit wird dem Yin-Prinzip zugeordnet, Technik und Wissenschaft als ihr Gegenpol dem männlichen Prinzip. Aufgabe der Frau ist es, die Natur zu lieben, zu nähren und zu heilen, damit Technik und Wissenschaft sich auf einem positiven Nährboden entfalten können.

Der weibliche Mond-Rhythmus
Der weibliche Zyklus befindet sich in harmonischem Einklang mit den Mondphasen. Für viele Frauen findet bei Vollmond der Eisprung und bei Neumond die Menstruation statt; dieser Zyklus wird auch als weißer

Mondzyklus bezeichnet. Der weiße Mond repräsentiert den materiellen Schöpfungskreislauf und wird auch der »Zyklus der guten Mutter« genannt. Viele Frauen durchleben ihren Zyklus aber auch genau umgekehrt, d. h. sie menstruieren bei Vollmond und haben ihren Eisprung bei Neumond. Dies ist der so genannte rote Mondzyklus, auch als »Zyklus der weisen Frau oder bösen Hexe« bezeichnet. Frauen im roten Mondzyklus wird nachgesagt, dass sie ihre Sexualenergie nicht – wie im weißen Zyklus – zur Fortpflanzung, sondern für die innere Entwicklung einsetzen. Die beiden Zyklen sollten nicht bewertet werden, zumal viele Frauen im Laufe ihres Lebens zwischen ihnen hin- und herpendeln.

Aufgrund eines unnatürlichen und yang-betonten Lebensstils sind viele Frauen ihrem natürlichen Rhythmus entfremdet. Diesen kann frau durch einen natürlichen Tag-Nacht-Rhythmus wiederfinden. Dazu ist wichtig, Licht und Dunkelheit klar voneinander zu trennen und für ungestörte Nachtruhe zu sorgen. Augenbinden und Ohrstöpsel sind kein Ersatz für Dunkelheit und Stille. Sorgen Sie dafür, dass es in Ihrem Schlafzimmer so dunkel ist, dass Sie gar nichts mehr sehen, auch keine Uhrenleuchtziffern.

In den Nächten vor, während und nach dem Vollmond lassen Sie jeweils die Vorhänge und Läden auf, damit der Vollmond in Ihr Zimmer scheinen kann. Falls Straßenlaternen dies unmöglich machen, können Sie auch künstliches Licht einschalten. Stellen Sie neben Ihrem Bett eine kleine Lampe mit schwacher weißer Birne (15 bis 25 Watt) bereit, die in den entsprechenden Nächten eingeschaltet bleibt.

Das löst den Eisprung aus. Sie können bei Neumond ebenso verfahren, je nachdem, welcher Zyklus Ihnen besser zusagt. Lassen Sie in der beschriebenen Weise das Licht auf sich wirken, bis sich Ihr Zyklus nach dem Mond richtet. Das gilt nicht für Frauen, die Hormone einnehmen.

Gifte

Nicht nur über die Nahrung werden dem Körper Giftstoffe zugeführt. (Über die Notwendigkeit, reine Nahrungsmittel und Getränke zu sich zu nehmen, habe ich bereits in Kapitel 9 gesprochen.) Gifte bedrohen uns von vielen verschiedenen Seiten. Enthalten sind sie u. a. in Medikamenten, Luft, Rauch, unnatürlichen Baumaterialien, chemischen Farbstoffen, chemisch behandelten Bodenbelägen, Wasch- und Putzmitteln.

Medikamente: Nicht einmal die teilweise verheerenden Nebenwirkungen zahlreicher Medikamente bewegen Wissenschaftler und Mediziner dazu, neue Wege zu erforschen. Dank der Macht der Chemiekonzerne sind finanzielle Interessen den gesundheitlichen und menschlichen übergeordnet. Gesunde Menschen sind für die Pharmaindustrie uninteressant, da nicht lukrativ. Die westliche Medizin zielt weniger auf die Heilung von Krankheiten als vielmehr auf die Bekämpfung von Symptomen. Krankheiten werden dadurch nicht wirklich geheilt. Vielfach werden die Symptome mit Hilfe von chemischen Substanzen einfach etwas tiefer in den Körper verdrängt, so dass sie an der Oberfläche nicht mehr wahrgenommen werden können.

Eine ganze Reihe von Medikamenten ist bereits offiziell als Lustkiller anerkannt. Dennoch verschreiben Ärzte aus Ignoranz und Desinteresse ihren Patienten in Konflikt- und Krisensituationen Medikamente, welche die Libido schwächen. Auch Hormonbehandlungen hinterlassen ihre Spuren im ganzen Körper, mit teilweise noch unbekannten Folgen.

Luft: Frische, reine Luft ist eine wichtige Energiequelle für den Menschen, doch wird sie allmählich zu einem Luxusartikel. Im Wald und auf den Wiesen ist die Luft immer noch am gesündesten. Joggen und Spaziergänge im Wald und Atemübungen in der freien Natur sind somit ein wichtiger Bestandteil natürlicher Lebensgestaltung.

Auch die Geschlechtsorgane benötigen frische Luft. Gehen Sie gelegentlich ohne Unterwäsche in einem Kleid spazieren, wenn es nicht kalt ist. Gönnen Sie Ihren Geschlechtsorganen ab und zu ein höchstens zehnminütiges Sonnenbad. Setzen Sie sich ruhig einmal nackt direkt auf die Erde.

Rauchen: Dass Rauchen schädlich ist, steht auf jeder Zigarettenpackung. Es belastet den Organismus, besonders die Lunge. Sie ist für die natürlichen Körperinstinkte und den Energiehaushalt zuständig. Je stärker sie belastet wird, desto weniger Energien kann sie aufnehmen.

Die Atmung versorgt den Körper nicht nur mit Sauerstoff, sondern auch mit kosmischen Kräften. Ich sehe nichts Negatives darin, wenn ein gesunder Mensch ab und zu bewusst eine Zigarette oder Pfeife raucht. Gefährlich ist hingegen der regelmäßige Tabakkonsum von mehr als drei Zigaretten pro Tag, der die Yin-Kräfte der Lunge stark schwächt. Wenn Sie aufhören zu rauchen, entscheiden Sie sich bewusst für eine natürliche, lebensbejahende Lebensweise.

Baumaterialien, Heizung und Putzmittel: Je feinfühliger eine Frau ist, desto mehr wird sie durch chemische Substanzen irritiert. Diese erzeugen im Körper eine negative Schwingung und wecken ungute Gefühle, die sich auch auf Körper, Emotionen und Sexualität auswirken. Überprüfen Sie einmal Ihren Haushalt auf chemische Substanzen. Sie müssen nicht gleich fanatisch werden, aber seien Sie auch nicht gleichgültig gegenüber Ihrer Umwelt. Zu diesem Thema gibt es inzwischen gute Literatur und Beratungsstellen.

Übungen

Die folgenden Übungen helfen Ihnen, sich mit den Naturkräften zu verbinden.

- Nehmen Sie die Position der Reiterin ein und schließen Sie die Augen.
- Lenken Sie Ihre Aufmerksamkeit in die Füße, bis die Atmung ruhig und tief wird und Sie deutlich spüren, wie Ihre Sohlen pulsieren.
- Der Pulsschlag macht Ihre Füße immer durchlässiger und sie öffnen sich zur Erde. Diese wird zu einem Teil von Ihnen, zu Ihrer Wurzel.
- Mit der Einatmung saugen Sie durch Vagina und Perineum Erdkraft in Ihren Körper.
- Mit der Ausatmung dehnen Sie Ihr Zentrum so weit aus, dass Sie mit der Erde verschmelzen und selbst zur Erdkugel werden beziehungsweise diese in sich tragen.

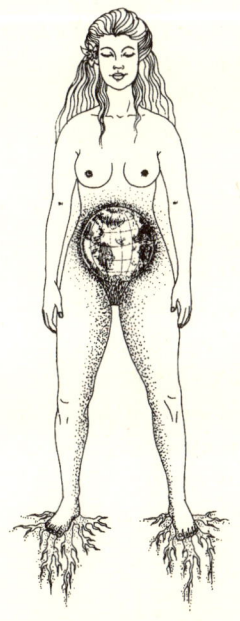

Sich der Erdkraft anschließen

- Setzen (oder stellen) Sie sich ganz entspannt hin und schließen Sie die Augen.
- Legen Sie den Mittelfinger auf Ihr Drittes Auge an der Stirn, bis es zu pulsieren beginnt.
- Entfernen Sie nun die Hand und atmen Sie durch das Dritte Auge ein und aus, um es zu aktivieren und zu öffnen.
- Sobald Sie fühlen, wie es sich öffnet, sehen Sie mit Ihrem inneren Auge in die Sonne und noch über sie hinaus, bis es ganz hell wird und Sie das himmlische Licht sehen können.
- Atmen Sie durch das Dritte Auge ein und holen Sie das Licht in Ihren Körper. Füllen Sie ihn vollständig damit auf und lassen Sie es in Ihre Mitte fließen, bis diese leuchtet.

Himmlisches Licht aufnehmen

Den eigenen Stern suchen

Den eigenen Stern suchen   ***Zum Ausprobieren***

- Bevor Sie abends schlafen gehen, setzen Sie sich ruhig auf Ihr Bett oder ans Fenster. (Falls Sie Gelegenheit haben, im Freien zu sitzen, wäre das natürlich ideal.)
- Schließen Sie die Augen und atmen Sie ganz tief und ruhig.
- Richten Sie nun Ihre Aufmerksamkeit auf den Scheitelpunkt und auf Ihre Zirbeldrüse. Lassen Sie sich von dieser zu Ihrem persönlichen Stern führen und atmen Sie dabei ruhig weiter. Ihre Hände liegen auf dem Nabel.
- Zum Schluss bringen Sie Ihren Stern mit Hilfe der Atmung in Ihre Mitte. Dort verdichten Sie die Sternenenergie, bis sie in Ihrem Innern zu leuchten beginnt.

Mondscheindusche   *Zum Vertiefen*

Im Mondschein duschen können Sie bei zunehmendem Mond und Vollmond.

- Setzen Sie sich in den Mondschein und schließen Sie die Augen.
- Mit jedem Atemzug wird Ihr Körper durchlässiger und offener und der kühle Mondschein fließt durch jede Pore in Sie hinein, um Sie zu reinigen und mit Yin-Kräften zu nähren.

Mondscheindusche

13   Sinnlichkeit

Die Sinne und ihre Organe

Die Sinnesorgane sind die Fenster, durch die wir unsere Umwelt wahrnehmen. Sie übermitteln physikalische Impulse über das Nervensystem ins Gehirn und sind verantwortlich für die Wirklichkeit, die jeder Mensch in sich bildet.

Die Augen werden durch visuelle Bilder stimuliert, die Ohren durch Töne oder Schwingung, die Nase durch Gerüche und der Mund durch den Geschmack. Die mit dem Tastsinn ausgestattete Haut reagiert auf Temperatur und Berührung.

Was ist Sinnlichkeit?

Sinnlichkeit und Sexualität sind unzertrennlich. Die Sexualität wird von Sinnesreizen bestimmt. Sinnlichkeit ist immer eine Reaktion des Körpers. Für Menschen, die keinen Kontakt zu ihren Gefühlen haben, kann sie auch ein Ersatz für Gefühle sein. Für manche ist sie die einzige Möglichkeit, sich zu fühlen, z. B. für diejenigen, die ständig etwas essen, da sie sich nur über den Geschmackssinn erleben.

Beim Sex werden die Sinne häufig mit allen Mitteln stimuliert, um eine möglichst intensive Empfindung zu erzeugen. Wie wir im Kapitel über die Hormone sehen werden, können sinnliche Wahrnehmungen wie Berührungen zur Ausschüttung von berauschenden Liebeshormonen führen. In diesem Kapitel möchte ich Ihnen die Welt der Sinne etwas näher bringen. Lassen Sie Ihre Sinnlichkeit zu, genießen Sie sie und wachsen Sie über sich hinaus.

Die Sinnesorgane reinigen und beruhigen

Überreizte Sinnesorgane belasten das Nervensystem und verzerren unsere Wahrnehmungen. Nehmen Sie sich immer wieder die Zeit, sich bewusst mit Ihren Sinnesorganen zu vernetzen und sie zu reinigen. Je intensiver Ihr Kontakt zu Ihren Sinnesorganen ist, desto besser spüren Sie, wann diese eine Pause benötigen.

Die Nase

Die Nase, genauer die Riechzellen, nehmen im Zusammenhang mit der Sexualität eine besondere Stellung ein. Der Riechnerv leitet die Duftmoleküle direkt, ohne den Umweg über das zentrale Nervensystem, ins limbische Zentrum. Dieses ist für das sexuelle und emotionale Verhalten sowie für das Erinnerungsvermögen von großer Bedeutung. Es stimuliert den Hypothalamus und die Zirbeldrüse und regt die Hormonproduktion an.

Eine gründliche Nasenreinigung wirkt nicht nur auf körperlicher Ebene, sondern hat auch eine klärende Wirkung auf die Emotionen. Sie reinigen die Nase entweder mit lauwarmem Wasser, dem Sie eine Prise Salz zugefügt haben, oder mit lauwarmem Sesamöl.

Nasenreinigung   *Zum Ausprobieren*

- Sie brauchen dazu eine Pipette. Stellen Sie ein Fläschchen mit Sesamöl ins heiße Wasserbad, bis es warm ist, und füllen Sie die Pipette damit auf.
- Legen Sie sich auf den Rücken und geben Sie erst ein paar Tropfen ins rechte Nasenloch. Halten Sie dabei das linke Nasenloch zu und ziehen Sie das Öl möglichst tief hinauf.
- Dann wiederholen Sie den Vorgang mit der anderen Seite.
- Bleiben Sie mindestens eine halbe Stunde mit geschlossenen Augen liegen.

Sinnliche Düfte: Die Pheromone, Ihr eigener Sexualduft, sind Ihr sinnlichstes und wirkungsvollstes Parfum.

Zu häufiges Duschen und Parfümieren vermindert die Wirkung des natürlichen Körperdufts.

Vor einer Verabredung mit einem potenziellen Liebhaber kann frau sich wirkungsvoller etwas von ihrem Vaginalsekret hinter das Ohrläppchen streichen als Chanel, Opium und so weiter, Düfte, welche die Wirkung der betörenden Pheromone zerstören.

Natürliche Duftstoffe in Ölen, Räucherkerzen, Duftlampen und -kissen können ebenfalls sinnliche Gefühle wecken. Sinnliche Düfte sind etwa Patschuli, Jasmin, Ylang-Ylang, Rose, Benzoe, Bergamotte, Hyazinthe, Majoran, Vanille und Rosmarin.

Wichtiger Hinweis
Es ist ratsam, die Düfte gezielt nach ihrer Wirkweise anzuwenden. Falls Sie einen Duft intuitiv wählen, kann er von Ihnen unbeabsichtigt emotionale Reaktionen auslösen und Ihnen unter Umständen Ihre tolle Liebesnacht vermiesen.

Ich möchte Ihnen davon abraten, sich ständig Düften auszusetzen, damit Ihre Nasenschleimhaut und Ihre Emotionen nicht dauernder Reizung ausgesetzt sind.

Je höher übrigens der Östrogenspiegel ist, desto sensibler sind die Riechzellen.

Die Augen

Die Augen werden von der Leber versorgt und genährt. Je stärker Ihre Leber ist, desto besser geht es Ihren Augen. Zu viel Bildschirmarbeit, Fernsehabende und visuelle Eindrücke schwächen nicht nur die Augen, sondern auch die Leber.

Tipps zur Heilung:

- Schließen Sie öfter mal die Augen und gönnen Sie ihnen eine Pause.
- Legen Sie die Handballen sanft auf die geschlossenen Augen und beobachten Sie, wie der Pulsschlag diese entspannt. Dazu ruhig und tief atmen.
- Lesen Sie nicht bei künstlichem Licht.
- Machen Sie regelmäßige Augenmassage und Augengymnastik.
- Benutzen Sie nur natürliche Schminke.
- Blicken Sie öfter mal in die Dunkelheit.
- Lächeln Sie in die Augen.
- Augenpflege mit Sesamöl.

Augenpflege   ***Zum Ausprobieren***

Trockene und juckende Augen:

- Vor dem Schlafengehen einige Tropfen Sesamöl in die Augen geben; sie wirken zusätzlich entspannend.

Gerötete und angestrengte Augen:

- Einmal pro Woche mit natürlichem Rosenwasser waschen.
- Augenkompressen mit kühlen Gurkenscheiben aus dem Bio-Laden oder mit frischen Blättern oder Kräutern.

Die Augen erfreuen:

- Suchen Sie sich Bilder aus, die Ihnen gefallen. Es können erotische Bilder sein, eine Naturlandschaft, ein Haus, ein knackiger Männerpo, ein Kätzchen, Ihre Lieblingstorte, ein Buddha – was immer Ihr Auge erfreut.
- Betrachten Sie das Bild und atmen Sie dabei tief und ruhig. Lassen Sie es auf sich wirken. Was löst es in Ihnen aus? Wie wirkt welche Farbe auf Sie?

Die Ohren

Die Ohren sind die Öffnungen zu den Nieren. Starke Reizung durch Lärm schwächt Ohren und Nieren wie auch Ihre Sexualkraft.

Tipps zur Heilung:

- Gönnen Sie sich viel Ruhe und Stille, eventuell mit Hilfe von Ohrstöpseln.
- Hören Sie häufig sanfte Musik.
- Setzen Sie sich in den Wald, schließen Sie die Augen und lauschen Sie den Geräuschen des Waldes.
- Flüstern oder blasen Sie sich gegenseitig liebevoll ins Ohr.

Ohrenpflege   *Zum Ausprobieren*

- Reiben Sie jeden Morgen etwas Sesamöl in den Eingang zum Ohrkanal.
- Reinigen Sie die Ohren drei- bis viermal pro Jahr mit Ohrenkerzen.
- Ohrmassage.

Der Geschmackssinn

Das Erleben sinnlicher Genüsse mit Mund und Zunge erfüllt vielschichtige Funktionen. Für Feinschmecker ist der Geschmackssinn das Tor zur Sinnlichkeit schlechthin. Stundenlage Ess- und Trinkfreuden gehen jedoch oft auf Kosten einer erfüllten Sexualität. Tatsächlich kompensieren viele ihre ungelebte Sexualität durch Essen.

Die Haut

Die Haut wird von der Lunge versorgt. Ihr Zustand hängt aber auch stark mit der Qualität des Blutes zusammen. Die Haut ist reichlich mit Sinnesorganen ausgestattet und kann dem Zentralnervensystem vielfältige Informationen zu Temperatur, Schmerz, Druck und Berührungen übermitteln.

Sie ist ein sehr sensibles und sinnliches Organ, das uns Freude und Genuss bereiten kann. Denken wir nur an das Liebeshormon Oxytozin, das aufgrund von Berührungen ins Blut ausgeschüttet wird und uns liebevoll und zärtlich macht. Die Haut verströmt auch die sexuellen Duftstoffe, die Pheromone.

Tipps zur Heilung:

- Natürliche Körperpflegeprodukte, Wasch- und Putzmittel benutzen
- Natürliche und lockere Kleidung (natürliches Gewebe)
- Natürliche Bettwäsche und Matratze
- Dampfbäder (nicht Sauna)
- Massagen (Selbstmassage und Partnermassage)
- Ölbäder
- Luftbäder ohne Bekleidung
- Im Winter ein- bis zweimal wöchentlich Solarium
- Nicht mehr als 20 Minuten direkte Sonnenbestrahlung pro Tag
- Regelmäßige Hautentgiftung durch Bürsten und Klopfen

Körperöle für die sinnliche Frau   **Zum Ausprobieren**

Für die Herstellung eines Körperöls verwenden Sie natürliche ätherische Öle, die Sie mit Mandel- oder Kokosöl vermischen. Die Ölwirkung wird verstärkt, wenn Sie nach dem Einreiben des Körpers diesen bürsten.

Zur Anregung der Östrogenproduktion: Rose, Marokkanische Rose, Angelika, Geranium, Thymian, Vanille, Salbei, Koriander, Hopfen, Oregano, Fenchel, Römische Kamille

Körperöle für die trockene Haut: Als Basisöl können Sie Sesamöl verwenden und diesem wenige Tropfen der ätherischen Öle aus Geranium, Rose und Jasmin hinzufügen.

Körperöl für die reife Haut: 4 Teile Jojobaöl, 4 Teile Calendulaöl, 1 Teil Weizenkeimöl

Körperöl für Orangenhaut: Als Basisöl können Sie Haselnuss- oder Zitronenöl verwenden und folgende ätherische Öle dazumischen: Zypresse, Thymian, Zitrone, Wacholder, Oregano, Sellerie, Rosmarin und Zitronengras. Geben Sie ca. sechs Tropfen auf 30 ml.

Von der Sinnlichkeit zur Übersinnlichkeit

Ein wesentliches Ziel des Tao ist die bewusste Wahrnehmung der Sexualität. Durch Hormonausschüttung können die Sinne stimuliert und in einen Rauschzustand versetzt werden, was den Geist trübt. Sinnlichkeit ist niemals Ausdruck von Spiritualität, auch darf man die sinnliche Ekstase nicht mit der spirituellen Ekstase vergleichen. Sinnlichkeit, die Berauschung der Sinne, bleibt hinter den Möglichkeiten des Tao weit zurück.

Sinnlichkeit ist der natürliche Seinszustand der Frau und das weibliche Fundament für übersinnliche Erfahrungen.

Unser Bild von der Wirklichkeit ist subjektiv: Wir projizieren unsere inneren Bilder, Vorstellungen, Glaubenssätze usw. in sie hinein und kreieren so unsere kleine persönliche Traumwelt, die selten mit der Wirklichkeit übereinstimmt. Werden diese Bilder, unsere Träume und Illusionen, angekratzt oder gar zerstört, kann das schmerzhaft sein.

Die MystikerInnen der Welt haben sich immer wieder mit der Frage befasst, wie man die Wirklichkeit unabhängig von verzerrenden subjektiven Sinneserfahrungen wahrnehmen kann. Dieser direkte Kontakt zur Wirklichkeit wird Übersinnlichkeit genannt und es wurden viele Meditationstechniken entwickelt, um direkt mit der Wirklichkeit in Verbindung zu treten.

Die folgende Technik wird seit Jahrtausenden im Tao wie auch in anderen Systemen praktiziert, um den Zugang zur Wirklichkeit zu erleichtern.

Die Sinne nach innen richten   *Zum Ausprobieren*

- Setzen Sie sich aufrecht und bequem hin und schließen Sie die Augen.
- Atmen Sie langsam und tief, bis Sie sich in der Mitte gesammelt haben und ruhig geworden sind.
- Richten Sie nun sämtliche Sinne nach innen.

- Mit Ihrem inneren Auge schauen Sie in Ihr Innerstes.
- Mit der Nase riechen Sie in sich hinein.
- Mit den Ohren hören Sie in sich hinein.
- Schmecken Sie in sich hinein.
- Fühlen Sie in sich hinein.
- Bleiben Sie mindestens fünf Minuten in diesem innigen Zustand sitzen.

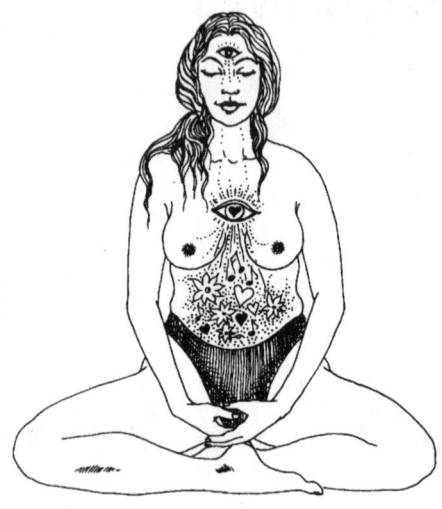

Die Sinne nach innen richten

Teil IV

Neue Dimensionen
der Weiblichkeit

14   Gefühle

Gefesselte Gefühle und alte Wunden

Haben wir Widersprüche in uns, dann bringt die Sexualität sie zum Vorschein. Einerseits weckt Sex die Hoffnung auf erlösende Glücksgefühle und Liebesbeziehungen und andererseits verführt er uns in ausweglos scheinende emotionale Dramen. Diese werden durch unbewusste Verhaltensmuster und unterdrückte Gefühle verursacht und verhindern, dass wir die Grenzenlosigkeit der Liebe erfahren.

Wenn es uns gelingt, das Zusammenspiel von Gefühlen und Sexualität zu verstehen und unsere blockierten Emotionen zu befreien, können wir Sexualität und Gefühle vereinen und unsere Lebensenergien frei und ekstatisch fließen lassen.

Emotional und rational
Während Gefühle grenzenlos sind, setzt die rationale Ebene als ihr Gegenpol Grenzen. Durch ihre Andersartigkeit stehen Verstand und Gefühle häufig im Widerspruch und Konflikt zueinander. In unserer yangbetonten Gesellschaft gelten die Qualitäten des Verstandes mehr als die der Gefühle. Der Verstand wird von frühester Kindheit an darauf trainiert, die Gefühle zu kontrollieren und zu unterdrücken – weitaus mehr, als eigentlich notwendig wäre.

Das hat zur Folge, dass die aus dem bewussten Erleben verdrängten Gefühle im Unbewussten eine Eigendynamik entwickeln, der die meisten Menschen hilflos ausgeliefert sind.

Emotionen machen uns lebendig, sie lösen Betroffenheit aus. Emotionen verbinden uns mit unserer Umwelt und mit unserem Innern und bringen uns in Kontakt mit unseren unbewussten Seiten. Emotionen können einen introvertierten Yin-Charakter haben, wie zum Beispiel

Angst und Trauer, aber auch extrovertierte Yang-Eigenschaften besitzen, wie Wut. Dennoch werden sie allesamt Yin zugeordnet. Emotionen und Gefühle sind eine Aufforderung, tiefere Schichten unseres Wesens zu erfahren und nach unseren Wurzeln zu suchen.

Das Tao der Emotionen

Als Fachfrau für Sexualität und Psychiatrie beschäftige ich mich seit über zwei Jahrzehnten Tag für Tag mit Gefühlen und mit emotionsgeladenen Situationen. So ist es für mich von größter Bedeutung, ein brauchbares Modell – das taoistische System – zu haben, um den Charakter der Emotionen besser zu verstehen und gezielt auf sie einwirken zu können.

Das Tao fordert uns zur bedingungslosen Eigenverantwortung für unsere Gefühle auf. Hier ein Beispiel aus dem Leben: Ihr Geliebter kommt mit einem originellen Geschenk zu Besuch. Er ist charmant, küsst Sie zärtlich, und wenig später liegen Sie zusammen im Bett. Er ist so aufmerksam und liebevoll, dass die Zeit für Sie stillsteht. Plötzlich wird er unruhig, schaut auf die Uhr und sagt, er müsse mit Ihnen reden. Er teilt Ihnen mit, dass dies das letzte Mal gewesen sei, denn er habe sich ernsthaft in eine andere Frau verliebt. Er zieht sich an und geht. (Das ist keine erfundene Geschichte. Ich kenne etliche Frauen, die eine solche Situation schon erlebt haben.)

Die emotionalen Standardreaktionen in solchen Situationen sind: Verletztsein, Wut, Verunsicherung, Schuldzuweisung, Schuldgefühle, Trauer, Verzweiflung, Ablenkung suchen, den Schmerz mit Freundinnen besprechen usw. Meist reagieren wir automatisch und unbewusst bloß auf den äußeren Auslöser einer solchen Situation. Welche psychischen Mechanismen aber verbergen sich hinter diesen Verhaltensweisen?

Alte und unerledigte Wunden, derer wir uns nicht bewusst sind, werden durch bestimmte Situationen immer wieder berührt und so zum Leben erweckt. Sie schmerzen und fordern so lange unsere Aufmerksamkeit, bis wir uns mit ihnen beschäftigen und uns von ihnen befreien. Dieser Prozess mag zwar zeitweise etwas schmerzhaft sein, aber er bietet eine unvergleichliche Chance, verborgene Schichten des Unbewussten kennen zu lernen. Wir können mit unseren Selbstheilungskräften tiefere Bereiche unserer Persönlichkeit stärken, heilen und klären. Gefühle wie Trauer, Wut, Eifersucht usw. sind immer Hinweise auf noch ungeheilte Wunden oder Begrenzungen. Sie zeigen uns, dass wir noch nicht überzeugend genug mit unserer inneren, nährenden Kraftquelle verbunden sind.

Das Tao lädt uns in schwierigen Augenblicken ein, alte Verhaltensweisen abzulegen und neue Möglichkeiten zu erforschen. Es fordert uns auf, unser Bewusstsein zu erweitern. Das Leben liefert uns immer wieder eine neue Chance und wir können uns entscheiden, ob wir den Weg einer verantwortungsbewussten Frau gehen und aus der gewohnten Opferrolle ausbrechen wollen.

Frau und Gefühle

Wenn es darum geht, die eigenen Gefühle zu erforschen, ist es von Vorteil, Frau zu sein. Durch unsere Yin-Prägung sind wir Frauen natürlicherweise im emotionalen Bereich zu Hause und könn(t)en uns daher auch leichter in der Gefühlsebene bewegen als die meisten Männer.

Lebensstil und Wertvorstellungen mit Yang-Prägung schneiden Frauen von ihren Gefühlen und ihrer Tiefe ab und verunsichern sie. Innere Schwäche und Leere werden häufig durch einen yang-betonten, d. h. oberflächlichen und außenorientierten Lebensstil kompensiert.

Fühlen entspringt der weiblichen Natur. Gefühle in unser Leben und Handeln einzubeziehen liegt vor allem im Bereich weiblicher Verantwortung. Wenn nicht wir Frauen uns bemühen, tiefe Betroffenheit und Lebendigkeit herzustellen, wer dann? Männer haben damit weitaus größere Schwierigkeiten und vielen wird der Zugang zu tiefen Gefühlen erst durch eine fühlende Frau möglich.

Liebe und Sexualität

Solange Glück und Unglück, Liebes- oder Hassgefühle eine Reaktion auf Zuwendung und Anerkennung sind, leben wir in Abhängigkeit, sind manipulierbar und fremdbestimmt: Wenn er mich liebt, bin ich im siebten Himmel und liebe ihn auch; liebt er plötzlich eine andere, bricht die Welt für mich zusammen und mein Liebesgefühl ist dahin. So geht es ständig auf und ab. Ich fühle mich begehrt oder verlassen, bestätigt oder verletzt, und wie eine Marionette werde ich von Emotionen beherrscht, richte mich auf, falle zusammen, auf und ab.

Im Tao gilt es, den ewigen Kreislauf der Emotionen und Abhängigkeiten zu durchbrechen, indem wir ein Liebesgefühl in uns selbst entwickeln, unabhängig davon, wie alle anderen über uns denken.

Liebe und Mitgefühl gelten als die höchsten Gefühle. Die christliche Religion, die unsere Kultur stark beeinflusst hat, ist jedoch verantwortlich dafür, dass Liebe und Mitgefühl oft mit Heuchelei und Scheinheiligkeit verwechselt werden. Am Sonntag wird zu den Engeln gebetet und »Gott ist die Liebe« gehaucht. Aber den Alltag prägen Hass und Unzufriedenheit. Die schizophrene Spaltung in ein solches Sonntags- und Alltagsempfinden ist der beste Nährboden für sexuelle Perversion und Gewalt.

Ein Beispiel: Selbstbefriedigung galt in der katholischen Kirche jahrhundertelang als Sünde. Erst unter Johannes Paul II. wurde sie vor kurzem neu bewertet und als »Schwäche« eingestuft. Solange Religionen ein unnatürliches, schuldbeladenes Verhältnis zur Sexualität predigen, wird es kaum möglich sein, aus Heuchelei und Abhängigkeit auszubrechen. Und so lange wird das Vaterunser gebetet, in dem es heißt: »... und führe uns nicht in Versuchung, sondern erlöse uns von dem Bösen.«

Das Tao aber hilft uns, den Himmel auf Erden zu erleben. Es führt uns immer wieder in Versuchung und konfrontiert uns mit unseren Schattenseiten, damit wir diese kennen lernen. So können wir uns mit ihnen anfreunden und müssen sie nicht länger bekämpfen und unterdrücken. Das Tao fordert uns auf, den Ängsten, Verletzungen und Widerständen direkt in die Augen zu schauen, sie an der Hand zu nehmen und singend und tanzend mit ihnen ins Licht zu gelangen. Das Tao ist keine Religion, sondern ein Hilfsmittel, ein Werkzeug auf unserem Weg zur Verwirklichung unserer Überzeugungen.

Liebe, Sex und Gefühle

Sexualität ist kein Gefühl. Sexuelle Erregung verstärkt jedoch die vorhandenen Gefühle, leider nicht nur die positiven, sondern auch negative und unverarbeitete Emotionen. Durch die Sexualenergie können die alten, unerledigten Tendenzen wieder geweckt werden. Diese steigen aus der Tiefe empor, wo sie jahre- oder gar lebenslang geschlummert haben. Sie beeinträchtigen unser Leben so lange, bis wir sie verarbeitet und aufgelöst haben.

In vielen Fällen können Menschen durchaus mit unterdrückten Gefühlen leben; in den meisten Lebensbereichen macht es keinen Unterschied, ob wir echt sind oder heucheln. Im sexuellen Beisammensein aber wird es sehr offensichtlich, wie stark Liebe und Sexualität miteinander verbunden sind.

Die Einheit von Liebe und Sexualität wird von vielen ersehnt und doch nur von wenigen verwirklicht.

Der Yin-Anteil (Wasser) der Sexualkraft ist offen und empfänglich. Das Wasser verbindet sich immer mit den gefühlsmäßigen oder gedanklichen Aspekten eines Menschen, die in ihm am stärksten vorhanden sind. Zu oft entsteht daher ein Zusammenhang zwischen der Sexualenergie und unterdrückten Emotionen, der sich durch Yang-Elemente wie Erregung noch intensiviert. So erklärt sich, dass Neurosen, Ängste, Unsicherheiten, Machtspiele, Schmerzen oder Phantasien das Sexualleben prägen.

Wer nicht wirklich gelernt hat, ein tiefes Liebesgefühl zuzulassen, fühlt sich in seiner Haut nicht wohl, sucht sich das Liebesglück vergeblich immer außen. Solange es einem Menschen wichtiger ist, geliebt zu werden, als einen anderen Menschen aufrichtig zu lieben und zu akzeptieren, lassen sich Liebe und Sex in ihm nicht vereinen.

Liebe hegen und pflegen

In der ersten Verliebtheit paaren sich Liebe oder Begeisterung noch leichter mit der Sexualenergie. Liebe ist aber wie eine kostbare Pflanze, die gehegt und gepflegt werden will, damit sie wachsen und gedeihen kann, äußerlich und innerlich. Mir ist keine Übung bekannt, mit der man Liebe hervorrufen kann. Wir können uns jedoch von altem Müll, von Negativität reinigen und in unserem Körper ein positives Energiefeld erzeugen und so die Liebe einladen.

Körperlich lokalisiert sich die Liebe im Herzen. Viele Herzen sind in einem desolaten Zustand, aus Trauer gebrochen und vor Enttäuschung versteinert, voller Misstrauen und Schmerz. In einem solchen Herz findet die Liebe keinen Platz. Es ist daher unsere Aufgabe, das Herz gründlich zu reinigen, zu stärken und zu leeren, um in ihm Platz für Liebe, Ruhe und Zufriedenheit zu schaffen. Die folgende Übung kann Sie dabei unterstützen.

Reinigung des Herzens — Zum Ausprobieren

- Setzen Sie sich aufrecht und bequem hin, legen Sie die rechte Hand auf Ihr Herz und die linke auf die Stirn, so dass beide Stirnhöcker bedeckt sind.
- Während Sie durch den Mund einatmen, dehnen Sie Ihren Brustkasten möglichst weit aus. Dabei richten Sie Ihre Aufmerksamkeit ins Herz, bis dort ein Gefühl entsteht.
- Mit der Ausatmung und dem sanften Herzlaut Haaaaaaa füllen Sie Ihr Herz auf und stärken es, damit es die Kraft bekommt, sich zu reinigen und zu entlasten.
- Nach einer Weile lenken Sie mit der Ausatmung alle Belastungen aus dem Herz durch die Füße in die Erde.

174

Reinigung des Herzens

- Richten Sie Ihre Aufmerksamkeit nach innen und reinigen Sie Ihr Herz bis in die tiefsten Schichten. Unterstützen Sie die Reinigung mit dem inneren Lächeln.
- Fragen Sie Ihr Herz, was es belastet, ohne die Atmung zu unterbrechen. Vielleicht steigen Bilder in Ihr Bewusstsein auf. Atmen Sie ruhig weiter und betrachten Sie dieses Erlebnis als tiefe Reinigung.
- Zum Abschluss füllen Sie Ihr Herz mit dem inneren Lächeln auf.

Machen Sie die Übung nur, wenn Sie sich dabei wohl fühlen.

Der Umgang mit Gefühlen

Obwohl der Umgang mit Gefühlen viel schwieriger ist als zum Beispiel das Lesen- und Schreibenlernen, steht dieses Thema in unseren Schulen nicht auf dem Lehrplan. Dabei gibt es viele Möglichkeiten, mit Gefühlen umzugehen.

Gefühle kann man
- fühlen
- ausdrücken
- verdrängen und unterdrücken
- abschieben (Schuldzuweisungen und Racheaktionen)
- verbalisieren und besprechen
- analysieren
- bewerten
- abreagieren (Sport, Sex, Kampf)
- abtöten
- nähren
- übertreiben
- manipulieren
- ...

Wie gehen Sie mit Ihren Gefühlen und denen Ihrer Mitmenschen um?

Gefühle sind zum Fühlen da

Der Kopf ist zum Denken und die Gefühle sind zum Fühlen da. Der Kopf kann nicht fühlen und das Gefühl nicht denken. Doch immer wieder werden diese beiden Ebenen vermischt und Situationen dadurch kompliziert. Gefühle sind weder logisch noch klar. Auch wenn wir sie analysieren und stundenlang über sie nachdenken, können sie gedanklich weder erfasst noch nachvollzogen werden. Gefühle wollen gefühlt und gelebt werden.

Intuition, Weisheit und Intelligenz

Wenn wir den Gefühlen bis in unser Innerstes folgen, stoßen wir auf die verborgene Quelle der Intuition, den Sitz grenzenloser Weisheit, den Schlüssel zur weiblichen Intelligenz. Das Wasser der Quelle ist jedoch durch unverarbeitete Emotionen getrübt. Damit das Wasser wieder klar und transparent wird, bedarf es eines tiefgreifenden Reinigungsprozesses und einer Neuorientierung.

Emotionen können auch Ausdruck von mentalen Blockaden und limitierenden Glaubenssätzen sein. Wollen wir diese auflösen, müssen wir uns bedingungslos dafür einsetzen. Diese inneren Prozesse sind kraftaufwändig und brauchen körperliche Substanz. Deshalb empfehle ich Frauen, die sich geschwächt oder krank fühlen, erst einmal den Körper zu stärken, bevor sie sich mit ihren Schattenseiten befassen. Diesen wenden wir uns im folgenden Kapitel ausführlich zu. Ziel ist dabei, unsere unbewussten Schattenseiten kennen zu lernen und zu erhellen, um eine liebevolle Beziehung zu ihnen aufzubauen.

Schattenseiten und Tiefpunkte zulassen

Das Yang-Prinzip zeichnet sich dadurch aus, dass es in der Sonne glänzt, seine Stärken präsentiert und Höhepunkte genießt und feiert. Die andere Seite der Medaille ist vom Yin-Prinzip geprägt: Die geistigen Höhenflüge werden durch die gefühlvollen Tiefpunkte verwurzelt und integriert.

Auch im Bereich der Gefühle gelten heute überwiegend yang-betonte Wertvorstellungen; aus Angst werden die Yin-Aspekte bekämpft und vermieden.

Diese Angst hat viele Gesichter:

- Angst vor der unbekannten Tiefe
- Angst vor der inneren Leere
- Angst vor eigenen Schwächen
- Angst vor Gefühlen
- Angst vor dem Alleinsein und der Verlassenheit
- Angst vor Kontrollverlust
- Angst vor der Stille
- Angst vor dem Tod
- …

15 Tiefpunkte erforschen

Wir alle haben Strategien zur Vermeidung von Schattenseiten und Tiefpunkten entwickelt.

Fürs Tagebuch

Wie verdrängen Sie Ihre Tiefpunkte, Schattenseiten und Schwächen? Nehmen Sie sich Zeit – einen Abend oder besser noch einen Tag –, gehen Sie Ihren Alltag sorgfältig durch und schreiben Sie alles auf, was Sie daran hindert, Ihren Schattenseiten, Schwächen und Ängsten zu begegnen, sowohl den allgemeinen als auch den sexualitätsbezogenen.

Emotionale Verschmutzung

Auch im emotionalen Bereich wird Leere dem Yin-Prinzip zugeordnet und Fülle dem Yang-Prinzip. Aus Angst vor der inneren Leere überfrachten Menschen ihr Leben materiell wie emotional. Als wichtig gilt, einen Freund, einen Ehemann, einen großen Bekannten- und Freundeskreis zu haben, viele Bezugspersonen, eine möglichst große Familie.

Aus Angst vor Einsamkeit und Leere werden Beziehungen zu Menschen aufrechterhalten, die man eigentlich nicht besonders mag und mit denen man nichts gemeinsam hat. Man füllt seine Zwischenzeiten mit Verabredungen, Einladungen, Hobbys, Aktivitäten, Smalltalk, Freundinnen, Bekannten und endlosen Telefonaten, man fühlt sich sozial aufgehoben, anerkannt und sicher.

Fürs Tagebuch

Gehen Sie an Ihrem nächsten freien Abend einmal Ihr persönliches Beziehungsnetz durch. Was bedeuten Ihnen Ihre Beziehungen wirklich und was geben sie Ihnen? Stellen Sie eine Liste mit Ihren Freunden, Bekannten und Verwandten auf und überprüfen Sie diese sorgfältig und ehrlich. Schreiben Sie zu jeder Person einige Sätze und stellen Sie fest, ob die Beziehung positiv oder negativ für Sie ist.

Weitere Ursachen emotionaler Verschmutzung

Nicht nur Beziehungen können zur Belastung werden. Es gibt noch viele andere Möglichkeiten, sich mit negativen Emotionen aufzuladen. Sie fragen sich vielleicht, was das alles mit Sexualität zu tun hat. Sehr viel: Alle ungeliebten Gäste bestimmen Ihr inneres Klima, Ihr Grundgefühl, das sich durch die Sexualität noch verstärkt. Je reiner das Wasser ist, desto klarer spiegelt es die Wirklichkeit. Mit Achtsamkeit und Ehrlichkeit können Sie selbst die Qualität bestimmen, die Ihr Leben prägt.

TV und Filme: Filme wollen Emotionen erzeugen und Ihre innere Leere mit Geschichten und Informationen ausfüllen. Unterschätzen Sie nicht die Auswirkungen, die Fernsehberieselung auf sie hat, und nehmen Sie sich nach einem TV-Abend genügend Zeit, um das Gesehene zu verarbeiten. Schauen Sie sich nur Filme an, wenn Sie wach und aufmerksam sind. Setzen Sie sich aufrecht und zentriert hin, schließen Sie Mund und Beckenboden und atmen Sie langsam und tief. So können Sie auch beim Fernsehen die Beziehung zu sich selbst vertiefen.

Lesen: Wählen Sie Ihre Lektüre bewusst. Zeitung lesen am Morgen ist nicht jederfrau Sache. Wer gerne Krimis liest, sei sich bewusst, dass dadurch im eigenen Leben vermehrt Misstrauen und Angst aufkommen können.

Menschenmengen: Sie sind immer ein Konzentrat an Emotionen. Besonders yin-betonte, offene und feinfühlige Menschen saugen die grobstofflichen Energien und Emotionen anderer wie ein Schwamm auf und leiden häufig unter diesem Zustand. Achten Sie in solchen Momenten darauf, dass Sie zentriert und aufmerksam bleiben, den Mund und den Beckenboden verschlossen halten, ruhig und tief atmen und dabei Ihren ganzen Körper mit dem inneren Lächeln versorgen.

Sex: Wenn Sie sich beim Sex nicht wohl fühlen, laden Sie sich intensiv mit negativen Emotionen auf. Mehr über dieses Thema erfahren Sie in Kapitel 22.

Chemische Substanzen: Chemische Substanzen und unreine Nahrungsmittel können die Ursache für negative Emotionen sein. Bereiten Sie die Nahrungsmittel möglichst liebevoll zu und nehmen Sie sie in einer wohlwollenden Umgebung ein.

Tranquilizer: Eine sehr verbreitete Methode, Emotionen zu unterdrücken, sind Tranquilizer. Immer wieder verschreiben Ärzte sehr großzügig Entspannungspillen, Schlaf- und Beruhigungsmittel, obwohl die hiervon ausgehende große Suchtgefahr bekannt ist. Tranquilizer sollten nicht länger als zwei Wochen eingenommen werden. Am besten verzichtet man völlig auf Tabletten und stellt sich der Wirklichkeit; so hat man am ehesten eine Chance, schwierige Situationen zu verarbeiten. Frau Kübler-Ross, die wegen ihrer Arbeit mit Sterbenden international anerkannt ist, hat folgende Erfahrung gemacht: Menschen, die über den Tod eines Angehörigen trauern und zur Schmerzlinderung Pillen einnehmen, brauchen viel mehr Zeit, um über den Verlust hinwegzukommen. Hingegen verarbeiten diejenigen Menschen das Schmerzerlebnis schneller, die sich der Trauerarbeit stellen, sich gehenlassen, weinen, dem Schmerz Ausdruck verleihen. Medikamente verschieben das Problem nur ins Unbewusste, sie lösen es nicht.

Emotionen und ihre Entsprechungen

Elemente	Holz	Feuer	Erde	Metall	Wasser
Organe	Leber	Herz	Milz	Lunge	Niere
	Gallenblase	Dünndarm	Magen	Dickdarm	Blase
Sinnesorgane	Augen	Zunge	Geschmackssinn	Nase	Ohren
Körpergeruch	sauer	angebrannt	süß	penetrant	faul
Stimme	schreien	lachen	singen	weinen	Stöhnen
Positive	kreativ	geistreich	integer	zuverlässig	weise
Eigenschaften	tolerant	friedlich	selbstbewusst	selbstlos	charismatisch
Positives	humorvoll	liebevoll	fürsorglich	altruistisch	entschieden
Verhalten	freundschaftlich	optimistisch	aufrichtig	mutig	willensstark
Negative Yin-	Frustration	Trauer	Grübeln	Zukunftsangst	Angst
Emotionen	Depression	Unsicherheit	sich sorgen	Feigheit	Pessimismus
Negative Yang-	Wut	Arroganz	Fanatismus	Egoismus	Machtsucht
Emotionen	Launenhaftigkeit	Begierde	Zwanghaftigkeit	Abhängigkeit	Paranoia
	Ungeduld	Gefühlskälte			

Lieblingsplätze der Emotionen

Jedes Gefühl hat einen Platz im Körper, wo es sich gern aufhält und die beste Nahrung bekommt. Entsprechend den fünf Elementen werden Emotionen je einem Organ zugeordnet. Die betreffenden Emotionen können ein Organ schwächen oder umgekehrt kann die Disharmonie eines Organs sich durch ein bestimmtes Gefühl ausdrücken. So lassen sich Gefühle zum Teil über die Organe beeinflussen und Stresssituationen entschärfen.

Die Tabelle auf Seite 181 ist eine Liste dieser Entsprechungen, die Sie zur Erforschung Ihrer Emotionen anregen soll.

Der Umgang mit unseren Schattenseiten

Jede Emotion hat eine eigene Energiefrequenz, eine eigene Ausdünstung, einen Charakter. Manche Emotionen stehen uns näher, andere beängstigen uns mehr. Wenn sich eine Emotion im Körper entfaltet, belastet sie ihn auch immer, da Emotionen dichter und schwerer sind als die Lebensenergie Chi. Achtzig Prozent aller körperlichen und psychischen Krankheiten entstehen laut der chinesischen Medizin durch langfristig unterdrückte, unverarbeitete Emotionen. So ist es empfehlenswert, sich immer wieder genügend Zeit zur emotionalen Reinigung zu nehmen.

Die nun folgenden Organreinigungsübungen sind ein wichtiges Hilfsmittel im Umgang mit Emotionen. Wie Sie auf der Liste der Organentsprechungen sehen, hat jede Emotion einen Lieblingssitz im Körper. Wer sich eingehender mit dem chinesischen Heilsystem befasst, wird bald feststellen, dass selten zwei Listen vollkommen übereinstimmen und in jedem Buch die Entsprechungen anders zugeordnet werden. Das soll Sie nicht verwirren. Vielmehr zeigen diese Differenzen, dass wir Menschen zu lebendig sind, um in ein einziges Schema gepresst zu werden. Lassen wir uns dadurch anregen, genau zu erforschen, in welchem

Körperteil oder Organ sich unsere Emotionen aufhalten. Am ehesten finden wir das in emotionsgeladenen Situationen heraus. Wenn wir traurig sind, Angst haben oder wütend sind, können wir durch genaue Selbstbeobachtung ermitteln, in welchem Organ das Gefühl sitzt.

Die Organübung ist ein wichtiges Instrument u. a. für Frauen in Heilberufen, die sich in ganz besonderer Weise vor negativen Einflüssen schützen müssen.

Wir können nur dann über die Organe auf emotionale Momente einwirken, wenn bereits eine tiefe gefühlsmäßige Verbindung zu ihnen besteht.

Emotionen im Alltag   **Zum Ausprobieren**

Wenn Sie sich das nächstemal in einer emotionalen Situation befinden, atmen Sie erst ein paarmal tief durch. Dann versuchen Sie, in sich hineinzufühlen und zu erfassen, an welcher Stelle im Körper das Gefühl sich bemerkbar macht, auch wenn um Sie herum alles drunter und drüber geht. Lächeln und atmen Sie in die Stelle hinein, um das Organ gleichzeitig zu reinigen, zu stärken und energetisch aufzufüllen.

Abgrenzung

Innere Abwesenheit und Zerrissenheit machen uns sehr empfänglich für Fremdeinflüsse. Da Frauen von Natur aus energetisch offen sind, gilt es auch im Umgang mit emotionalen und grobstofflichen Menschen eine besondere Wachheit zu entwickeln. Versuchen Sie immer wahrzunehmen, von wem Sie etwas übernehmen, und die fremden Energien Ihrer eigenen Energiefrequenz anzupassen. Einige hierbei nützliche Methoden haben Sie bereits kennen gelernt. In diesem Zusammenhang möchte ich Ihnen noch eine sehr einfache, äußerst wirksame Methode vorstellen, die mir schon in unzähligen Notfallsituationen in der Akutpsychiatrie geholfen hat.

Immer wieder kann es vorkommen, dass wir in eine Situation verwickelt werden, in der ein anderer Mensch unter starker innerer Spannung

leidet, dadurch sehr emotional wird und versucht, diese Emotionen loszuwerden. Mit einem Menschen, der sich in solch einem extremen Yang-
Zustand befindet, kann man selten diskutieren. Diskussionen verstärken die Emotionen nur noch. Damals habe ich eine Möglichkeit
gefunden, dafür zu sorgen, dass sich das Spannungsfeld anderer nicht
auf mich übertrug: Ich verhielt mich äußerlich völlig neutral, stellte
mich unauffällig hin und begann mich stark zu erden und zu zentrieren.
Und mit dem inneren Lächeln nährte ich mein positives Energiefeld.
Oft entschärfte sich dadurch die Situation ganz natürlich und unauffällig.

Die Transformation negativer Emotionen

Die Kunst des Tao der Emotionen besteht in der Umwandlung negativer
Emotionen in Lebenskraft. Stellen Sie sich Ihre Mitte (oberhalb der
Gebärmutter) als Komposthaufen vor, auf den Sie all Ihren inneren und
äußeren Müll kippen. Durch die Energieverdichtung entsteht dort Wärme, welche die Umwandlung der Energien einleitet. Wenn Sie diesen
inneren Prozess mit Ihrer Liebeskraft anreichern, kann daraus eine
neue, heilende Qualität entstehen.

Besonders die Sexualität bringt uns intensiv in Kontakt mit der ganzen Palette unangenehmer Gefühle wie Scham, Eifersucht, Minderwer-
tigkeit, Angst usw. Das Tao der Emotionen ist daher nie langweilig;
immer wieder lernen wir eine neue Schicht des Unbewussten kennen
und haben so die Möglichkeit, noch tiefere Wunden und Verletzungen
zu heilen und zu verabschieden. Die folgende Übung unterstützt die
Umwandlung negativer Energie in Lebenskraft.

Emotionen zulassen und fühlen   *Zum Ausprobieren*
- Schließen Sie die Augen und erspüren Sie, woher ein bestimmtes Gefühl kommt und wie es sich anfühlt. Atmen Sie dabei ruhig und tief.

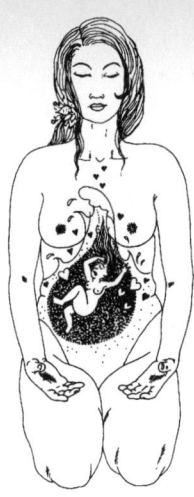

Emotionen zulassen und fühlen

- Verbinden Sie sich mit diesem Gefühl und lassen Sie sich mit jedem Ausatmen etwas tiefer darauf ein.
- Legen Sie die Hand auf die Stelle und lächeln Sie liebevoll in die Dunkelheit. Bleiben Sie dabei aufmerksam und bewusst.
- Gehen Sie mit jedem Atemzug noch etwas tiefer in die unbekannte Tiefe und schauen Sie sich dort um.
- Lassen Sie das Licht Ihres Bewusstseins so lange in die Mitte fließen, bis Ihre alten Wunden und Erinnerungen mit Unterstützung Ihrer Herzkraft und des Lichts dahinschmelzen.

Emotionen umwandeln   *Zum Ausprobieren*

Diese Übung zur Verfeinerung negativer Emotionen und ihrer Umwandlung in Lebenskraft machen Sie am besten in einer emotional aufgeladenen Situation oder wenn Sie sich in einem negativen Energiefeld befinden. Führen Sie sie sitzend oder stehend und anfangs mit geschlossenen Augen durch.

185

- Fühlen Sie in sich hinein, um festzustellen, wo das Gefühl in Ihrem Körper sitzt. (Nicht denken, sondern fühlen!) Atmen Sie dabei ganz ruhig und natürlich.
- Lenken Sie nun alle Emotionen energetisch in Ihre Mitte und füllen Sie diese wie einen Komposthaufen auf.
- Durch die bewusste Verdichtung der Energien entsteht die Wärme, die für die Verfeinerung grobstofflicher Energien und ihre Umwandlung in Lebenskraft nötig ist.
- Bleiben Sie ruhig sitzen und lassen Sie die Energien in Ihrer Mitte kreisen und pulsieren, bis sie sich verfeinern.
- Lassen Sie Ihre Liebenskraft ebenfalls in die Mitte fließen, um die negative Schwingung in eine positive umzuwandeln. So können sich in Ihrer Mitte die heilenden und transformierenden Kräfte entfalten.

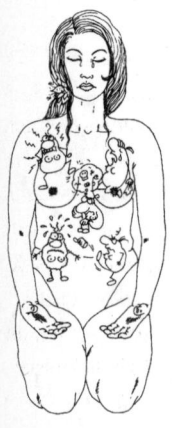 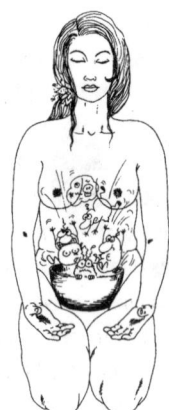 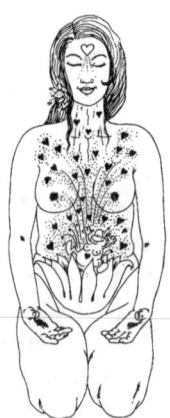

Emotionen fühlen

Emotionen in die Mitte bringen

Emotionen umwandeln

Kein Patentrezept,
aber ein paar Weisheiten

Im Umgang mit Gefühlen gibt es kein Patentrezept, aber einige Punkte lohnt es sich zu beachten. Auch wenn ein Mensch oder eine Situation in Ihnen ein bestimmtes Gefühl auslöst, so ist es Ihr Gefühl und Sie allein sind dafür verantwortlich. Wie Sie mit ihm umgehen, ist Ihre persönliche Entscheidung.

Gefühle fühlen
Frauen haben häufig den Eindruck, dass das Tao gegen den Ausdruck von Gefühlen ist. Gefühle auszudrücken ist eine wunderschöne Gabe. Doch verlieren sie oft ihre Kraft und Reinheit, wenn sie in Worte gefasst werden. Dies geschieht auch, wenn man Gefühle benutzt, um bei einem anderen Menschen etwas zu erreichen, oder wenn man mittels Gefühlen andere zu manipulieren versucht.

Wir können Gefühle erleben oder versuchen, sie möglichst schnell loszuwerden. Wir können negative Gefühle jemandem entgegenschleudern und ihn dafür verantwortlich machen oder sie auf andere Menschen übertragen, indem wir diese für schuldig erklären und uns dafür rächen.

Wir können Gefühle auch fühlen und im Innern bewahren. Dies kann sehr heilsam sein. Das Zulassen und tiefe Empfinden von Gefühlen, ohne diese auszudrücken, erzeugt im Körper viel Energie. Da diese Gefühle eine andere Energiefrequenz besitzen als unsere Lebensenergie, kann es nötig werden, sie unserer Lebensenergie erst anzupassen, damit im Körper keine Disharmonie entsteht. Der kleine Energiekreislauf ist auch in diesem Fall ein wichtiges Instrument zur Verfeinerung der dichten emotionalen Energien, damit diese in Lebenskraft umgewandelt werden können.

Im Umgang mit Gefühlen gibt es jedoch keine Abkürzung und wenn Sie in Beziehungen etwas klären müssen, ist es wichtig, dies auch zu tun, sich mitzuteilen und Gefühle zu zeigen.

Trauma und Sexualität

Aufmerksamkeit und persönliche Reife sind erforderlich, um sich nicht mit Emotionen, die durch die Sexualität ausgelöst werden, zu identifizieren. Wenn Sie den Umgang mit Ihren Emotionen im Alltag immer wieder bewusst üben, wird es Ihnen schließlich auch möglich sein, durch Sexualität ausgelöste Emotionen zu heilen.

Frauen mit schlechten Erfahrungen oder traumatischen sexuellen Erlebnissen brauchen mehr Geduld. Sie erleben im Sex Momente, in denen sie wie vor einem Abgrund stehen. Die ursprünglich erlebte Angst hat sie eingeholt und lähmt sie. Das ist der Augenblick, um das Tao zu Hilfe zu nehmen: Wenn Sie plötzlich beziehungslos daliegen, wie in Nebel gehüllt, oder wenn der Kopf die Führung übernimmt und sämtliche Gefühlsregungen unterbindet, ist es wichtig, ruhig und tief weiterzuatmen, in die Mitte zu gehen und sich mit dem Herzen zu verbinden.

Ich möchte die Problematik nicht bagatellisieren. Tatsächlich hat diese einfache Methode aber schon vielen Frauen weitergeholfen und es ihnen ermöglicht, durch schmerzhafte alte Situationen hindurchzugehen. So haben sie Schritt für Schritt in ihrem eigenen Tempo gelernt, ihre Sexualität von alten Erinnerungen und Energiemustern zu befreien und sich selbst zu genießen.

Alleinsein

Alleinsein und Stille sind die beste Medizin, um alte von neuen Gefühlen, echte von unechten, eigene von fremden Gefühlen unterscheiden zu lernen. Vor Jahren schon habe ich in meinen längeren Kursen zweitägige Schweigephasen eingeführt. So haben Frauen die Gelegenheit, sich in ungewohnter Weise tief auf sich einzulassen und in der Stille die verborgenen Seiten ihres Wesens kennen zu lernen. Fast alle Frauen empfanden dies als die Zeit, in der sie das meiste über sich selbst und die intensivste Selbstheilung erfuhren: Die wichtigsten Erkenntnisse kommen aus der Stille. Schaffen Sie sich möglichst viel Frei-, Zwischen- und Leerräume, in denen Ihr Innerstes sich Ihnen offenbaren kann.

16 Die Gebärmutter – das sexuelle Zentrum der Frau

Die Gebärmutter – die weibliche Kraftquelle

Frauen sind immer wieder erstaunt, dass ihre Gebärmutter etwas mit Sexualität zu tun haben soll. Meiner Erfahrung nach ist die Gebärmutter das sexuelle Zentrum schlechthin und die wichtigste Kraftquelle der Frau. Ihr Potenzial reicht weit über das Kinderkriegen hinaus. Das weiblichste Organ führt jedoch meist ein eher kümmerliches Dasein. Die Gebärmutter kann für eine Frau das Tor zum Himmel sein oder die Pforte zur Hölle.

In ihr kann sich Negativität ansammeln, die den weiblichen Organismus von innen her vergiftet. Unterleibsprobleme wie Menstruationsbeschwerden, Ausfluss, Zysten und Myome gelten in medizinischen Kreisen als normal. In Deutschland wird jeder dritten Frau die Gebärmutter operativ entfernt. Umgekehrt sind Unzufriedenheit, Negativität und Pessimismus auch Ausdruck unserer Beziehungslosigkeit zur Gebärmutter.

Wollen wir ihre Kräfte entfalten, ist es notwendig, sie gut kennen zu lernen, auf allen Ebenen zu reinigen und zu heilen. Dieser Prozess kann sich über Monate oder Jahre erstrecken. Ich möchte Sie zur intensiven Auseinandersetzung mit Ihrer Gebärmutter auffordern. Auch Frauen, die keine Gebärmutter mehr haben, sind in den folgenden Kapiteln angesprochen. Eine operative Entfernung kann wohl den physischen Teil der kranken oder gekränkten Gebärmutter entfernen, nicht aber die Energiemuster auflösen, die eigentlichen Ursachen von Unterleibsbeschwerden. Das ist auch ein Grund, warum sich viele Frauen nach einer Gebärmutterentfernung nicht besser fühlen.

Die verschiedenen Gesichter der Gebärmutter

Die Gebärmutter hat viele Namen und Gesichter. Aus der chinesischen Tradition sind Bezeichnungen wie »Blutsee«, »Blutkammer«, »schützender Palast« oder »himmlischer Palast« bekannt. Die Gebärmutter kann sich bewegen und wurde in früheren Zeiten oft als selbstständiges Wesen betrachtet. Sie wurde sogar mit einem wilden Tier verglichen, das sich in höchster Lust bewegt und seinen Mund (Muttermund) öffnet, um den Samen aufzunehmen. Diese Bewegung ist mit einem Gefühl unvergleichlicher Lust verbunden, das den ganzen Körper durchbebt.

Gebärmutter und Sexualität
Sinnlichkeit ist der natürliche Zustand der Gebärmutter. Frauen, die nicht bewusst mit ihrer Gebärmutter verbunden sind, erleben sie oft als Bedrohung. Ist sie nicht in einem positiven sinnlichen und energe-

tischen Zustand, kann sie auch nicht als Kraftquelle und als Ort der Geborgenheit erlebt werden.

Im energielosen Zustand bildet die Gebärmutter ein Vakuum, das sich mit kollektiven Erfahrungen verbindet und wie ein Schwamm negative Informationen und Emotionen aufsaugt. So wird sie zum Zentrum unangenehmer Gefühle, die sich spätestens im Zusammenhang mit Sexualität bemerkbar machen.

Um die in der Gebärmutter gespeicherten negativen Gefühle zu umgehen, spalten die meisten Frauen das sinnliche Erleben der Gebärmutter ab. Andere wenden sich einer oberflächlichen, yang-betonten Sexualität zu. Wieder andere vermeiden sexuelle Kontakte. Es gibt auch Frauen, die in der Ekstase Negativität verbrennen können, und solche mit einem so starken Herzen und Überfluss an Mitgefühl, dass sie alles Negative durch die Herzkraft wegschmelzen.

Stark verbreitet ist die Hoffnung, durch Schwangerschaft die negative Leere der Gebärmutter positiv aufzuladen. Deren Unerfülltheit ist nach wie vor die häufigste Motivation für einen Kinderwunsch.

Mutter werden – ja oder nein?
Schwangerschaft und Mutterschaft bedeuten für viele Frauen die einzige Möglichkeit, Erfüllung und Sinn in ihr Leben und ihre Sexualität zu bringen. Zweifellos haben diese Frauen auch durch ihre Kinder ein ausgefüllteres Leben: Sie werden gebraucht, geliebt und haben die Macht, erzieherisch auf einen noch ungeformten Menschen einzuwirken.

Mit der Frage, ob sie Kinder haben wollen oder nicht, setzen sich die meisten Frauen in irgendeiner Form auseinander, solange sie menstruieren. Angesichts unseres überfüllten Planeten, auf dem Millionen Kinder hungern, gibt es jedoch keine zwingenden Gründe, Kinder in die Welt zu setzen, und es ist an der Zeit, andere Möglichkeiten der Selbstverwirklichung zu finden. Doch ist der Traum von der eigenen Familie so tief in uns verwurzelt, dass nur die wenigsten Frauen sich ihm entziehen können und eine andere Form von Erfüllung suchen.

Als Frau ist mir der instinktive Wunsch nach einem Kind wohl bekannt. Dieser kann nicht nur den Kopf erfassen, sondern sich auch körperlich niederschlagen. Als ich ein kleines Mädchen war, galt mein größtes Interesse Puppen und kleinen Tieren und ich wollte einmal ganz viele Kinder haben. Mit 21 wurde mir die Bedeutung dieses Kinderwunsches bewusst und ich beschloss, neue Formen des Frauseins zu entdecken. Damit war aber das Thema für mich noch längst nicht erledigt; vielmehr begann eine langwierige und teilweise schmerzhafte Auseinandersetzung. Besonders in den letzten Jahren widmete ich meiner Gebärmutter sehr viel Zeit und Aufmerksamkeit und erhielt durch sie eine neue Perspektive des Frauseins – ein unglaubliches Geschenk.

Ich möchte Mütter hier weder angreifen noch kritisieren. Ich möchte Sie vielmehr auffordern, tief in unbewusste Schichten vorzudringen. Gehen Sie Ihren Beweggründen, Kinder zu haben, nach, und seien Sie dabei ehrlich. Es geht nicht um Wertungen, sondern um Klarheit.

Fragen an Frauen ohne Kinder   *Fürs Tagebuch*

- Möchten Sie gern Mutter sein?
- Was erhoffen Sie sich von der Mutterschaft?
- In welchen Momenten taucht das Bedürfnis am stärksten auf?

Fragen an Frauen mit Kindern   *Fürs Tagebuch*

- Versetzen Sie sich in die Zeit vor Ihrer Schwangerschaft. Was waren Ihre wahren Beweggründe, schwanger zu werden?
- Haben Sie sich bewusst dafür entschieden?
- Was erhofften Sie sich davon, Mutter zu werden?
- Wie sehen Sie das heute?

Viele Frauen wollen aus einem negativen Gefühl oder einer schlechten Erfahrung heraus absolut keine Kinder haben. Eine solche Einstellung kann die Gebärmutter stark belasten.

Die Gebärmutter kennen lernen

Das Kennenlernen der eigenen Gebärmutter bis in tiefe Schichten hinein ist eine Expedition ins Innere, die nicht nur genügend Zeit und Geduld, sondern besonders am Anfang auch einen geschützten liebevollen Rahmen – eine spannungsfreie Zone – erfordert. Fühlt man sich äußerlich in irgendeiner Weise bedroht oder gestört, ist die Angst vor einer erneuten Verletzung zu groß, um sich den alten Wunden öffnen und hingeben zu können. Schaffen Sie also zunächst eine geschützte Atmosphäre, in der Sie eine intime Liebesbeziehung zu Ihrer Gebärmutter aufbauen, Vertrauen entwickeln und ihre verborgenen Geheimnisse, Wünsche und Nöte erfahren können. Schließen Sie die Tür und schalten Sie alle möglichen Störquellen ab.

Gebärmutter kennen lernen   *Zum Ausprobieren*

- Setzen Sie sich aufrecht und bequem hin – Sie können auch liegen – und schließen Sie die Augen.
- Mit jeder Ausatmung sinken Sie etwas tiefer in Ihre Gebärmutter.
- Richten Sie Ihre ganze Aufmerksamkeit in sie hinein, schauen Sie mit dem inneren Auge, hören Sie mit dem inneren Ohr, riechen Sie mit der inneren Nase und fühlen Sie in Ihre Gebärmutter hinein.
- Mit jedem Atemzug lassen Sie sich noch tiefer auf sie ein, lernen Sie immer besser kennen. So können Sie herausfinden, wie es ihr geht, was sie belastet oder beängstigt.
- Beenden Sie diese Übung, indem Sie die Gebärmutter mit einem liebevollen weichen Lächeln auffüllen und sich anschließend zentrieren.

Seien Sie nicht erstaunt, wenn Sie am Anfang noch nicht viel wahrnehmen. Es kann auch sein, dass Gedanken, Gefühle oder Bilder auftauchen, mit denen Sie nichts anfangen können. Denken Sie nicht, sondern fühlen Sie ihnen nach. Am Anfang werden Frauen oft plötzlich müde und schläfrig. Versuchen Sie wach und aufmerksam zu bleiben und ruhig weiterzuatmen. Hier geht es um Bewusstwerdung. Wenn Sie bei Übungen einschlafen, ist das sicherlich sehr entspannend und somit auch gesund. Aber im Schlaf können Sie die inneren Prozesse weder bewusst wahrnehmen noch alte Muster auflösen.

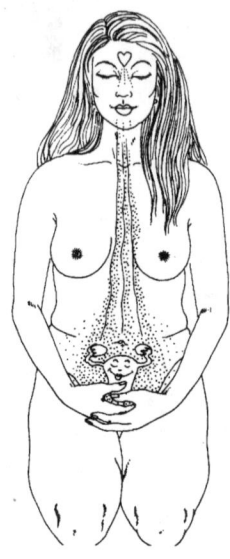

Die Gebärmutter kennen lernen

Liebe Gebärmutter   *Fürs Tagebuch*

Um eine Beziehung zu Ihrer Gebärmutter herzustellen, können Sie ihr einen Brief schreiben. Nehmen Sie schönes Schreibpapier oder Ihr Tagebuch und schreiben Sie, ohne lang zu überlegen.

»Liebe Gebärmutter, ...«

Sie können auch die Gebärmutter schreiben lassen. Vielleicht hat sie über lange Zeit für sich behalten müssen, was jetzt endlich heraus darf.

Fühlen Sie im Laufe des Tages regelmäßig in Ihre Gebärmutter hinein und verbinden Sie sich bewusst mit ihr, so dass allmählich eine Liebesbeziehung aufgebaut wird.

Die Gebärmutter befreien

Je mehr Sie sich auf die Gebärmutter einlassen, desto eher können Sie mit unangenehmen Gefühlen in Kontakt kommen, für die es keine Worte gibt. Aber diese sind auch nicht nötig. Eine liebevolle Beziehung zu sich selbst ist die wichtigste Grundlage für die Befreiung der Gebärmutter und der weiblichen Sexualität.

Viele Praktizierende sind der Ansicht, dass Licht und Energie zur Befreiung und Transformation von Negativität bereits genügen. Diese Ansicht kann ich nur bedingt teilen. Meiner Meinung nach ist zunächst wichtig, die negativen unbewussten Anteile zuzulassen, damit sie uns bewusst werden. Ich bin auch nicht der Ansicht, dass unterdrückte Emotionen einzig über Körperübungen und Energiearbeit verarbeitet werden können. Das Tao der weiblichen Sexualität lehrt den Weg der bewussten Wahrnehmung.

Was die Gebärmutter belastet

Die Gebärmutter speichert nicht nur persönliche Gefühle und Erlebnisse, sondern auch kollektive. Ihre Aufnahmefähigkeit kennt keine Einschränkung, besonders in energielosem Zustand.

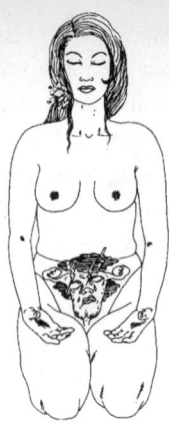

Belastete Gebärmutter

Kälte: Die Gebärmutter verträgt starke Kälte nicht gut, etwa das schockartig kalte Bad nach der Sauna, Schwimmen in kaltem Wasser, ungenügende Kleidung im Winter. Nach einer Unterkühlung sollte die Gebärmutter gewärmt und belebt werden. Dazu können Sie eine Wärmflasche benutzen, sich in ein warmes Bad legen oder den Bauch mit einem wärmenden Öl, zum Beispiel Rosmarinöl, oder einem Schnaps, z. B. Grappa, massieren, bis er wieder warm ist.

Lustloser Sex: Lustloser Sex wirkt sich negativ auf die Gebärmutter aus, da sie hierbei energetisch nicht geschützt ist. Zudem werden durch Sexualität Energien vermehrt, also auch die negativen. Jedes als nicht positiv empfundene sexuelle Erlebnis setzt sich im Körper fest, vor allem in der Gebärmutter.

Gewalt, Vergewaltigung und Missbrauch: Sexuelle Gewalt, Lieblosigkeiten und ungelöste Konflikte sind Gift für eine schwache Gebärmutter. Aus ihrer Tiefe kann der gesamte Organismus mit negativen Gefühlen verseucht werden. Eine Gewalteinwirkung bedeutet für die betroffenen Frauen und Kinder immer ein massives Schockerlebnis, das sich bis zur Zellebene in das ganze System einprägt. Tiefes Misstrauen gegenüber anderen Menschen und die Angst, das schreckliche Erlebnis könne sich wiederholen, sind die Folgen. Häufig wiederholen sich die negativen Erlebnisse tatsächlich, so dass missbrauchte Frauen immer wieder mit ihren alten Wunden konfrontiert werden. Auch wenn es unmöglich ist, dieses Erleben zu vergessen, kann es frau gelingen, ein entspanntes, glückliches Leben zu führen und Sinnlichkeit zu genießen. In meiner langjährigen Praxis habe ich beobachten können, wie viele missbrauchte Frauen durch den Weg der Selbstheilung zu ihrer inneren Kraft und Selbstliebe gefunden haben.

Verhütung: Es ist wichtig, Verhütungsmittel zu benutzen, die einem entsprechen und mit denen sich Kopf und Körper wohl fühlen können. Für Frauen, die ihren Körper gut kennen, eignet sich ein gut angepasstes Diaphragma. Aber auch Kondome zählen immer noch zu den natürlichsten Verhütungsmitteln. Viele Frauen haben zwar eine Abneigung gegen Gummis (wie auch ich lange Zeit), aber inzwischen gibt es hauchdünne Präservative, die den dicken Gummis von einst überhaupt nicht mehr ähneln. In verschiedenen Städten gibt es seit einigen Jahren spezielle Shops, so genannte Condomeria, wo man sich gut beraten lassen kann. Wegen der Aids-Gefahr ist es ratsam, nie auf die schützende Hülle zu verzichten, besonders wenn der Partner beim Liebesspiel ejakuliert.

Unerwünschte Schwangerschaft: Eine ungewollte Schwangerschaft ist im Leben einer Frau eine einschneidende Situation, ob sie sich nun für das Kind oder für eine Abtreibung entscheidet. Eigentlich sind wir uns alle einig, dass eine ungewollte Schwangerschaft in heutiger Zeit nicht vorkommen sollte, und doch wird frau plötzlich mit der Tatsache konfrontiert, schwanger zu sein, oft im unpassendsten Moment: Die Beziehung ist unbefriedigend, die Wohnsituation ungeeignet, die beruflichen Pläne sind noch nicht verwirklicht, man möchte noch eine Weltreise machen und finanziell kann man sich ein Kind schon gar nicht leisten.

Obwohl eigentlich alles dagegen spricht, entscheiden sich viele Frauen – durch ihre Gefühle verunsichert – für das Kind. Schlecht daran ist, dass sich Ängste und Nöte einer Frau erwiesenermaßen schon im frühen Stadium auf den Embryo übertragen. Deshalb ist es für ein Baby das beste, wenn es von Anfang an erwünscht und willkommen ist.

Abtreibung: Abtreibung kann aus einem positiven oder negativen Gefühl geschehen. Viele Frauen treiben aus einem negativen Gefühl heraus ab, weil sie Nein sagen zum Kind, zu ihrer Situation, zum Partner usw. Eine solchermaßen motivierte Abtreibung ist schwer zu verarbeiten: Das Baby ist weg, aber die Negativität bleibt unverarbeitet in der Gebärmutter zurück.

Normalerweise bedeutet Nein zu sagen: »Ich will dich nicht, geh weg«; Ja zu sagen hingegen: »Ja, ich will dich, du gehörst (zu) mir.« Die Abtreibung kann eine Chance sein, über dieses Schwarz-Weiß-Muster hinauszuwachsen. Wenn Sie sich für eine Abtreibung entschlossen haben, können folgende Übungen Sie dabei unterstützen. Vielen Frauen – wie auch mir – haben sie eine völlig neue Perspektive eröffnet.

Vor der Abtreibung   *Zum Ausprobieren*

- Setzen oder legen Sie sich bequem hin, die Hände auf der Gebärmutter, und nehmen Sie mit der Seele, die sich in Ihrer Gebärmutter eingenistet hat, Kontakt auf. Machen Sie das so lange, bis Sie Liebe und Mitgefühl für die Seele fühlen und das kleine Wesen und Ihre gesamte Situation akzeptieren können.
- Erklären Sie der Seele, dass Sie sie lieben und sie darum wieder loslassen, damit sie weiterziehen und sich eine bessere Situation auswählen kann. Tun Sie dies, bis Sie die Seele liebevoll verabschieden können.

Bei den meisten Frauen dauert dieser Prozess einige Zeit und kann sehr schmerzhaft sein. Wir sind es nicht gewohnt zu lieben, loszulassen und Freiheit zu geben. Wir koppeln Liebe meist an Besitzansprüche: »Liebe ich dich, dann sollst du mir gehören und mich nie mehr verlassen.« Echte Liebe geht darüber hinaus. Dies ist eine Chance, über sich selbst hinauszuwachsen und der echten Liebe näherzukommen.

Nehmen Sie sich nach der Abtreibung möglichst viel Zeit und Ruhe, um sich zu zentrieren, damit sich der Organismus von der Mitte her harmonisieren kann. Ein guter Akupunkteur kann den Heilungsprozess unterstützen.

Gebärmutterentfernung

Die erste operative Entfernung einer Gebärmutter wurde 1822 in Konstanz durchgeführt. Schon damals galten Unterleibsprobleme der Frauen als große Plage. Somit war die erste gelungene Operation ein Durchbruch in der Frauenheilkunde und viele Frauenleben konnten dadurch gerettet werden. Operative Eingriffe an Eierstöcken und Gebärmutter wurden jedoch nicht nur zur Behandlung von körperlichen Beschwerden eingesetzt, sondern zur Bekämpfung von »Hysterie, Melancholie, Liederlichkeit oder manischen Erregungszuständen«. Die Entfernung der Eierstöcke und der Gebärmutter kommt aber einer Kastration gleich.

In der Schweiz kostet eine Hysterektomie (Gebärmutterentfernung) einschließlich Krankenhausaufenthalt (gerechnet sind fünf Nächte) für Kassenpatientinnen pauschal ca. 2200 Franken. Privatpatientinnen und Selbstzahlerinnen bezahlen für die gleiche Operation bis zu 25000 Franken. Ärzte können also ganz gut an einer Gebärmutterentfernung verdienen. Für so manchen Arzt ist es zudem eine Genugtuung, einer Frau die Gebärmutter zu entfernen.

Einer Freundin von mir, einer intelligenten, warmherzigen Professorin, wurde die Gebärmutter entfernt. Nach der Operation brachte der

Professor, der die Operation durchgeführt hatte, die Gebärmutter auf einem Tablett ans Krankenbett meiner Freundin und sagte triumphierend: »Schauen Sie, Frau Kollegin, da habe ich saubere Arbeit geleistet.«

Medizinische Falle

Als ich vor ein paar Jahren noch im Tessin lebte, spürte ich eines Tages einen leichten vaginalen Juckreiz und suchte eine mir nicht bekannte Frauenärztin auf. Sie entdeckte einen Schatten auf der Gebärmutter und kam zudem zu dem Schluss, dass diese stark vergrößert sei und falsch liege. Schließlich entdeckte sie Bakterien und gab mir drei verschiedene Packungen mit einem Antibiotikum. Ich wurde dringend aufgefordert, nach einer Woche wiederzukommen, weil die Situation ernst sei und ich eventuell operiert werden müsse. Anschließend stand ich in Lugano auf der Straße, total verwirrt, hielt diese Medikamente in der Hand (ich hasse Medikamente) und fühlte mich auf einmal todkrank. Ich suchte mir ein schönes Plätzchen am See und merkte allmählich, dass ich mich eigentlich gar nicht krank fühlte, im Gegenteil, mich juckte es einfach bloß in der Scheide. Aber etwas verunsichert war ich trotzdem. So machte ich einen neuen Termin mit einer Ärztin in Zürich. Nach der Untersuchung verschrieb sie mir ein paar Kräutervaginalzäpfchen gegen den Juckreiz. Alle anderen Befunde waren normal, die Gebärmutter war nicht zu groß, nicht falsch gelagert und es waren auch auf dem Ultraschallbild keine Schatten zu sehen.

Im Nachhinein bin ich sehr dankbar für diese unerfreuliche Erfahrung. Ebenso wie die vielen Geschichten von anderen Frauen, die mir täglich zu Ohren kommen, motiviert sie mich, meinen Körper noch besser kennen zu lernen, noch mehr Sensibilität zu entwickeln, meine Wahrnehmung zu vertiefen und mich auf meine eigenen Gefühle zu verlassen.

Ich möchte allerdings keineswegs den Eindruck vermitteln, dass ich gegen Gebärmutteroperationen bin. Wenn eine Krankheit weit fortgeschritten ist, stellt ein operativer Eingriff oft die einzige Lösung dar. Frauen können sich mit dem Anspruch der Selbstheilung überfordern, was eine enorme Stresssituation bedeutet und das Gegenteil bewirken kann.

Frauen ohne Gebärmutter

Frauen, denen die Gebärmutter entfernt wurde, möchte ich besonders ans Herz legen, sich vermehrt um das Wohl ihrer Gebärmutter zu kümmern, auch wenn sie körperlich nicht mehr da ist. Energetisch ist sie ebenso wie die alten Energiemuster und Krankheitsursachen noch vorhanden und muss erst noch geheilt und verabschiedet werden. Zusätzlich ist es ratsam, regelmäßig die Übung mit dem Energy-Ei zu machen. Sie beugt Organsenkungen vor, die nach der Gebärmutterentfernung durch den frei gewordenen Platz entstehen.

Gebärmutterübungen

Bevor Sie mit den folgenden Übungen beginnen, sollten Sie in der Lage sein, z. B. mit Hilfe des inneren Lächelns ein positives Gefühl in Ihrem Körper zu erzeugen, d. h. sich mit Ihren Gefühlen oder Ihrer Sinnlichkeit zu verbinden und Ihren Körper in eine positive Schwingung zu versetzen.

Wichtiger Hinweis
Wenn es Ihnen während einer Übung plötzlich zu viel wird, erinnern Sie sich an das innere Lächeln und füllen Sie vom Herzen aus nicht nur die Gebärmutter, sondern Ihren ganzen Körper damit auf, bis Sie sich wieder wohl fühlen. Lassen Sie immer nur so lange unangenehme alte Gefühle, Bilder oder Situationen zu, wie Sie dabei von einer positiven Kraft begleitet werden.

Bei Beschwerden oder Krankheit können gezielte Übungen eine Unterstützung sein. Sie sind aber kein Ersatz für eine gründliche Behandlung. Während der Menstruation beschränken Sie sich auf das innere Lächeln.

In den Palast eintreten   *Zum Ausprobieren*

Denken Sie so oft wie möglich an Ihre Gebärmutter und beziehen Sie sie in Ihren Alltag ein. So entwickeln Sie allmählich ein Gebärmutterbewusstsein.

Den Palast befreien   *Zum Ausprobieren*

Dies ist eine Übung zur Reinigung.

- Nehmen Sie die Position der Reiterin ein. Schließen Sie die Augen und verbinden Sie sich mit Ihrer Gebärmutter, bis in ihr ein Gefühl entsteht.
- Heben Sie die Hände über den Kopf, die Handflächen zum Himmel gerichtet, und laden Sie Ihre Hände mit dem himmlischen Licht auf.

Den Palast befreien

- Drehen Sie die Handflächen in Richtung Kopf und lassen Sie mit der Einatmung die Lichtenergie von den Händen – wie aus einer Dusche – durch Ihren Körper in die Gebärmutter fließen.
- Mit der Ausatmung leiten Sie alles Dunkle und Belastende durch Beine und Füße in die Erde ab.
- Zum Abschluss machen Sie die Zentrierungsübung oder den kleinen Energiekreislauf.

Den Palast beleben   *Zum Vertiefen*

Nachdem Sie Ihre Gebärmutter gereinigt haben, können Sie sie beleben. Dies ist eine wunderbare Meditation, die Sie bei Kerzenlicht in einem Frauenkreis machen können. Aber auch allein kann sie wunderbar sein.

- Setzen Sie sich aufrecht hin und richten Sie Ihre Aufmerksamkeit zuerst ins Herz, um in Kontakt mit Ihrer Herzenergie zu kommen.
- Sobald Sie diese fühlen, lassen Sie sie mit der Ausatmung in die Gebärmutter fließen.
- Ist die Gebärmutter mit dieser liebevollen Energie gefüllt, beleben Sie sie mit der Schwingung des Summtons.

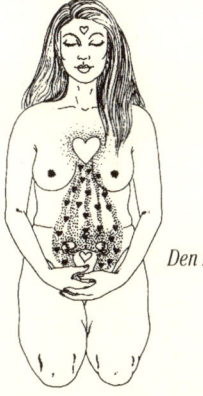

Den Palast beleben

Nehmen Sie sich zum Abschluss genügend Zeit, um Ihre Gebärmutter nochmals gründlich zu reinigen und zu leeren.

> **Wichtiger Hinweis**
> Solange Ihre Gebärmutter stark belastet und verletzt ist, können Sie auch in Ihre Mitte summen und diese stärken.

Pulsation   *Zum Ausprobieren*

Diese Übung eignet sich für den frühen Morgen.

- Legen Sie sich entspannt hin, schließen Sie die Augen, atmen Sie ruhig und füllen Sie die Gebärmutter mit dem inneren Lächeln auf.
- Atmen Sie immer ruhiger, leiser und tiefer, bis Sie Ihre Gebärmutter wahrnehmen.
- Atmen Sie so tief in sich hinein, bis Sie den Pulsschlag in der Gebärmutter fühlen und hören.
- Beobachten Sie, wie sich durch den Pulsschlag Ihre Gebärmutter ausdehnt und wieder zusammenzieht. Sie beginnt aus der Tiefe zu atmen und wird mit jedem Pulsschlag und jedem Atemzug etwas lebendiger.

Den Palast schützen

Zum Schutz der Gebärmutter achten Sie immer darauf, dass die Tore verschlossen sind. Im Tao sprechen wir von zwei Toren: Mit dem äußeren Tor ist die Vagina gemeint, mit dem inneren Tor der Muttermund. Mindestens eines der beiden Tore sollte immer verschlossen sein. In schwierigen Situationen hilft es, das Energy-Ei als Hilfsmittel einzusetzen, um sich besser zu schützen und abzugrenzen. Wenn Sie das Energy-Ei über längere Zeit im Scheidenkanal lassen, sollte es zwischendurch immer wieder bewegt werden, damit die Gebärmutter genügend Sauerstoff bekommt.

17   Hormone und Drüsen

Das Wort Hormon kommt aus dem Griechischen und bedeutet so viel wie »erregen« oder »in Bewegung setzen«. Hormone sind körpereigene chemische Wirkstoffe, die zusammen mit dem Nervensystem die Vorgänge des Stoffwechsels, der Entwicklung und der Fortpflanzung steuern. Die Hormone beeinflussen die Intensität unseres Liebeslebens und unserer Gefühlswelt. Von ihrer Konzentration im Blut hängen unser Verhalten, Empfinden und sogar die Geschlechtsmerkmale ab.

Viele Frauenbeschwerden werden heute mit künstlich hergestellten Hormonen behandelt, obwohl die langfristigen Folgen für den weiblichen Körper noch nicht bekannt sind. Die Zusammenhänge und das Zusammenwirken dieses komplexen Systems geben der Wissenschaft nach wie vor viele Rätsel auf. Deshalb ist auch dieses Kapitel unvollständig und wahrscheinlich bleiben einige Ihrer Fragen unbeantwortet. Mein Anliegen ist vor allem, Sie für dieses spannende Thema zu sensibilisieren.

Die Hormone werden hauptsächlich in den endokrinen Drüsen gebildet. Überwiegend kontrolliert das Großhirn das hormonelle System. Die zweithöchste Instanz ist das Zwischenhirn, der Hypothalamus. Schließlich gibt es noch die Hypophyse, die alle inneren Drüsen im Körper koordiniert und mit Impulsen und Hormonen versorgt.

Die Liebeshormone

Unter den Hormonen sind – neben weiteren Liebesboten – die wichtigsten sicherlich das Östrogen und das Testosteron, das Yin und das Yang der Hormone.

Östrogen, das Yin der Hormone: Östrogen ist die Königin der weiblichen Geschlechtshormone und die Quelle der Yin-Qualitäten. Es wird hauptsächlich in den Eierstöcken gebildet. Auch das Gehirn und die Fettzellen produzieren und speichern Östrogen.

Testosteron, das Yang der Hormone: Das Hormon Testosteron ist für die männlichen Geschlechtsmerkmale zuständig. Auch wir Frauen benötigen Testosteron, etwa ein Zehntel der Menge, die der männliche Körper produziert. Bei Frauen wird es in Eierstöcken und Nebennieren produziert, bei Männern in Hoden und Nebennieren.

Oxytozin: Oxytozin wird im Hypothalamus produziert und in der Hypophyse gespeichert. Es entfaltet seine Wirkung erst in Anwesenheit von Östrogen und kann vor allem im östrogenreichen weiblichen Körper betörende Glückszustände auslösen.

Pheromone: Pheromone heißen die sexuellen Duftstoffe, die keine Hormone, sondern chemische Substanzen sind, mit denen ein Lebewesen bei einem anderen über den Geruchsinn eine bestimmte Reaktion auslöst. Es ist unglaublich, wie diese kleinen Moleküle unser Verhalten bestimmen, ohne dass wir etwas davon merken. Die Pheromone werden teilweise über die Haut verströmt und sind in größeren Mengen in Körpersekreten wie Schweiß, Urin, Menstruationsblut, Speichel und Vaginalsekret vorhanden. Da die sexuellen Duftstoffe über den Riechnerv direkt das sexuelle Zentrum im Gehirn stimulieren, wirken sie ganz direkt. Die Parfümindustrie nutzt mittlerweile die betörende Wirkung dieser Duftstoffe: Erst kürzlich wurde ein Parfüm auf den Markt gebracht, das künstliche Pheromone enthält.

Die Anwendung der Pheromone treibt die abenteuerlichsten Blüten. So gibt es mittlerweile einen Markt für getragene Damenunterwäsche, der sich zunächst in Japan entwickelt und mittlerweile auch bei uns ausgebreitet hat. Per Versandkatalog können Männer sich für teures Geld von Frauen getragene Slips bestellen. Kürzlich wurde ich als Sexologin nach den Gründen für dieses Phänomen befragt. Ich meine, man braucht gar nicht weit zu suchen. Die Beobachtung von Hunden, die auf Spaziergängen ununterbrochen und geradezu ekstatisch den Gerüchen anderer Hunde nachspüren, ist auf nichts anderes als die Wirkung der Pheromone zurückzuführen und mit der Begeisterung für getragene Wäsche des anderen Geschlechts sicher zu vergleichen.

Was verursacht eigentlich die Anziehungskraft zwischen Menschen? Geht es nun um Hormone, Lust, Liebe oder gar den Seelenpartner? Dieses Mysterium bleibt ungeklärt und wird uns noch weiter begleiten. Die Liebeshormone habe ich jedenfalls nicht aufgeführt, um Sie zu verwirren, sondern um Ihnen deren mächtige Rolle in unserem Leben zu verdeutlichen.

Die geheimen Kräfte der Drüsen

Mein Interesse gilt an dieser Stelle weniger dem gesundheitlichen Aspekt der Drüsen als vielmehr den tiefen Erfahrungen, die wir mit ihnen zu machen in der Lage sind. Wenn Sie einen direkten und persönlichen Kontakt zu den Drüsen herstellen, können Sie nämlich auf sie und damit Ihre Hormonproduktion einwirken.

In okkulten Kreisen hat man sich immer wieder mit dem Geheimnis der Drüsen beschäftigt. Das indische Chakrasystem hängt damit zusammen. Die Rosenkreuzer hier im Westen haben große Weisheiten durch die endokrinen Drüsen erfahren und auch den Taoisten blieben deren geheime Kräfte nicht unbekannt. Jeder Drüse werden unabhängig von der Hormonproduktion noch eigene mystische oder gar spirituelle Fähigkeiten zugeschrieben. Die Drüsen können das Tor zu einer anderen Realität sein.

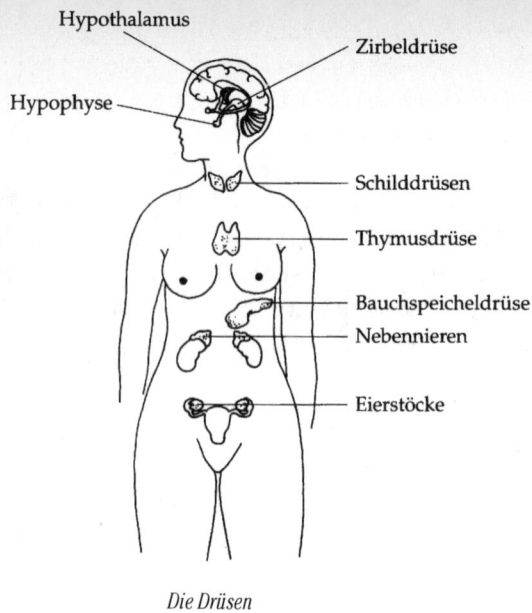

Die Drüsen

Die sieben endokrinen Drüsen

1. Zirbeldrüse: Mutter der Spiritualität

Durch die Zirbeldrüse kann sich die Spiritualität entfalten. Sie befähigt uns, unser Leben in den Dienst einer höheren spirituellen Ausrichtung zu stellen. Ist sie gut ausgebildet und haben wir einen guten Kontakt zu ihr, übernimmt sie die Führung und leitet uns zum universellen Licht.

2. Hypophyse: Mutter der Intelligenz

Dank der Hypophyse entfalten wir Intelligenz und Unabhängigkeit. Sie öffnet uns das Tor zur Weisheit und bringt uns in Kontakt mit dem Erinnerungsvermögen. Wenn wir uns durch die Hypophyse lenken lassen, führt sie uns zur Einweihung und zeigt uns den spirituellen Weg.

3. Schilddrüse: Mutter des Wachstums

Die Schilddrüse fordert uns auf, uns immer wieder in Frage zu stellen und uns stetig weiterzuentwicklen. Die Schilddrüse öffnet uns das Tor zu Intellekt und Vernunft.

4. Thymusdrüse: Mutter des Herzens

Die Thymusdrüse wird auch die Verjüngungsdrüse genannt. Lassen wir uns von ihr lenken, führt sie uns zur höchsten Form menschlicher Liebe. Sie verleiht uns künstlerische Fähigkeiten und öffnet uns das Tor zu Schönheit und Harmonie.

5. Bauchspeicheldrüse: Mutter der Transformation

Sie verarbeitet und integriert die Nahrung auf allen Ebenen. Wenn wir uns von ihr leiten lassen, führt sie uns aus dem Bereich von Kontrolle und Macht durch das Ego und hin zu mitfühlender Hingabe.

6. Nebennierendrüsen: Mutter des Wassers

Die Adrenalindrüsen nähren die Nierenfunktion, das Knochenmark und die Wirbelsäule.

7. Sexualdrüsen: Mutter der Essenz

Sie nähren die Eierstöcke, die Gebärmutter, die Vagina und die Brüste.

Drüsenübungen

Wichtige Hinweise

■ Da schon winzige Mengen eines bestimmten Hormons enorme Auswirkungen auf die Befindlichkeit und das Verhalten des Menschen haben können, soll die Arbeit mit den Drüsen sehr liebevoll und sanft und mit dem nötigen Respekt angegangen werden. Angesichts der Komplexität der Hormonproduktion ist eine gezielte Hormonbeeinflussung kaum möglich. Wenn Sie zum Beispiel unter einer bestimmten Drüsenkrankheit leiden, sollten Sie nicht nur eine Drüse bearbeiten, da alle Drüsen zusammenwirken und eine einzelne leicht überreagieren könnte, wenn sie isoliert stimuliert wird.

- Die in diesem Kapitel beschriebenen Übungen sollten nicht während der Menstruation oder Schwangerschaft durchgeführt werden.

- Fangen Sie erst mit den Drüsenübungen an, wenn Sie die inneren Organe gut spüren und die Zentrierungsübung beherrschen. Das Energy-Ei kann die Wirkung der Übungen noch unterstützen.

Das Geheimnis der Drüsen entdecken

Mit Hilfe der folgenden Übungen werden Sie nun die sieben endokrinen Drüsen kennen lernen und Gelegenheit haben, eine Verbindung zu ihnen herzustellen.

Falls Sie am Anfang unsicher hinsichtlich der genauen Position einer bestimmten Drüse sind, entspannen Sie sich einfach. Die Drüse wird Ihnen den Weg weisen und Sie zu sich holen. Sie brauchen sich ihr nur hinzugeben und sich von ihr führen zu lassen.

Drüsen kennen lernen   *Zum Ausprobieren*

- Setzen Sie sich aufrecht und entspannt hin und schließen Sie die Augen.

- Beginnen Sie mit den Eierstöcken: Lassen Sie Ihre ganze Aufmerksamkeit in die Eierstöcke fließen und lächeln Sie direkt in sie hinein.

- Legen Sie die Hände auf die Eierstöcke und atmen Sie ruhig und natürlich, um auf diese Weise mit den Eierstöcken in Kontakt zu kommen.

- Nun verbinden Sie sich nacheinander mit den Nebennieren, der Bauchspeicheldrüse, der Thymusdrüse, der Schilddrüse, der Hypophyse und der Zirbeldrüse.

- Nachdem Sie alle Drüsen kennen gelernt haben, schließen Sie mit der Zentrierungsübung ab.

Wenn Sie die verschiedenen Drüsen wahrnehmen können, gehen Sie zur nächsten Übung über.

Drüsen vernetzen *Zum Vertiefen*

- Setzen Sie sich aufrecht auf einen Stuhl und schließen Sie die Augen.
- Lenken Sie Ihre Atmung, Ihre ganze Aufmerksamkeit und ein liebevolles Lächeln in beide Eierstöcke.
- Legen Sie Ihre Fingerspitzen an die Stelle, wo sich die Eierstöcke befinden, und massieren Sie diese Stelle sanft, bis Sie die Eierstöcke wahrnehmen.
- Saugen Sie mit der Einatmung die Kraft aus den Eierstöcken und lenken Sie sie in die Nebennieren.
- Richten Sie Ihre Atmung, Ihre ganze Aufmerksamkeit und ein sanftes Lächeln in die Nebennieren.
- Legen Sie beide Hände auf die Nebennieren und massieren Sie diese, bis Sie sie gut wahrnehmen.
- Saugen Sie nun mit der nächsten Einatmung die Energie aus den Nebennieren und lenken Sie sie in die Bauchspeicheldrüse.
- Richten Sie Ihre Atmung, Ihre ganze Aufmerksamkeit und ein sanftes Lächeln in die Bauchspeicheldrüse.
- Massieren Sie diese mit der rechten Hand ganz sanft, bis Sie sie gut spüren.
- Saugen Sie nun mit der nächsten Einatmung die Energie aus der Bauchspeicheldrüse und lenken Sie sie hinauf zur Thymusdrüse.
- Richten Sie Ihre Atmung, Ihre ganze Aufmerksamkeit und ein sanftes Lächeln in die Thymusdrüse.
- Falten Sie die Hände wie zum Gebet vor der Thymusdrüse, bis Sie eine innere Verbindung mit ihr herstellen können.
- Saugen Sie mit der nächsten Einatmung die Energie aus der Thymusdrüse und lenken Sie sie hinauf zur Schilddrüse.

- Lächeln Sie in die Schilddrüse hinein und berühren Sie sie sanft mit Ihrer rechten Hand, bis Sie sie wahrnehmen können.
- Saugen Sie mit der nächsten Einatmung die Energie aus der Schilddrüse und lenken Sie sie hinauf zur Hypophyse.
- Lächeln Sie in die Hypophyse und massieren Sie mit dem rechten Mittelfinger so lange sanft Ihr Drittes Auge, bis Sie die Hypophyse spüren.
- Saugen Sie die Energie aus der Hypophyse hoch zur Zirbeldrüse und lassen Sie Ihre Energie und Aufmerksamkeit so lange in der Zirbeldrüse kreisen, bis Sie etwas spüren. Sie können die Hand zu Hilfe nehmen, indem Sie sie ungefähr vier Zentimeter oberhalb des Scheitelpunktes leicht kreisen lassen. (Dies ist nicht jedem angenehm; probieren Sie selbst, wie es Ihnen am besten gelingt.)
- Zum Abschluss lassen Sie alle freigesetzten Energien in die Mitte fließen, fangen sie dort auf und verdichten sie zu einem Energieball. Legen Sie sich nun mindestens eine halbe Stunde ruhig hin, um die Übung tief einwirken zu lassen. Machen Sie die Übung nur, wenn Sie auch genügend Zeit für die anschließende Ruhephase haben.

Die Sexualdrüsen, der Schlüssel zu mehr Lebenskraft

In den Ovarien, den weiblichen Geschlechtsdrüsen, bildet sich das Ei. Die Eizellen werden durch das Zusammenspiel der Sexualhormone zur Reife gebracht. Für die Taoisten gelten sie als ein kostbares Konzentrat an Lebenskraft und jedes Ei, das den Körper unbefruchtet wieder verlässt, wird als Energieverschwendung betrachtet. Deshalb wurden wirksame Methoden entwickelt, um das Ei im Körper zu behalten und ihn damit zu nähren und zu stärken. Bei der Ovaratmung handelt es sich um eine solche Methode.

Die Ovaratmung

Die Ovaratmung hat folgende Wirkungen: Wir können mit ihr bewusst die Hormonproduktion anregen und so dem Ei die Energie und materielle Essenz entziehen, die es für sein Wachstum benötigt. Wenn Sie lernen, die Ovarenergie durch den kleinen Kreislauf zu lenken, können Sie Ihren Körper, die Organe und Drüsen beleben und stärken.

Das klingt vielleicht unglaublich; jedenfalls war es für mich anfangs so. Um diese Behauptung zu testen, habe ich an einer Fruchtbarkeitsstudie teilgenommen, bei der ich während zweier Zyklen alle paar Tage untersucht wurde: Mir wurde regelmäßig Blut zur Hormonbestimmung entnommen und der Vorgang der Eibildung mit dem Ultraschall verfolgt. Bei diesem interessanten Projekt konnte ich den Eireifungsprozess visuell mitverfolgen. Ein paar Tage vor dem Eisprung war das Ei in seiner Schutzhülle deutlich sichtbar und ich war von seiner Größe beeindruckt. Bis dahin hatte ich eigentlich nie eine besondere Beziehung zu meinen Eierstöcken oder Eizellen gehabt, was sich an diesem Tag änderte. Nun wollte ich herausfinden, ob die Ovaratmung tatsächlich etwas bewirkt. Gleich nach der Untersuchung begann ich mit intensiver Ovaratmung, die ich in den nächsten Tagen ständig wiederholte. Einen Tag nach dem erwarteten Eisprung war ich wieder beim Ultraschall. Die Ärztin war verwirrt: Das Ei war in der Zwischenzeit nicht gewachsen, sondern kleiner geworden, und es hatte auch kein Eisprung stattgefunden.

Im nächsten Monat wiederholte ich die Untersuchungen, diesmal ohne Manipulationen meinerseits. Nun verliefen Eiwachstum und Eisprung plangemäß. Wie liebe ich solche Experimente!

Die Ovarkraft
Bei der Ovarkraft handelt es sich um ein sehr starkes Energiekonzentrat, das in seiner Konsistenz dicht und träge ist. Deshalb ist es auch notwendig, die Ovarkraft mit Hilfe des kleinen Energiekreislaufes zu ver-

feinern. Die Ovarkraft ist nicht nur nährend, sondern auch stark yang-geprägt und kann unter Umständen Hitze im Körper verursachen. Sie soll nicht direkt in die Organe gelenkt werden; diese könnten überhitzen, was beispielsweise Allergien oder ein emotionales Ungleichgewicht nach sich ziehen könnte.

> **Wichtiger Hinweis**
> Frauen, die zu Nervosität neigen, sollten die folgende Übung nur machen, wenn Sie in der Lage sind, die Energien zu verfeinern und zu integrieren.

Ovaratmung *Zum Ausprobieren*

- Setzen Sie sich aufrecht und bequem hin oder nehmen Sie die Position der Reiterin ein.
- Beginnen Sie die Ovaratmung mit der Brustmassage und dem inneren Lächeln, bis die Brüste prall sind.
- Dann lassen Sie die in ihnen enthaltene Energie und das Blut überquellen und in die Eierstöcke fließen.
- Schließen Sie die Augen und legen Sie die Hände auf die Eierstöcke.
- Atmen Sie ruhig und tief und verbinden Sie sich durch die Atmung mit Ihren Eierstöcken, bis Sie diese gut wahrnehmen können.
- Lächeln Sie so lange in die Eierstöcke hinein, bis Sie darin den Puls fühlen können. Zur Unterstützung können Sie die Eierstöcke ganz sanft massieren.
- Mit der Einatmung saugen Sie die Vagina leicht nach innen, damit sich in der Gebärmutter ein Sog bildet, der die Kraft aus den Eierstöcken in die Gebärmutter saugt.
- Sammeln Sie die Ovarkraft in der Gebärmutter, aber lassen Sie sie nicht dort. Sie ist zu heiß und kann die Gebärmutter überhitzen. Lassen Sie zum Abschluss die Ovarkraft in den kleinen Kreislauf fließen, damit das Ching Chi sich verfeinert und so in Lebenskraft umgewandelt wird.

Ovaratmung und Wechseljahre

Die Ovaratmung kann in und nach den Wechseljahren auch die verminderte Östrogenproduktion anregen. Falls Sie zu Hitzewallungen neigen, machen Sie die Ovaratmung nur sanft und langsam und füllen Ihre Eierstöcke immer wieder mit einem inneren Lächeln auf.

Ovaratmung und Schwangerschaft

Sie können durch sanfte Ovaratmung die Eizellen gezielt stärken, falls Sie beabsichtigen, schwanger zu werden. Während der Schwangerschaft ist jedoch von der Ovaratmung abzuraten.

18 Magie der sexuellen Schwingung

Sexualenergie

Was ist denn dieses gewisse Etwas, das an der Sexualenergie so faszieniert und fesselt und uns immer wieder in seinen Bann zieht, uns hypnotisiert? Die magische Kraft, die mit uns flirtet, mit uns spielt und uns immer wieder hoffen lässt, der ewigen Glückseligkeit einen Schritt näher zu kommen? Was ist nur dieses gewisse Etwas, das tiefe Sehnsucht auslösen kann, den Hunger nach etwas Größerem, nach mehr? Wer bist du, Mutter aller Möglichkeiten, die in uns schlummert? Seit Jahrtausenden ist man dem Mysterium der Sexualität auf der Spur. Und doch wird es keinem Wissenschaftler, Philosophen, Psychotherapeuten oder Sexologen je gelingen, dieses Phänomen mit Worten einzufangen, denn es will weder verstanden noch erklärt, sondern erlebt werden.

Dass orgastische Erfahrungen und sexuelle Ekstase Tore zu höheren Bewusstseinsebenen seien, ist seit Jahrtausenden für Ost und West eine faszinierende Vorstellung. Immer wieder wurden Methoden entwickelt, um diese kostbaren Momente einzufangen oder zu verlängern.

Der berühmt-berüchtigte Analytiker und Sexualforscher Wilhelm Reich nannte dieses Phänomen die »orgastische Potenz« und entwickelte energetische Übungen, die den Körper von muskulären und charakterlichen Panzerungen befreien. Ihm zufolge wird es den Menschen dadurch möglich, ihre zusammen mit der Sexualität unterdrückte Genialität freizusetzen.

Das Ignorieren der sexuellen Potenz vermindert nicht nur die Lebensenergie und Gesundheit, sondern es beeinträchtigt auch die menschliche Intelligenz und die Lebensqualität.

Eine Energie – viele Gesichter

Im Grunde genommen gibt es nur eine Energie. Sie kann unterschiedliche Gesichter haben, was jeweils davon abhängt, durch welche Energiezentren, Emotionen und Gedanken sie fließt. In den Sexualzentren bezeichnen wir sie als sexuelle Energie, doch wenn dieselbe Energie durch das Herzzentrum fließt, nennen wir sie Liebe. Bei vielen Menschen sind die Sexualzentren blockiert, so dass die Energie unverfeinert stecken bleibt. Daher können sie sich keinem anderen Thema zuwenden und sind von der Sexualität, von sexuellen Phantasien und Träumen besessen.

Blockierte sexuelle Energie verhindert, dass man das Potenzial der Sexualität wie auch das der eigenen Persönlichkeit erfährt. Das Potenzial an Lust, Erregung und orgastischen Zuständen baut auf der Lebensenergie eines Menschen auf.

Frauen und Erregung

Viele Frauen haben Angst vor der Intensität sexueller Erregung. Das habe ich in meinen gemischten Gruppen immer wieder festgestellt. Während Männer zumeist begeistert mit starken Energien, mit Erregung, Ekstase und Sexualität arbeiten, fühlen sich Frauen dadurch schnell überfordert. Häufig schalten sie sich aus dem Prozess aus, indem sie entweder sehr emotional reagieren oder in den Verstand flüchten.

Da mir vor allem wichtig ist, dass auch andere Frauen Zugang zu ihrer Sexualität finden, habe ich mich immer stärker mit diesen Unterschieden befasst und mich auf die Gesetzmäßigkeiten der weiblichen Sexualität konzentriert.

In meinen zahllosen Selbstheilungskursen für Frauen und mit meinen Büchern unterstütze ich seither Frauen darin, sich zuerst ein körperliches und energetisches Fundament zu schaffen. Dies ist die Voraussetzung dafür, dass sie sexuelle Erregung und Energie nicht mehr als Bedrohung erleben. Immer wieder erlebe ich, dass Frauen sich auf sexuelle Intensität und Erregung einlassen und diese auch in vollen Zügen genießen können, sobald sie gelernt haben, sich zu zentrieren, zu erden und auf ihre innere Tiefe einzulassen.

Frauen, die sich mit ihrer Sexualität auseinandersetzen möchten, sollten zunächst darin unterstützt werden, positive sexuelle Erfahrungen zu machen. Die Heilung der weiblichen Sexualität und das Wiederherstellen der Sexualfunktionen wie Erregung, Orgasmus und Ekstase entstehen aus Lust, Liebe und Sinnlichkeit und nicht durch die Wiederholung von Schmerz-, Frust- oder Stresserfahrungen.

Mehr denn je bin ich heute der Überzeugung, dass Frauen Mühe haben, ihr sexuelles Potenzial zu entfalten, solange sie nicht in ihrer weiblichen Energie und in ihrem Körper positiv verwurzelt sind. Deshalb erachte ich die gründliche Selbstheilung der Frau als eine unerlässliche Voraussetzung für die Auseinandersetzung mit der weiblichen Ekstase und ihrer Entwicklung.

Übungen zur Stärkung der sexuellen Energie

Beckenrolle   ***Zum Ausprobieren***

Die Beckenrolle können Sie im Liegen und im Stehen ausführen. Ich stelle Ihnen nur die Version im Liegen vor, im Stehen ist sie aber ebenso wirkungsvoll.

- Legen Sie sich auf eine Unterlage, die weder zu weich noch zu hart sein sollte.
- Winkeln Sie die Beine an und stellen Sie die Füße leicht gespreizt nebeneinander hin, so dass Sie bequem liegen.
- Beim Einatmen rollen Sie Ihr Becken nach hinten, so dass ein leichtes Hohlkreuz entsteht.
- Bei der Ausatmung rollen Sie Ihr Becken nach vorn, bis sich Ihr Gesäß leicht anhebt.
- Führen Sie diese Rollbewegung des Beckens locker und rhythmisch aus, zuerst langsam und gemächlich.

- Allmählich werden Sie schneller, bis das Becken die Bewegung ganz von allein ausführt, ohne Anstrengung und Verkrampfung. Machen Sie diese Übung ohne Unterbrechung zehn bis fünfzehn Minuten lang.
- Bleiben sie zum Abschluss mindestens fünf Minuten ruhig liegen.

Unterleibskompression   *Zum Ausprobieren*

- Nehmen Sie die Position der Reiterin ein und bilden Sie in Ihrem Zentrum den Chi-Ball (siehe Seite 45). Sie können die Hände dabei zu Hilfe nehmen.
- Wenn Sie den Chi-Ball deutlich spüren, rollen Sie ihn mit der nächsten Ausatmung tiefer in Ihren Unterleib.
- Drücken Sie gleichzeitig das Zwerchfell nach unten und saugen Sie Anus, Vagina und Perineum nach oben, so dass in der Bauchhöhle ein Druckgefühl entsteht.
- Halten Sie den Druck, solange es für Sie bequem ist, dann entspannen Sie Ihren Bauch wieder.

Diese Übung sollte nicht übertrieben werden, und falls Hitze entsteht, gleichen Sie diese anschließend mit Hilfe der Zentrierungsübung oder des kleinen Energiekreislaufs wieder aus.

Blasebalgatmung   *Zum Ausprobieren*

- Stellen Sie sich in den Reiterstand und zentrieren Sie sich.
- Atmen Sie nun heftig durch die Nase und pressen Sie die Luft wie mit einem Blasebalg in den Bauch hinein und wieder hinaus, aber nicht öfter als 20 Mal hintereinander.

Auch die Kundalinimeditation, die ich bereits auf Seite 66 vorgestellt habe, möchte ich Ihnen an dieser Stelle nochmals empfehlen. Bei Frauen ist diese Schüttel- und Tanzmeditation nicht nur sehr wirksam, sondern auch beliebt.

Sexuelle Reaktionen

Die sexuellen Reaktionen des Menschen können (nach Kaplan) in drei verschiedene Phasen unterteilt werden, die miteinander verbunden sind und ineinander übergehen: die Phase der Lust, der Erregung und des Orgasmus.

Lust

Unter Lust, Libido, Begierde oder auch Sexualtrieb wird das sexuelle Verlangen verstanden. Das kann bei yang-betonten Frauen die Lust auf Erregung, auf Masturbation oder die Lust auf einen Orgasmus sein. Bei yin-betonten Frauen kann die Lust mehr »empfänglich« sein, wie etwa die Lust auf Penetration und Geschlechtsverkehr. Verschiedene Faktoren sind an der Entstehung der weiblichen Lust beteiligt:

- Persönliche Einstellungen: Ob frau sich die Empfindung sexueller Lust erlaubt, ist geprägt durch Erziehung, Kultur und persönliche Erfahrungen.
- Die Fähigkeit, Sinnlichkeit zuzulassen
- Körperliche und energetische Verfassung von Organen, Drüsen und Sexualzentren
- Emotionaler Zustand
- Persönliche Lebensumstände
- Beziehung und Partner

Der lustvolle, sinnliche Umgang mit sich selbst und Ihren Mitmenschen ist eine wichtige Voraussetzung, damit Lust in Ihrem Leben entstehen und gedeihen kann. Humor, Lachen und Fröhlichkeit sind die besten Zutaten zu einem lustvolleren Leben. Zu diesem Zweck wurde die Lachübung entwickelt, die am besten wirkt, wenn sie morgens vor dem Aufstehen durchgeführt wird.

- Bevor Sie am Morgen die Augen öffnen, dehnen und strecken Sie Ihren Körper wie eine Katze, bis sich Ihre Lebensgeister regen.
- Fangen Sie nun an laut zu lachen. Am Anfang ist das für die meisten sehr ungewohnt und klappt erst mal nicht. Das spielt keine Rolle. Tun Sie einfach so, als ob Sie laut lachen: ha ha ha ha... bis es mit der Zeit ganz natürlich geschieht und das Lachen immer herzhafter, mehr aus dem Bauch heraus kommt.

Noch hilfreicher ist es, die Übung zu zweit oder in einer Gruppe zu machen. Wenn Sie mindestens 21 Tage lang jeweils zehn Minuten morgens gelacht haben, sollte sich das in Ihrem Alltag bemerkbar machen.

Lustlos

Ein lustloser, langweiliger Alltag und monotone Gewohnheitsbeziehungen töten zuverlässig jede Lust. Bei sexueller Unlust gilt es zu unterscheiden, ob frau vorübergehend keine Lust empfindet ober ob sie noch nie im Leben sexuelle Lust empfunden hat.

Im letzteren Fall erfordert die Entwicklung zum Lustempfinden natürlich sehr viel mehr Zeit und Geduld. Unlust kann aus Aversion oder sogar einem Ekelgefühl entstehen.

In diesem Fall befasst frau sich am besten zunächst mit ihrer Selbstheilung, vertieft den Kontakt zu sich und lernt mit Hilfe des inneren Lächelns und der Organ- und Drüsenübungen im Körper ein Wohlgefühl zu erzeugen.

Die häufigsten Ursachen für Lustlosigkeit sind:

- ungeklärte Emotionen und unverdaute Erlebnisse
- negative sexuelle Erfahrungen
- Beziehungsprobleme
- langjährige monogame Beziehungen, die keine Vertiefung erfahren haben
- ungesunde, energielose Ernährung
- Alkohol und Drogen

- Medikamente
- Emotionen, Stress, Zeitmangel
- Entbindungen und Stillphasen

Erregung

Die sexuelle Erregung dient nicht nur dem Genuss, sondern ist für die Gesunderhaltung des Körpers von großer Bedeutung. Im Erregungszustand werden sinnliche Empfindungen und Gefühle intensiviert. Die Drüsen und Organe werden belebt und besser durchblutet, vor allem die Sexualorgane. Bei der Frau schwellen die großen und kleinen Schamlippen an, die Scheide erweitert sich und wird feucht und die Brüste können anschwellen. Die sexuelle Erregung wird durch die verschiedenen Sexualzentren gesteuert, mit denen Sie schon vertraut sind.

Gesundheit, Wärme, gute Durchblutung sowie ein harmonischer Energiefluss im Körper fördern die Erregung. Jeder Körper reagiert anders, hat seine eigenen Bedürfnisse und Vorlieben. Finden Sie heraus, was Sie am meisten erregt und belebt.

Was »turnt« Sie an?
Die sexuelle Energie wird von den meisten Menschen nur im erregten Zustand wahrgenommen, der lediglich eine Reaktion auf einen äußeren Impuls – einen Menschen, ein Bild, eine Erinnerung, ein Wort usw. – ist.

Fürs Tagebuch
Überlegen Sie sich, wie Sie am besten in Kontakt mit Ihrer Sexualenergie kommen.
- Welche Impulse helfen Ihnen dabei?
- Was erregt Sie?
- Erinnern Sie sich an die erregendste Situation in Ihrem Leben. Versuchen Sie das Gefühl, das Sie hatten, wiederzuerwecken. Was er-

regte Sie an der Situation am meisten? Schreiben Sie anschließend den Ablauf des Ereignisses so detailliert wie möglich auf.

Erogene Zonen

Als erogene Zonen gelten die Klitoris, der G-Punkt, die Brüste, der Mund, die Ohren und die Haut. Nehmen Sie sich immer wieder viel Zeit, um die erogenen Stellen Ihres Körpers zu erforschen. Tun Sie es am Anfang allein, streicheln und massieren Sie sich und finden Sie heraus, welche Körperteile am empfindsamsten sind. Mit der Zeit können Sie gemeinsam mit Ihrem Partner empfindsame Stellen erforschen. Die weiblichen erogenen Zonen sind selten auf die genannten Bereiche beschränkt.

Für manche Frauen sind erotische und zärtliche Berührungen unangenehm oder sogar schmerzhaft. Möglicherweise sind ihre körperlichen Yin-Anteile – Blut, Säfte und Substanz – geschwächt oder die Leber ist unausgeglichen. Vielleicht aber mögen sie Berührungen schlichtweg nicht.

Sinnliche Punkte   *Zum Ausprobieren*

Ich empfehle Ihnen, die Wirkung der sinnlichen und heilenden Punkte zu erforschen, die Sie im Anhang des Buches finden.

Sinnliche Erregung

Finden Sie heraus, worauf Ihre Sinne am meisten reagieren. Seien Sie erfinderisch: Sie können natürliche Öle, Düfte, Stoffe, Reizwäsche, Musik, Töne, Nahrungsmittel, Wasser, Erde, Ihr Menstruationsblut, Speichel usw. verwenden. Erforschen Sie zunächst Ihre sinnlichen Regungen allein. Falls Sie dazu Lust haben, können Sie mit Ihrem Partner weiterforschen.

Ekstase

Erregung ist das Fundament der Ekstase. Sich dem Energiefluss und der sexuellen Ekstase hinzugeben bedeutet, die Kontrolle aufzugeben. Da wir in der Regel einen jahrelangen Lernprozess der Selbstkontrolle hinter uns haben, konnten sich die wilden, animalischen und ekstatischen Seiten in uns nie entfalten. Es ist also wenig erstaunlich, wenn sexuelle Ekstase und Hingabe spontan nicht möglich sind.

Wildes, unkontrolliertes Tanzen, möglichst nackt, ist ein wirkungsvolles Mittel, Hingabe und Ekstase zu üben. Die Hingabe an Körper, Energie und Musik wirkt sich positiv auf die Sexualität aus.

Erregung und Tao

Im Tao wird die Erregung auch als Belebung des Körpers betrachtet. Bestimmte Sexualpraktiken lehren, die Erregungsenergie in Organe und Drüsen und in den kleinen Energiekreislauf zu leiten. Das wirkt sich positiv auf die Gesundheit aus und intensiviert die sexuellen und sinnlichen Gefühle.

Yin und Yang der Erregung

Erregung ist nicht gleich Erregung. Sie kann aus dem Yin oder aus dem Yang herauswachsen. Die Yin-Erregung kommt aus der Ruhe, der Tiefe und der Entspannung. Sie ist beständig und wird als genussvoll und nährend erlebt. Eine Yang-Erregung entsteht aus innerer Spannung. Sie ist kurzlebig und erzeugt Hitze und Intensität. Sie wird als spannend und geil erlebt und strebt den Höhepunkt an.

Ursachen von Erregungsproblemen:

- Zu wenig Energie und Wärme im Körper; zu wenig Yin; fehlende körperliche Grundlage für die Erregung
- Zu viel Hitze im Körper; unangenehmes oder schmerzhaftes Erleben der Erregung
- Nervosität; Überreizung des Körpers (regelmäßige Entspannungsübungen)
- Mentale Blockade
- Zu wenig Selbsterfahrung

- Schlechte Ernährung (unregelmäßig, kalorien- bzw. energiearm); kalte und kühlende Nahrungsmittel (siehe Kapitel 9 sowie mein erstes Buch *Das Tao der Frau*)
- Kälte

Selbstliebe

Masturbation, Onanie, Selbstbefriedigung – drei Begriffe für ein Thema, das immer noch für viele Frauen tabu ist. Wer sich mit Sexualität vertieft auseinandersetzen möchte, kommt an diesem Thema nicht vorbei, ohne die entsprechenden Erfahrungen zu machen. Viele Erregungsprobleme existieren nur deshalb, weil frau sich nicht genug erforscht hat und deshalb nicht weiß, was ihr Spaß macht und sie erregt. Inzwischen gibt es in größeren Städten spezielle Sex-Shops für Frauen, zu denen Männer keinen Zutritt haben. Dort gibt es Hilfsmittel zu kaufen, mit denen frau sich körperlich erregen kann. Gehen Sie ungeniert in einen solchen Laden und lassen sich von dem Angebot inspirieren. Vielleicht können ein Vibrator oder chinesische Liebeskugeln Sie unterstützen. Die Verkäuferinnen beraten Sie verständnisvoll und hilfsbereit.

Außerdem können Sie sich mit Hilfe der in diesem Buch aufgeführten Übungen besser kennen lernen. Speziell das regelmäßige Üben mit dem Energy-Ei unterstützt die Entwicklung Ihrer sexuellen Erregung.

Das orgastische Erleben

Der Orgasmus kann der Gipfel sexueller Erregung sein und ist für die meisten Menschen der einzige Moment in ihrem Leben, wo sie authentisch und sie selbst sind. Das Glücksgefühl entsteht durch die Vereinigung der Gegensätze und die Auflösung aller Grenzen. Beim Orgasmus streift uns ein Hauch von Göttlichkeit. Um das Mysterium des Orgasmus zu lüften, wurden unzählige Theorien entwickelt.

Freud und Co.

Viele Orgasmustheorien und -modelle in Ost und West sind aus männlicher Betrachtungs- und Erlebnisweise entstanden. Zu Beginn des 20. Jahrhunderts entwickelte Freud seine Theorie über die weibliche Sexualität, derzufolge die klitorale Sexualität Ausdruck von Männlichkeit und Unreife, die vaginale Sexualität hingegen Ausdruck von Weiblichkeit und Reife sei. Mit dieser Aussage leitete Freud eine Diskussion ein, an der sich bis heute Sexualforscher und Psychotherapeuten rege beteiligen. Nach wie vor verunsichert Freuds Ansatz viele Frauen.

Mein Ziel ist nicht, mich mit diesem Kapitel in die endlose Orgasmus-Diskussion einzuschalten. Das orgastische Erleben der Menschen ist so individuell und vielfältig, dass ich es schade finde, durch Theorien diesen grenzenlosen Zustand einzuschränken.

Wie wichtig ist ein Orgasmus?

Viele Frauen können sehr gut ohne Orgasmus leben und vermissen nichts im Leben. Andere Frauen leiden darunter, dass sie keinen Orgasmus erleben können. Wieder andere brauchen ihn täglich. Anni Sprinkel, eine amerikanische Ex-Prostituierte, propagiert den Mega-Orgasmus, der bis zu fünfzehn Minuten dauert und den sie alle paar Monate brauche. Viele Frauen erleben den Orgasmus bei der Selbstbefriedung, nicht aber mit dem Partner. Der Orgasmus ist vollkommen individuell und wird unterschiedlich erlebt und gewichtet. Offenbar nimmt er bei Männern einen höheren Stellenwert ein als bei Frauen. Jedenfalls investieren Männer in der Regel mehr als Frauen, um einen tollen Orgasmus zu erleben.

Klitoral, vaginal oder überall?

Ist er nun klitoral, vaginal über überall? Diese Frage taucht immer wieder in meinen Kursen und in meiner Praxis auf. Frauen sind verunsichert angesichts unzähliger Publikationen und Theorien. Zur allgemeinen Verwirrung könnte ich noch hinzufügen: »Frauen, vergesst klitoral oder vaginal. Der echte weibliche Orgasmus ist uteral!« Aber solche Behauptungen helfen Frauen nicht dabei, ihren eigenen Orgasmus besser kennen zu lernen, im Gegenteil. Also vergessen Sie am besten alles, was Sie in der Orgasmusdebatte je gehört und gelesen haben.

Der leistungsorientierte Orgasmus, das behaupte ich mal ganz frech, ist auf dem Mist der Männer gewachsen und hat gar nichts mit dem weiblichen Orgasmus und der weiblichen Liebesfähigkeit zu tun. Leistungsorientierte Sexualität ist für mich Ausdruck dafür, dass die betreffenden Menschen noch keinen Kontakt zu ihrer inneren Liebeskraft erfahren haben. Ihnen ist der Zugang zu den nährenden und heilenden Yin-Qualitäten, dem Hauptgewürz der sexuellen Wonne- und Glückszustände, bisher verschlossen. Und solange sich daran nichts ändert, gilt bei diesen gefühlsmäßig verarmten Menschen: noch besser, länger und geiler!

Lassen Sie sich durch nichts und niemanden in Ihren persönlichen Empfindungen und Gefühlen beeinflussen; die Sexualität in Schablonen zu stecken bedeutet nichts anderes als unsinnige Begrenzung.

Implosion und Explosion

Natürlich kann ich an dieser Stelle nicht umhin, noch auf die Yin- und Yang-Qualitäten des Orgasmus einzugehen. Dabei sind Sie mittlerweile bereits so stark dafür sensibilisiert, dass Sie dieses Kapitel selbst schreiben könnten.

Üblicherweise gipfelt die sexuelle Spannung in einer Explosion, worauf Erleichterung und Entspannung folgen. Das Bestreben der taoistischen und auch der tantrischen Liebeskünste ist hingegen, die Orgasmusenergie nach innen zu lenken. Das Tao lehrt die Implosion, die erst durch totales Entspannen und Loslassen entstehen kann. Dieser Yin-Orgasmus wird auch Talorgasmus genannt. Der Yang-Orgasmus ist kurz, heftig, intensiv und endet in einem explosionsartigen Höhepunkt. Der Yin-Orgasmus ist ein anhaltendes, tiefgreifendes Wonnegefühl mit einer nährenden und nachhaltigen Wirkung. Der Yin-Orgasmus entsteht nicht unbedingt infolge Stimulation und äußerer Erregung; die Quelle der weiblichen Sexualität ist an einem ganz anderen Ort zu suchen.

Die Orgasmusfähigkeit der Frau

Weltweit erlebt immer noch ein nur kleiner Prozentsatz der Frauen einen Orgasmus. Wie ist dieses Phänomen zu verstehen? Es kann doch nicht sein, dass so viele Frauen sexuell gestört oder verklemmt sind. Ich bin der Ansicht, dass es Frauen einfach nicht so wichtig ist, einen Orgasmus zu erleben. Wäre es Ihnen wichtig, würden Sie mehr in die Entwicklung Ihrer Orgasmusfähigkeit investieren, doch das tun sie nicht.

Frauen, die im Yin verwurzelt sind, haben Zugang zu einer inneren Erlebnisfülle. Sie sind in der Lage, auch ohne Sexualität Wonne und Glückseligkeit zu erleben, weshalb sie nicht auf das sexuelle Erleben fixiert sind. Für Frauen ist Sinnlichkeit die natürliche Daseinsebene, mit der sie auch ohne Sexualität jederzeit in Kontakt sein können. Deshalb sind sie von der Sexualität selten so besessen wie Männer. Ihnen es ist sehr wohl möglich, Sexualität auch ohne einen Höhepunkt als Erfüllung zu erleben.

Orgasmustraining

Falls Sie noch nie einen Orgasmus erlebt haben, machen Sie sich deswegen keine Sorgen: Wenn er Ihnen wichtig genug ist, werden Sie schließlich auch einen erleben. Aber lassen Sie sich Zeit und lernen Sie Ihren Körper genießen. Sie haben in diesem Buch viele Informationen bekommen und wirkungsvolle Übungen kennen gelernt und ich weiß, dass es auf diese Weise schon vielen anderen Frauen gelungen ist. Auch beim Orgasmustraining ist zunächst das Üben ohne Partner empfehlenswert, damit Sie zuerst Ihre Körperreaktionen kennen lernen.

Erregung und Orgasmus ausdehnen

Immer wieder taucht bei Frauen die Frage auf, ob sie durch einen Orgasmus Energie verlieren. Sicherlich ist der weibliche Orgasmus nicht mit dem Samenerguss beim Mann zu vergleichen, der immer Substanz-verlust bedeutet. Ob eine Frau durch das Liebesspiel Energien gewinnt oder verliert, hängt u. a. stark von ihren Emotionen ab.

Es gibt herrliche taoistische Praktiken, mit denen Erregung oder Or-gasmusgefühl im ganzen Körper verteilt und ausgedehnt werden kön-nen. Sie lassen sich hervorragend mit der Eierübung kombinieren.

Wichtiger Hinweis

Machen Sie diese Übungen nur, wenn sie in Ihnen keinen Stress verur-sachen und Sie das innere Experiment genießen können.

Da die weibliche Sexualenergie meist sehr sensibel reagiert, ist Tech-nik für Frauen oft gar nicht nötig. Wenn sie regelmäßig den kleinen Ener-giekreis praktizieren, bis dieser geöffnet ist und die Energien fließen, wenn Sie sich immer öfter auf Ihr Inneres einlassen, bekommt Ihre Sexualener-gie auf natürliche Weise eine andere Qualität.

Lernen Sie hier einige sanfte Übungen zur Ausdehnung der Orgas-musenergie kennen.

Orgasmus durch den kleinen Kreislauf lenken

Zum Ausprobieren

Erfahrungsgemäß kann man die Orgasmusenergie natürlicher und ein-facher vorne hochfließen lassen, anstatt hinten herum.

Bei Frauen mit einem offenen Herzzentrum kommt es häufig vor, dass die gesamte Sexualenergie ins Herz fließt und Liebesattacken und Wonnegefühle auslöst, aber das bedeutet auch, dass die Sexualenergie versiegt. Durch das Kreisenlassen der Energien können Sie diese wie-der ins Becken zurückbringen. Legen Sie die Zunge an den Gaumen; dadurch schließen sich die beiden Energiekanäle und es entsteht ein ge-schlossener Kreis.

Orgasmus durch die Organe lenken

Zum Ausprobieren

Dies ist eine der anregendsten Gesundheitsübungen überhaupt. Sie eignet sich besonders für den Tagesbeginn. Im Reiterstand ist diese Übung am wirkungsvollsten:

- Machen Sie eine Brustmassage, bis Ihr ganzer Körper lebendig geworden ist.
- Lassen Sie nun die Energien von Herz und Brüsten mit der Ausatmung und mit Hilfe Ihrer Hände in Ihr Becken fließen.
- Massieren Sie Ihren Bauch und Unterleib, bis diese energetisiert sind.
- Massieren Sie nun Ihre Rosenknospe, bis sie sich öffnet.
- Stimulieren Sie auf die von Ihnen bevorzugte Art Ihre Sexualenergie, bis diese sich erregt. Sie können auch einen Massagestab dazu benutzen.
- Erregen Sie Ihre Energie bis kurz vor dem Höhepunkt.
- Saugen Sie nun die orgastische Energie mit der Einatmung durch das Perineum nach oben und lenken Sie sie mit Hilfe Ihrer Geisteskraft in die verschiedenen Organe.
- Dann kommen Sie immer wieder zu Ihrer blühenden Rose zurück und erregen Ihre Energie noch ein wenig mehr.
- Saugen Sie die Energie erneut nach oben, bis Sie in der Lage sind, auf dem Höhepunkt den Orgasmus nach oben zu saugen, damit er sich im ganzen Körper verteilt.
- Vergessen Sie nicht, Ihre Energie in die Mitte zu bringen und sich zu zentrieren, bevor Sie sich anschließend Ihren alltäglichen Tätigkeiten zuwenden.

Orgasmus durch die Drüsen lenken

Zum Vertiefen

Die oben beschriebene Übung können Sie auch mit den Drüsen machen. Und denken Sie daran: Nur der Spaß an der Übung macht die Meisterin.

19 Der rote Drache

Roter Drache heißt im Tao die monatliche Blutung der Frau.

Die Sprache des Drachen haben Sie bereits kennen gelernt: die verschiedenen Menstruationssymptome, Blutqualität und -volumen. In diesem Kapitel geht es um die heilenden und magischen Kräfte, die viele Kulturen, auch das Tao, dem Menstruationsblut zusprechen. Auch möchte ich etwas zu den Techniken sagen, mit deren Hilfe laut verschiedener Tao-Meister die Menstruation zum Stillstand gebracht wird.

Heilende Kräfte in Urin und Blut

Das Menstruationsblut wird schon seit Urzeiten als wirksames Zaubermittel benutzt. Der hohe Pheromon- und Hormongehalt verleihen dem Blut unter anderem magische Kräfte, die männliche Wesen sogar süchtig machen können. Wollte frau früher Aufmerksamkeit und Liebe auf sich ziehen, wurden in das Kopfkissen des Geliebten blutgetränkte Tüchlein geschmuggelt. Seine Leidenschaft wurde sogar mit Bluttropfen entfacht, die heimlich in seine Speisen gemischt wurden. Weibliches Blut, insbesondere Menstruationsblut, ist auch Bestandteil der schwarzen Magie.

Im Jahr 1979 war ich während meines zweiten längeren Indienaufenthalts ständig von Darmerkrankungen – Amöben, Lamblien und wie die kleinen Schmarotzer sonst noch heißen – geplagt. Da ich mich in der damaligen Lebensphase strikt gegen den Einsatz von Chemie wehrte, entschloss ich mich zu einer Fastenkur in einem Gandhi-Ashram. Dort kümmerten die Inder sich rührend um mich und meine Gesundheit. In gebrochenem Englisch versuchten sie mich davon zu überzeugen, meinen Lebenssaft zu trinken. Es dauerte eine Weile, bis ich begriff, was sie damit meinten: Sie rieten mir, meinen Morgenurin zu trinken. Ich fand das nur komisch. Und erst vier Jahre später konnte ich mich nach vielen Anläufen überwinden. Auch wenn ich mittlerweile von der gesundheitlichen Wirkung des Urintrinkens überzeugt bin, gehört es nicht unbedingt zu den von mir bevorzugten Therapiemethoden. Lassen Sie sich jedoch nicht davon abhalten, Ihre eigenen Erfahrungen zu machen.

Mittlerweile ist auch bei uns im Westen die Urintherapie bekannt. Immer mehr Urintrinker bekennen sich öffentlich dazu. Der Tao-Meister Mantak Chia ist der Überzeugung, dass der getrunkene Morgenurin menstruierender Frauen sich positiv auf deren Gesundheit auswirkt, besonders wenn sie sich in einem hormonellen Ungleichgewicht befinden und unter Wechseljahrsbeschwerden leiden oder wenn sie den roten Drachen zähmen möchten.

Wohltuend wirken auch ein paar Tropfen des Morgenurins in den Augen, die man mit einer Pipette dosieren kann. Während der Menstruation ist die Wirkung noch stärker. Es ist auch möglich, Urin und Bluttropfen in die Nase zu geben.

Das Menstruationsblut hat eine stark nährende und heilende Wirkung auf die Haut. Wenn Sie unter Hautproblemen leiden, reiben Sie sich morgens regelmäßig die Haut mit Urin und Blut ein. Ich kenne einige Frauen, die sehr gute Erfahrungen damit gemacht haben. Während der Menstruation die Energiezentren und -punkte mit Blut zu behandeln kann diese nähren, stärken und entwickeln. Das Blut sammeln Sie am besten mit einem kleinen ausgekochten Naturschwamm. Führen Sie ihn während Ihrer Bluttage in die Scheide ein; er saugt das Blut gut auf.

Das Menstruationsblut ist auch ein guter Pflanzendünger.

Zweifellos ist Blut ein kostbares Elixier. Um zu zeigen, wie frau seine magischen Kräfte im Innern entfaltet, möchte ich Ihnen folgende Übung vorstellen.

- Setzen Sie sich aufrecht und bequem hin und schließen Sie die Augen.

- Massieren Sie Ihre Brüste, bis Blut sich in ihnen sammelt und sie prall und fest werden. Reichern Sie das Blut durch das innere Lächeln mit Ihrer Liebeskraft an, bis die Energie in den Brüsten überquillt.

- Mit der Ausatmung lenken Sie das Energiegemisch in Ihre Gebärmutter.

- Kontrahieren Sie dabei den Gebärmutterhals sanft und rhythmisch, bis Sie spüren, wie Ihre Gebärmutter sich öffnet.

- Während Sie ruhig und entspannt sitzen, genießen Sie, wie sich in Ihrer Tiefe der Blutsee langsam füllt. Bleiben Sie nun mindestens 20 Minuten in der Stille sitzen.

Den Blutsee füllen

Den Drachen bändigen

Im Tao wurden Methoden entwickelt, um den Drachen zu bändigen, d. h. die periodische Blutung zu verhindern oder zum Stillstand zu bringen. Da ich immer wieder auf dieses Thema angesprochen werde, möchte ich hier etwas ausführlicher darauf eingehen.

Tao-Büchern entnehmen viele Frauen, dass einfache regelmäßige Übung die Menstruation zum Stillstand bringen und dies den weiblichen Körper verjüngen und heilen könne. Aber meiner Erfahrung nach sollte frau hiermit sehr zurückhaltend sein. Diese Übungen können nämlich Probleme hervorrufen.

Ursprünglich richteten sich diesbezügliche Empfehlungen der alten Meister aus China an Frauen, die sich auf dem spirituellen Pfad befanden und in ein taoistisches Gesamtkonzept eingebunden waren. In ihrem Fall hat das Anhalten der Blutung eine spirituelle Funktion. Die meisten anderen Motive sind jedoch eher fragwürdig. Hierzu gehören etwa der Wunsch nach Verjüngung, Schmerzverringerung oder Verhütung, aber auch Schwierigkeiten mit dem Frausein. Bevor eine Frau den roten Drachen zähmen will, sollte sie sich sehr genau mit ihrer Motivation auseinandersetzen.

Schließlich ist noch ein weiterer Punkt zu bedenken: In den letzten fünfzehn Jahren wurden viele Anweisungen und Instruktionen der alten chinesischen Meister übersetzt und teilweise publiziert. Da es sich bei den Übersetzern dieser Schriften – ebenso wie bei den Verfassern – ausschließlich um Männer handelt, ist die Frage berechtigt, ob es sich hierbei lediglich um ein Gedankenkonzept handelt oder ob diese Techniken seriös erprobt wurden und sich tatsächlich bewährt haben. Wir sollten uns kritisch die Frage stellen: Wie heilend sind diese Techniken wirklich? Wie sinnvoll und gesund kann es sein, die Menstruation willentlich anzuhalten?

Viele der zu diesem Komplex gehörigen Übungen sind extrem yangbetont, für mein Gefühl teilweise gewalttätig – zum Beispiel die »Hirschübung« (was für ein Name!) – und können körperliche Disharmonien noch verstärken. Daher sehe ich wenig Sinn darin, sie hier vorzustellen. Sie können mehr schaden als Gutes tun.

Yang-betonten Frauen scheint es übrigens leichter möglich zu sein, ihren Menstruationszyklus zu beeinflussen. Bei süchtigen Frauen, solchen, die unter Essstörungen leiden, oder auch bei Sportlerinnen setzt die Menstruation vielfach von selbst aus, weil sich der Körper den zusätzlichen Energieaufwand nicht leisten kann. Wenn die weiblichen Anteile des Körpers langfristig strapaziert werden, versiegt die monatliche Blutung. Und natürlich gibt es eine weitere Situation, in der die Menstruation aussetzt, nämlich während der Schwangerschaft und Stillzeit.

In meinen Augen hat das Manipulieren von Körper und Energiehaushalt mit yang-betonten Techniken nichts mit dem weiblichen Weg zu tun. Das Tao der weiblichen Sexualität empfiehlt Frauen, sich auf das Wesentliche zu konzentrieren, nämlich zu lernen, sich für das Göttliche zu öffnen, es in sich aufzunehmen und liebevoll und bewusst die spirituelle Schwangerschaft einzuleiten.

20   Im himmlischen Palast

Das Tor zu Himmel und Hölle

Die Gebärmutter kann für eine Frau das Tor sein zum himmlischen Palast, der ihr Sicherheit, Geborgenheit und Wohlgefühl gibt. Sie kann aber auch das Tor zur Hölle und Quelle von unendlichem Leid und Schmerz sein.

Machen Sie die Übungen zur Stärkung des Unterleibs sowie die Gebärmutter- und Hormonübungen so lange, bis die Gebärmutter ihre natürliche Sinnlichkeit gefunden hat und Sie Ihren himmlischen Palast bewusst wahrnehmen und genießen können.

Jede Gebärmutter ist ein lebendiges und sinnliches Organ. Frauen brauchen unterschiedlich lange, bis sie den Zugang zum himmlischen Palast gefunden haben. Dieser Prozess erfordert Entschlossenheit, denn hierbei schwimmt frau gegen den Strom des Kollektivs. Aber nur wer gegen den Strom schwimmt, erreicht die Quelle. Für ein solches Vorhaben bedarf es genügend Energien, innerer Kraft und Entschlossenheit.

Da wir Frauen auf diesem Weg bisher nicht viel Unterstützung hatten, ist es hilfreich, wenn wir ihn gemeinsam gehen und uns gegenseitig unterstützen. Eine lebendige, erweckte Gebärmutter hat eine so starke Ausstrahlung, dass sie andere Gebärmütter mit ihrer Lebendigkeit anstecken kann.

Die Gebärmutter befreit sich nicht einfach spontan, intuitiv und zufällig. Frauen, welche die Gebärmutter als Tor zu einer neuen Daseinsebene erfahren wollen, müssen sich entschlossen für den Weg der Unabhängigkeit und Selbstbefreiung entscheiden. (Ich gebrauche nicht gern das Wort »müssen«, doch hier ist es angebracht: Die Befreiung der weiblichen Sexualität ist dringend notwendig.)

Die Zukunft liegt in den Händen der Frauen. Zu viele Frauen überlassen sich willenlos dem Strom der Masse, als wären sie als Individuen
»außer Betrieb«. Sie definieren sich einzig über ihre Rolle als Mutter und
über ihre Beziehungen. Dadurch sind sie zu finanzieller und emotionaler
Abhängigkeit und Wehrlosigkeit verdammt. Mütter, die ihre finanzielle Unabhängigkeit behalten wollen, sind so stark belastet, dass
ihnen keine Energie und Zeit mehr für sich selbst übrig bleibt. Sie vermögen sich kaum dem kollektiven Sog zu entziehen und die eigene
Individualität zu entfalten.

Das bedeutet aber nicht, dass Mütter sich von alten Fesseln nicht befreien könnten. Zwar haben sie es besonders schwer, doch bauen sie andererseits auf der Erfahrung einer Schwangerschaft auf. Sie haben den
Wunschtraum von Ehemann und Kindern hinter sich und sind bereits
in der Realität gelandet. Sie stehen auf dem Boden der Wirklichkeit, was
eine gute Ausgangslage ist.

Weibliches Potenzial

Die Zeit ist gekommen, dass Frauen die weiblichen Sexualfunktionen –
Offenheit, Empfänglichkeit, Schwangerschaft und Geburt – von der biologischen Ebene lösen und auf einer anderen Ebene leben. Das weibliche Prinzip leitet uns an, Erfüllung in uns selbst und nicht mehr außen
in Partnerschaften, im Familien- oder Sozialleben zu suchen. Offenheit,
Empfänglichkeit, Schwangerschaft und Geburt – diese weiblichen Qualitäten, die uns mit unserem sozialen Umfeld verbinden, gehen auf unser ureigenstes Organ zurück: die Gebärmutter. Sie ist ein robustes Gefäß, das tief in unserem Schoß eingebettet ist. Wir haben die Wahl, ob
dieses Gefäß zur Müllablage wird oder ob wir ihm kreative Aufgaben
übertragen.

Die Gebärmutter,
das weibliche Tan T'ien

Das weibliche Tan T'ien

In der Einführung habe ich Sie mit den drei Energiezentren Tan T'ien bekannt gemacht.

Das untere Tan T'ien haben Sie mit Hilfe der verschiedenen Übungen immer wieder aktiviert und energetisch aufgeladen. Vielleicht sind Sie bereits in der Lage, Ihr inneres Medizinalfeld zu fühlen.

Obwohl ich überzeugt bin, dass das untere Tan T'ien direkt in der Gebärmutter liegt, sind wir bisher davon ausgegangen, dass es sich oberhalb der Gebärmutter befindet. Da es aber auch negative Auswirkungen haben kann, Energien in ihr zu speichern, solange sie nicht geheilt ist, haben Sie, sozusagen sicherheitshalber, zunächst gelernt, die Energien oberhalb der Gebärmutter zu verdichten.

Spiritueller Embryo

Spiritueller Embryo

Die Bildung des spirituellen Embryos, auch Lichtkörper oder goldenes Elixier genannt, ist ein wichtiges Ziel der traditionellen taoistischen Praktiken. Im Tao wurden von Männern Techniken entwickelt, durch deren konsequente Anwendung es auch ihnen möglich werden soll, schwanger zu werden, und sei es nur auf der spirituellen Ebene. Durch die Entwicklung des spirituellen Embryos erhofften sie sich ihre Unsterblichkeit. Es versteht sich, dass sie für dieses außergewöhnliche Vorhaben sehr viele Kräfte durch unermüdliches diszipliniertes körperliches und geistiges Training mobilisieren mussten.

Der weibliche Körper ist von Natur aus dazu bestimmt, schwanger zu werden. Wir haben mit der Gebärmutter ein wunderbares Gefäß, worin etwas Neues entstehen kann. Deshalb ist es Frauen auch möglich, auf natürliche, entspannte Art und Weise ihre spirituellen Kräfte zu entfalten.

Das männliche Tao ist zielorientiert und strebt nach Unsterblichkeit; das weibliche Tao hingegen entfaltet die natürliche Liebeskraft im Hier und Jetzt.

Das weibliche Tao

Ich habe viele Frauen getroffen, die die inneren taoistischen Übungen nach männlicher Anleitung und Ausrichtung praktizierten. Aber ehrlich gesagt, überzeugt haben mich die Auswirkungen nur vereinzelt. Größtenteils entwickelten Frauen zu starke Yang-Anteile, die sie daran hinderten, sich ihrer tiefen Stille hinzugeben und die innere Kraft zu entwickeln.

Vielen Frauen geht es so wie mir: Wir machen eine Übung und merken dabei, dass ja schon alles in uns vorhanden ist. Je mehr wir an unserer Energie manipulieren, desto eher zerstören wir unsere kostbare Essenz. Da bleibt uns eigentlich nur, zu entspannen und die weibliche Energie in vollen Zügen zu genießen.

Spirituelle Schwangerschaft

Das Tao der weiblichen Sexualität zielt darauf ab, die Gebärmutter zu leeren und zu heilen, wie Sie es mittlerweile gelernt haben. So wird Platz gemacht für die spirituelle Schwangerschaft und die weibliche Liebeskraft kann in der Tiefe reifen und geboren werden.

Die folgenden Empfehlungen sind ausschließlich für meditative Genießerinnen.

Vorbereitung der Schwangerschaft

Das goldene Elixier   **Zum Vertiefen**

Diese Übung vertieft den Ihnen bereits bekannten Vorgang des Blutseefüllens.

- Setzen Sie sich aufrecht und bequem hin und atmen Sie langsam und tief, bis Sie in sich verwurzelt sind.

- Öffnen Sie nun mit Hilfe Ihres Mittelfingers das Dritte Auge; halten Sie den Finger ruhig auf dem Punkt, bis das Dritte Auge pulsiert und sich öffnet.

- Verbinden Sie sich über das Dritte Auge mit dem göttlichen Licht und saugen Sie es mit der Atmung ein.

- Mit der Ausatmung und dem Herzlaut »Haaa« lenken Sie nun das Licht in Ihr Herz und Ihre Brüste, bis diese hell, leicht und lebendig werden.

- Massieren Sie Ihre Brüste, bis Blut sich in ihnen sammelt und sie prall und fest werden. Reichern Sie das Blut durch das innere Lächeln mit Ihrer Liebeskraft auf, bis die Energie überquillt.

- Lenken Sie den Energiestrom mit der Ausatmung in Ihre Gebärmutter.

- Kontrahieren Sie sanft und rhythmisch den Gebärmutterhals, um in Kontakt mit Ihrer Gebärmutter zu kommen, bis Sie spüren, dass sie sich öffnet.

- Sie sitzen entspannt da und genießen, wie sich in Ihrer Tiefe der Blutsee langsam füllt.
- Nun richten Sie Ihre Aufmerksamkeit auf Ihren Scheitelpunkt, bis dieser stark pulsiert und sich langsam öffnet.
- Sie können das göttliche Licht in den Palast hereinholen, indem Sie ganz sanft die Gebärmutter kontrahieren.
- Sie sitzen ruhig da und beobachten, wie sich der Blutsee durch das göttliche Licht in ein goldenes Zauberelixier verwandelt.
- Sie sitzen ganz still, offen und empfänglich und genießen den Zustand innerer Fülle.

Das goldene Elixier

Schwanger werden

Auf das spirituelle Schwangerwerden bereiten Sie sich lange und sorgfältig vor und wählen idealerweise eine Vollmondnacht. Entscheiden Sie, welche Qualität Sie in sich aufnehmen möchten, mit der Sie Ihre Essenz befruchten: das göttliche Licht, die Liebeskraft des Herzens, die Stille… Wählen Sie die Qualität, zu der Sie den besten Zugang haben.

Nehmen Sie diese in Ihrem Palast auf und leiten Sie so in der tiefsten inneren Stille Ihre spirituelle Schwangerschaft ein. Nehmen Sie sich täglich Zeit, den inneren Wachstumsprozess zu nähren, damit etwas Neues und Wunderbares in Ihnen heranwachsen und gedeihen kann.

Während dieser Phase ist es notwendig, sich auf die Stille einzulassen,

viel zu meditieren und liebevoll mit sich und der Umwelt umzugehen.

Die Vollmondnacht ist die Nacht der Frauen, da sich die nährenden
Yin-Kräfte dann besonders stark entfalten. Ich möchte Sie hiermit zur
gemeinsamen Meditation beim nächsten Vollmond einladen. Es spielt
keine Rolle, wo Sie sich dann befinden. Halten Sie sich den Abend frei,
um allein oder mit anderen Frauen zu meditieren. Zum Einstieg können
Sie singen oder tanzen, aber nicht reden. Um 22 Uhr setzen Sie sich ins
Freie, wenn es das Wetter erlaubt, sonst an ein Fenster. Wenn Sie mit
mehreren Frauen zusammen sind, bilden Sie einen Kreis.

Wichtiger Hinweis

Auch Frauen, die ihre Gebärmutter noch nicht befreit haben von Schmerz
und Leid, können dennoch die Vollmondmeditation machen. Konzentrieren
Sie sich nicht auf die Gebärmutter, sondern auf Ihre Mitte, eine Stelle etwas
oberhalb der Gebärmutter.

Vollmondmeditation   *Zum Ausprobieren*

- Schließen Sie die Augen.
- Beleben Sie den Palast mit einem Summton und füllen Sie ihn mit
  Ihrer Liebeskraft auf. Machen Sie dies fünfzehn Minuten lang, bis sich
  das Tor zum Palast öffnet.
- Sie sitzen offen und empfänglich da und atmen ruhig und tief. So können Sie die Mondkraft in Ihrem Palast empfangen. Sie brauchen
  nichts zu tun, nur beobachten und genießen, wie das Mondelixier in
  Ihren Körper fließt, wie Sie die Mondkraft durch Ihre Poren trinken.
- Um die Mondessenz mit Ihrer eigenen Energie zu vermischen, sprechen Sie nun die heilige Silbe Aum (sprich: Om) direkt in Ihre Gebärmutter hinein, ganz sanft und weich.
- Bleiben Sie so sitzen, die ganze Nacht lang, falls Sie Lust und Zeit
  haben.

Dass immer mehr Frauen an Vollmond meditieren, ist wunderschön. Dadurch wird die weibliche Heilkraft stärker und verteilt sich zunehmend.

Vollmondmeditation

Teil V

Beziehungen zum Yang-Prinzip

21 Yang, das männliche Prinzip

*Chinesisches Schriftzeichen
für Yang*

Die Andersartigkeit von Yang

Wenn wir uns mit Sexualität beschäftigen, befinden wir uns in einer Welt der Polarität, voller Gegensätze und Widersprüche. Solange diese Gegensätze in unserem Wesen nicht integriert sind, pendeln wir ruhelos zwischen den beiden Extremen hin und her.

Bisher haben wir uns ausschließlich mit dem weiblichen Prinzip auseinandergesetzt. Die Yin-Kraft ist die Mutter allen Seins, aus dem das Yang geboren wird. Das kosmische Gesetz des Tao lehrt: Hat das Yin seinen tiefsten Punkt erreicht, geht daraus die Yang-Kraft hervor. Über das Dualitätsprinzip wurde bereits ausführlich gesprochen. Hier erweitere ich es noch um einige Aspekte, die für das Verständnis der sexuellen Beziehungen entscheidend sind:

- Wenn Yin die Einheit sucht, strebt Yang nach Trennung.
- Wenn Yin sich nach Gemeinschaft sehnt, bewegt Yang sich in der Hierarchie.
- Wenn Yin sich hingibt, übernimmt Yang die Kontrolle.
- Erreicht Yin seine Natürlichkeit, entwickelt Yang Technik und Wissenschaft.
- Aus der Entspannung geht Erregung hervor.
- Die Gefühle sind die Wurzeln des Verstandes.

- Ruht Yin im tiefsten Punkt, glänzt Yang im Höhepunkt.
- Yin bedeutet zu sein, Yang zu tun.
- Schafft Yin Ruhe, stiftet Yang Unruhe.

Frauen reagieren ganz unterschiedlich auf Yang-Energie. Während viele gelernt haben, sich im Yang zu bewegen, wird die Yang-Energie von anderen wiederum als Bedrohung erlebt, der sie ausweichen. Dabei unterstützt uns die Auseinandersetzung mit dem Yang auf dem Weg, unsere verlorene Ganzheit wiederzufinden.

Frauen, die im Yin verwurzelt sind, können es sich leisten, die Yin-Qualitäten – das Offene, Weiche, Sensible – nach außen zu leben, denn der Yang-Kern im Inneren verleiht ihnen innere Stärke und Selbstsicherheit.

Das Yang-Prinzip, dem der männliche Körper und die männliche Sexualität unterworfen sind, funktioniert genau andersherum. Um den weichen, verletzlichen, gefühlvollen, sensiblen inneren Yin-Kern zu schützen, bedarf es äußerer Stärke. Das Yang übernimmt eine Art Schutzfunktion.

Das Element Feuer charakterisiert im Tao symbolisch das Yang. Es erzeugt Energie und strahlt Wärme ab, dehnt sich aus, entfaltet sich und strebt unentwegt nach oben zum höchsten Punkt. Feuer ist intensiv und lebendig. Es ist Ausdruck von Vitalität, Stärke und Leidenschaft. Wasser ist notwendig, um das Feuer zu kontrollieren. Denn außer Kontrolle geratenes Feuer entfaltet zerstörerische Kräfte. Feuer erwärmt Wasser, zu viel Hitze lässt Wasser verdampfen.

Yang als Schutz

Ein yang-betontes Verhalten ist für Männer, aber auch für Frauen, die keinen Kontakt zu ihrer inneren Kraft haben, eine Überlebensstrategie. So wie es unzählige Frauen gibt, die Angst vor dem Ausleben ihrer inneren Stärke haben, gibt es Männer, die sich fürchten, innere Schwäche zuzulassen und ihre wahren Gefühle zu zeigen: Das Weibliche versteckt seine Stärken und das Männliche seine Schwächen.

Yang aufbauen

Für die Entwicklung der weiblichen Sexualität ist es unumgänglich, in die Tiefe einzutauchen; für die Entwicklung der männlichen Sexualität hingegen ist es notwendig zu lernen, wie Yang-Energie erzeugt wird.

Yang-Qualitäten können im Gegensatz zu Yin-Qualitäten schnell entwickelt werden. Yin ist der Zustand des Seins, der Stille und des Geschehenlassens. Yang hingegen ist Tun, Bewegung, Energie und Kontrolle.

Es gibt unterschiedliche Methoden, Yang zu erzeugen. Unbewusst suchen Männer immer wieder neue Gelegenheiten, um durch die Yang-Energie in Kontakt zu ihrer äußeren Stärke zu kommen. Für Frauen ist es oft unverständlich, wie viel Energie, Zeit und Disziplin Männer in sogenannte Yang-Aktivitäten investieren, um gut und noch besser zu sein und sich und anderen etwas zu beweisen. Das Yin muss sich erst gut fühlen, um gut zu sein, das Yang fühlt sich erst gut, wenn es gut ist.

Körperliche Aktivität: Es macht einen großen Unterschied, ob ein Mann bewusst und gezielt sein Yang aufbaut oder ob er unbewusst dazu getrieben wird. Auf welche Art er sein Yang aktiviert, hängt auch davon ab, zu welchem Element er den besten Zugang hat. Seine berufliche Tätigkeit hat ebenfalls Einfluss darauf, wie er das Yang erlebt. Ein direkter Weg, Yang-Energie zu erzeugen, sind körperliche Aktivitäten, Training, Körperübungen, Kampfsport.

Wissen: Auch geistige Tätigkeit erzeugt ein Yang-Gefühl, ein Gefühl von Stärke: Sich mittels Logik, kritischen Betrachtungen und Anhäufung von Informationen und Wissen geistige Klarheit, einen Überblick und Orientierung zu verschaffen, kann den gleichen Zweck erfüllen wie die körperliche Betätigung.

Status: Allgemeines Ansehen und Respekt sind weitere Versuche, einen Yang-Schutz aufzubauen. Diese Art von Scheinsicherheit existiert nur in der Phantasie. Ein Yang-Gefühl, das auf Anerkennung von außen aufbaut, ist labil und schafft Abhängigkeit, da man nicht aus sich heraus Stärke bezieht. Die Wahl des Statussymbols ist meist von den Gesellschaftskreisen abhängig, in denen man sich bewegt. Zu ihnen zählen Autos, Häuser, Frauen, Ämter usw.

Macht: Ego- und Powertrips gehören in den Bereich der Machtausübung. Macht beweisen zu müssen ist immer ein Hinweis auf innere Schwäche und Unsicherheit: Man macht andere klein, um sich dadurch groß zu fühlen.

Stress: Durch Emotionen, Spannungen und Stress entsteht ebenfalls Hitze im Körper, die aus energetischer Sicht den Körper belebt, »yangisiert«.

Freiräume: Auch das Gefühl, unabhängig und frei zu sein, kann Yang-Energie erzeugen.

Geheimnisse: Wenn keine Methode wirksam genug ist, um sein Innerstes zu schützen, bleibt noch die Flucht nach innen, in die eigene geheime Welt. Eine typisch weibliche Eigenschaft ist, dass man sich gegenseitig in Geheimnisse einweiht, um sich nahe und vertraut zu fühlen und Grenzen aufzulösen. Männer brauchen jedoch ihre Geheimnisse, um den inneren Kern zu schützen, eine Welt, deren Grenzen von Frauen respektiert werden sollten.

22   Yang-betonte Sexualität

Wird die Sexualität vom Yang-Prinzip gelenkt, sprechen wir von einer yang-betonten Sexualität. Sie ist das Spiel mit dem Feuer. Noch spannender, noch intensiver, noch geiler und lustvoller soll es sein. Das Yang erlebt seine volle Blüte und sein Potenzial im Höhepunkt und versucht besessen, diesen immer wieder zu erreichen.

Ein weiteres markantes Merkmal des Yang ist die Orientierung nach außen. Es reagiert auf äußere Impulse, Bilder, Bestätigung, Machtstrukturen oder Leistung und erzeugt daher Abhängigkeiten.

Zunehmend leben Frauen eine yang-betonte Sexualität, obwohl ihr eigentliches Potenzial im Yin verwurzelt ist. Die männliche Erregung entspringt dem Yang, sie entsteht durch überschüssige Energie und Feuer.

Zur Erfüllung ihrer biologischen Funktion benötigt die männliche Sexualität Power und viel Energie. Der Geschlechtsverkehr mit einer Frau erfordert viel Mut, denn er bedeutet für den Mann jedesmal ein Zurückkehren zum Ursprung, den Versuch, zur Quelle zu gelangen. Die dafür erforderliche Spannkraft entsteht einzig aus einem extremen Yang-Zustand.

So wie es Frauen gibt, die keinen Zugang zu ihrer Yin-Wurzel und den Yin-Eigenschaften haben, so gibt es auch Männer, denen es an der nötigen Vitalität mangelt, um das männliche Feuer zu entfachen und mit ihm zu leben.

Männliche Potenz

Die wohl schnellste Art und Weise, wie ein Mann in Kontakt mit seiner Yang-Energie kommen kann, ist die sexuelle Erregung. Für viele Männer ist Sexualität die einzige Möglichkeit, sich überhaupt körperlich und energetisch wahrzunehmen, weshalb sie eine so wichtige Rolle spielt. Die sexuelle Erregung verleiht Männern Vitalität, Kraft und Selbstvertrauen.

Größe und Härte des männlichen Gliedes macht fast jeden Mann zum Helden, wenigstens für wenige Augenblicke. Der Zustand der Stärke, das kurzfristige Gipfelerlebnis wecken den Hunger nach mehr. Nur wenige Männer besitzen die innere Größe und das nötige Feingefühl, um das Feuer unter Kontrolle zu halten.

Verschiedene Yang-Prägungen

Starkes Yang: Männer mit einer starken Yang-Energie und entsprechend ausgeprägtem Yang-Verhalten sind leicht erregbar. Ohne es darauf anzulegen, dominieren sie mit ihrer Energie, Ausstrahlung und Stimmung die ganze Atmosphäre.

Für yin-betonte und sensible Frauen ist es schwer, in Gegenwart eines yang-betonten Mannes ihre eigenen Bedürfnisse und ihre feine innere Stimme wahrzunehmen. Umgekehrt hat ein yang-betonter Mann Schwierigkeiten, die Feinfühligkeit des Yin-Wesens zu erfassen. Von einem solchen Partner zu erwarten, dass er ihre Bedürfnisse und Gefühle erkennt, ist unrealistisch. In solchen Beziehungen brauchen Frauen genügend Freiräume, um die persönlichen Ziele und Schwerpunkte nicht aus dem Blick zu verlieren. Zudem ist es notwendig zu lernen, die eigenen Bedürfnisse klar auszudrücken und anzumelden.

Starke Yang-Typen haben nur schwer Zugang zu ihren eigenen Yin-Qualitäten und sind entsprechend abhängig von der körperlichen Nähe und sexuellen Bereitschaft einer Frau.

Schwaches Yang: Der Umgang mit Männern, die von schwachem Yang geprägt sind, ist komplizierter. Das Dualitätsgesetz lehrt, dass wir uns immer von dem angezogen fühlen, was uns innerlich fehlt. Wenn es einem Mann nicht möglich ist, die notwendige Yang-Energie in sich zu erzeugen, die er zum Lustempfinden braucht, bezieht er Spannung und Energie von außen, z. B. durch eine Phantasie, einen Reiz oder etwas Verbotenes. Yang-schwache Männer bekommen nach einer langjährigen Liebesbeziehung mit ihrer Partnerin oft keine Erektion mehr, weil die benötigte Spannung fehlt.

Das ist einer der Gründe dafür, dass die männliche Sexualität zunehmend außer Kontrolle gerät. Auf der Suche nach der verlorenen Spannung werden viele Männer von ihrem Sexualtrieb total überrollt, so dass sie in sexuellen Momenten den Bezug zur Realität verlieren und nicht mehr wissen, was sie tun. Unkontrolliert geben sie sich ihren unbewussten Emotionen und Trieben hin. Vergewaltigungen, Perversionen und Kindesmissbrauch sind die logischen Konsequenzen.

Die Mehrzahl der Männer kann nur mit Hilfe von Frauen ihre Sexualität in den Griff bekommen. Das ist wiederum nur möglich, wenn diese sich ihrer Natur und eigenen Sexualität hingeben können.

Testosteron, das männliche Hormon

Interessanterweise kann das männliche Testosteron sich in das weibliche Hormon Östrogen verwandeln: Auch der Hormonhaushalt ist dem kosmischen Gesetz von Yin und Yang unterworfen.

Testosteron:

- wirkt belebend, pulsierend und aktivierend;
- ruft Aggressionen hervor und fördert die Abgrenzung;
- fördert Selbstbewusstsein und Durchsetzungsvermögen;
- verbessert die kognitiven Fähigkeiten;
- erhöht die Muskelmasse im Verhältnis zu Körperfett;
- bewirkt die maskulinen Geschlechtsmerkmale;
- fördert die Bildung von Adrenalin und Dopamin.

Wie Testosteron die männliche Sexualität beeinflusst:

- Es aktiviert den Geschlechtstrieb;
- weckt den Jagdinstinkt und die Lust auf Abenteuer und Affären;

- steigert den Sexualtrieb bei Männern und Frauen;
- ruft sexuelle Vorstellungen und Phantasien hervor;
- weckt die Lust auf Masturbation;
- ist für die Spermienbildung zuständig.

Was die Testosteronproduktion anregt:
- Sexuelle Erregung
- Sexuelle Phantasien
- Wettkämpfe und Sport
- Konfrontation und Spannungen
- Siegen, Kontrolle und Machtausübung
- Fleischreiche Ernährung
- Alkohol (außer Bier)

Testosteron wird überwiegend in den Hoden gebildet. Es hat keinen direkten Einfluss auf die Erektionsfähigkeit.

Hoden

In den Hoden liegt die größte Yin-Quelle des Mannes. Dort bildet das Testosteron nach jeder Ejakulation erneut Hunderttausende von Spermien. Die Yang-Kraft verwandelt sich in Yin: Das männliche Testosteron bildet die Spermien, den »yinigsten« Anteil im Mann, so wie die Ovarkraft der Frauen »yangigster« Anteil ist.

Feuer braucht Brennstoff. Die männliche Erregung braucht eine entsprechende körperliche Grundlage. Je stärker das Feuer, desto lustvoller und intensiver der Höhepunkt; je tiefer die Wurzeln, desto höher wächst ein Baum; je stärker die Yin-Verwurzelung, desto besser kann sich das Yang entfalten. Leider geht die männliche yang-betonte Sexualität oft auf Kosten der Yin-Kraft, der körperlichen Substanz. Das Verbrennen von Substanz im Körper erzeugt Energie und verleiht ein intensives Lebens- und Lustgefühl, wenn auch nur für ein paar Augenblicke. Der Samenerguss stellt einen Extremfall dar. Hier wird die wertvolle Yin-Kraft auf Kosten der sexuellen Befriedigung sogar aus dem Körper gespritzt.

Orgasmus und Samenerguss

Wie stark die Sexualität durch kollektive Muster geprägt ist, haben wir schon im Zusammenhang mit der weiblichen Sexualität sehen können. Auch die männliche Sexualität wird überwiegend von globalen Erfahrungen bestimmt. Die orgastische Potenz des Mannes wird durch destruktives unbewusstes Sexualverhalten unterbunden. Wollen Männer aus den uralten Mustern ausbrechen, müssen sie lernen, die Samenkraft im Körper zu behalten und auf diese Weise Sexualität in ihrer Grenzenlosigkeit zu erfahren.

Allgemein geht man davon aus, dass der sexuelle Höhepunkt in einem Samenerguss gipfelt. Tatsächlich aber bedeuten die Höhepunkte mit Ejakulation das abrupte Ende der sexuellen Aktivität. Wegen der körperlichen Erschöpfung und Entspannung ist der darauf folgende Tiefpunkt für einige Augenblicke erträglich, langfristig fühlt man sich jedoch in der Leere nicht wohl, will also wieder auf den Gipfel, und so geht das Spiel weiter.

Junge Männer haben in der Regel einen starken Überschuss an Lebensenergie, die sie durch die Ejakulation ventilieren. Je häufiger Männer ejakulieren, desto schwächer wird ihre körperliche Substanz, die wiederum die Grundlage für ein spannendes Sexualleben bildet.

Im Tao der Sexualität ist es ein wichtiges Ziel für Männer, den Orgasmus vom Samenerguss zu trennen. Das ist nur möglich, indem Männer sich im eigenen Yin verwurzeln. Diese Wurzel ermöglicht ihnen, die orgastische Energie in ihre Tiefe zu lenken und die innere Leere aufzufüllen. Solange die Sexualität nach außen gelebt und ausgeleert wird, ist es Männern kaum möglich, die innere Ekstase als eine ständige Präsenz zu erfahren.

Organkraft

Das Tao lehrt, die inneren Organe und Drüsen, die Sexualkraft zu nähren und zu stärken. Die Samenkraft wird durch bestimmte Atemtechniken – zunächst im nicht erregten Zustand – aus den Hoden in den kleinen Energiekreislauf gelenkt, was die Organe und Drüsen mit zusätzlicher Lebenskraft versorgt und den Yin-Anteil stärkt. Später kann auch die erregte Sexualenergie in den Körper gelenkt und durch den kleinen Kreislauf zu Lebenskraft verfeinert werden.

Der Einfluss der fünf Elemente auf die männliche Sexualität

Jedes Organ erfüllt auf körperlicher, energetischer und emotionaler Ebene komplexe Funktionen. Im folgenden gehe ich nur auf diejenigen ein, die für das Verständnis der männlichen Sexualität wichtig sind.

Holz
Die dem Holz zugeordnete Leber übernimmt in der männlichen Sexualität zentrale Aufgaben. Sie

- ist für die Spannkraft zuständig und gibt dem männlichen Glied den Impuls zur Erektion;
- übernimmt eine wichtige Funktion bei der Stressbewältigung;
- verarbeitet Eindrücke;
- belebt, energetisiert und erzeugt Yang-Energie;
- reagiert stark auf visuelle Reize, da die Augen die Öffnungen zur Leber sind. (Sekundenschnell kann über die Augen ein Impuls zur Erektion entstehen.)

Der Leber verdanken viele Männer, dass sie durch ihre Sexualität Stress lustvoll bewältigen können.

Nur wenige Männer haben einen natürlichen Zugang zu ihren Gefühlen und können sich unbeschwert in ihnen bewegen. Die meisten spalten ihre Gefühle ab und verdrängen diese mehr oder weniger erfolgreich aus ihrer bewussten Wahrnehmung. Sie nehmen ihre unterdrückten Gefühle erst wahr, wenn diese einen inneren Spannungszustand erzeugen und Stress verursachen.

Von der Leber gehen undifferenzierte Impulse aus, d. h. sie unterscheidet nicht zwischen Lebensfreude einerseits und Stress durch unverarbeitete Eindrücke und verdrängte Gefühle andererseits. Der Impuls überträgt sich ungefiltert auf das männliche Glied; kommt vielleicht noch ein visueller Reiz hinzu, steht es stramm. Nur wenige Männer sind in der Lage, echte Lust und Stresssymptome voneinander zu unterscheiden. Einzig das Spannungsgefühl zählt, der Startschuss zur sexuellen Erregung. Sexualität, die in einer Ejakulation mit Orgasmus gipfelt, ist eine angenehme Art von Stressbewältigung und intensiver Entspannung. Hierbei verlassen die Emotionen den Körper unverarbeitet.

Für Frauen, die keinen Kontakt zu ihrer Gebärmutter haben, können sexuelle Kontakte dieser Art sehr belastend sein. Negative Emotionen, Stress und Spannungen werden in der Gebärmutter aufgenommen, gespeichert und im ganzen Körper verteilt. Mit der Zeit kann dadurch eine Aversion gegen Sex entstehen oder die betroffenen Frauen entwickeln ein negatives, pessimistisches Verhalten, nörgeln z. B. ständig frustriert an Mann und Kind herum.

Die Lösung dieses Problems kann nicht lauten, dass Frauen sich von ihrem Partner zurückziehen, zumal wenn sie ihn ansonsten lieben, sondern dass sie eine unabhängige weibliche Liebeskraft entwickeln, die Negatives transformiert.

Sexuelle Kontakte unbeteiligt über sich ergehen zu lassen, die Gefühle abzuspalten oder in Phantasien zu flüchten, ist durch und durch schädlich für Frauen. Ihnen fehlt die energetische Präsenz und innere Kraft, wodurch Spannungen und Negativitäten erst recht eingeladen werden und sich ungestört im Körper ausbreiten können.

Leberfeuer stimuliert die männliche Spannkraft. Sie wird nicht nur durch Stress und Aktivität ausgelöst, sondern auch durch erwärmende Nahrungsmittel und Getränke.

Ein Partner mit starkem Leberfeuer kann eine Beziehung sehr belasten. Das Leberfeuer reagiert gereizt und aggressiv auf Einschränkung und Abweisung, die wiederum das Feuer noch intensivieren, zumal im Sommer. Für Frauen ist es in ihrem eigenen Interesse ratsam, den Kontakt zur kühlen Wasserkraft verstärkt aufrechtzuerhalten.

Tipps zur Heilung:
Falls Sie Einfluss auf die Ernährungsgewohnheiten Ihres Partners ausüben, tun Sie das folgendermaßen:
Vermeiden Sie:

- chemische Zusätze wie E-Faktoren, Light-Produkte, Glutamat usw.;
- scharfe oder fettige Speisen;
- Alkohol (außer Bier, das möglichst bitter sein sollte).

Empfehlenswert ist:

- natürliche Kost, möglichst viel Rohkost (Yang-Typen mögen das oft nicht, nach dem Motto: Ein echter Mann braucht Fleisch);
- viel vegetarisches Essen;
- wenn Fleisch, dann Rindfleisch;
- Fisch, ausgenommen Muscheltiere, die noch mehr einheizen;
- alles, was bitter schmeckt.

Heilende Punkte:
Leber 2 und Leber 3 drücken, um Hitze nach unten zu leiten.

Feuer

In einer yang-betonten Sexualität wird dem Herz und seinen Bedürfnissen wenig Beachtung geschenkt. Dies hängt u. a. damit zusammen, dass die beiden wichtigen Energiezentren energetisch nicht miteinander verbunden sind: Das Herz wird nicht mit Energie versorgt und verkümmert.

Wenn die Herzkraft versiegt, weil das Herzfeuer erlischt, entstehen unangenehme Kälte und Gefühllosigkeit, die sich in Arroganz, Grausamkeit, Hass und Überheblichkeit äußern können. Ich muss ehrlich sagen, dass ich in meinen gemischten Kursen zum Tao der Sexualität manchmal genau an diesem Punkt überfordert bin. Ich kenne kein ideales Rezept, wie Männer leichter in Kontakt mit ihrer Herzenergie kommen können. Methoden, die bei Frauen funktionieren, etwa das innere Lächeln oder die Drüsenübungen, empfinden die meisten Männer als langweilig.

Allerdings konnte ich beobachten, dass Männer die Liebeskraft des Herzens erwecken können, wenn sie meditieren und sich ernsthaft – z. B. mit Hilfe der Samenkraft – bemühen, ihre Yin-Qualitäten zu nähren. Frauen können Männer dabei unterstützen, wenn sie ihre eigene Herzkraft so stark entwickeln, dass das heilende Elixier auch ins Herz des Partners überfließt, bis es genügend Kraft hat, sich selbst zu befreien.

Erde

Das Erdelement, das sich in der Milz und im Magen manifestiert, kann für Männer ein wichtiger Wegweiser zu einer verantwortungsvollen Sexualität werden. Ein Ziel der taoistischen Tradition besteht darin, Sex bewusst aus der Mitte zu leben, damit die männliche Sexualität für alle Beteiligten heilend und nicht belastend ist. Dazu braucht der Mann eine starke Mitte, sonst wird er von unbewussten, meist destruktiven Zwängen manipuliert und ist den kollektiven Erfahrungen hilflos ausgeliefert.

Regelmäßige Zentrierung und natürliche Ernährung sind wichtige Voraussetzungen zur Stärkung des Erdelements.

Metall

Dem Metallelement wird im Bereich der Sexualität keine mir bekannte unmittelbare Funktion zugeordnet.

Wasser

Dem Yin-Element Wasser kommt auch in der männlichen Sexualität eine wichtige Funktion zu. Es ist verantwortlich für die unteren Tore und den Samenerguss. Erektionsschwäche kann ein Zeichen von Nieren-schwächung sein. Auch ein unkontrollierter nächtlicher Samenerguss hat meist mit einer Schwäche des Wasserelements zu tun. Ein starkes Wasserelement aber ist erforderlich, um die Yang-Kraft in der Tiefe zu verwurzeln.

23 Umgang mit männlicher Sexualität

Nicht alle Männer sind so wie wir oder wie wir sie gern hätten. Haben sie sexuelle Bedürfnisse und Vorlieben, die nicht unseren eigenen Wünschen entsprechen, verflüchtigen sich Liebe und Mitgefühl bald. Durch den Yang-Effekt, den Männer beim Sex erleben, kommen sie schnell in Kontakt mit ihrer Power. Sex ist für sie eine tolle Möglichkeit, um von der Ebene des Verstandes in die des Erlebens zu gelangen. Für Frauen ist das anders. In der Sexualität öffnen sie sich einem Menschen und nehmen seine Andersartigkeit in sich auf.

Wenn ich Frauen und Männer nach ihrem intensivsten sexuellen Erlebnis befrage, erhalte ich geschlechtsspezifische Antworten. Frauen erinnern sich vor allem an ein gefühlvolles, wunderschönes Erlebnis, Männer an den geilsten und spannendsten Moment ihres Lebens. Kein Wunder, dass es nicht einfach ist, die gefühlvollen tiefen Liebes- und Wonnegefühle des Yin mit der geilen erregenden Spannung des Yang zu vereinen.

Männliche Identitätssuche

Emanzipation und Selbstfindung der Frau sind auch am männlichen Geschlecht nicht spurlos vorbeigegangen. In den letzten Jahren wurde unentwegt an männlichem Verhalten herumgenörgelt. Männer wurden in Selbsterfahrungsgruppen geschickt, damit sie weiblich, weich und gefühlvoll wurden. Supermachos krempelte man in verständnisvolle nette Supersoftis um.

Jahrelange therapeutische Paargespräche im geschützten Rahmen führten nicht zu einer nennenswerten Annäherung der Geschlechter, jedenfalls nicht in sexueller Hinsicht. Oft genug blieb die Männlichkeit auf der Strecke. Frau kann realistischerweise keinen Mann wollen, der wie eine Frau ist. Am besten entwickelt sie die erwünschten weiblichen Qualitäten in sich selbst und lässt sie dann in das gemeinsame Liebesspiel und in den Alltag einfließen.

Viele Männer sind, was ihre Sexualität anbelangt, mittlerweile verunsichert und gehemmt. Aus Angst vor Ablehnung oder Verurteilung teilen sie ihren Partnerinnen ihre wahren Bedürfnisse und Vorlieben nicht mit. Verständlicherweise. Seien wir ehrlich. Gibt es nicht schrecklich viele zickige, prüde und verklemmte Frauen, die männliche Sexualität aus ihren Beziehungen ausklammern, wodurch diese ihre natürliche Lebendigkeit verliert?

Männer und Gefühle

Fühlen entspricht dem weiblichen Prinzip, der Verstand dem männlichen. Das bedeutet nicht, dass Männer nicht zu tiefen und echten Gefühlen fähig wären, im Gegenteil. Wegen des im Inneren verborgenen Yin-Kerns ist die Gefühlsebene bei Männern tief im Unbewussten versteckt und bleibt denjenigen, die eine yang-betonte Sexualität leben, verborgen. Wie ein Bodyguard beschützt der männliche Verstand die tiefen, sensiblen Schichten und lässt niemanden an sie heran.

Und doch existiert die Sehnsucht nach Lebendigkeit, die nur durch Gefühle möglich wird. Sie zieht die Männer immer wieder hinab in die unbewusste Tiefe des Yin. Die Sexualität intensiviert diese diffusen inneren Gefühlszustände und lässt sie lebendig werden. Wenn es um Sexualität und Gefühle geht, verlieren Männer daher oft den Bezug zur Realität, denn sie haben nicht gelernt, sich in der Welt der Gefühle unbeschwert und natürlich zu bewegen. Im Gegenteil: Schon früh werden sie von ihrer Umwelt, speziell von ihren Müttern, gedrillt, »richtige Männer« zu werden. Weil der Vater der Idealvorstellung der Mutter schon lange nicht mehr entspricht, muss nun der Sohn in das ideale Männerbild gepresst werden.

Die Angst der Männer

Die Angst vor Kontrollverlust und Sturz in den Abgrund des Yin ist der Hauptantrieb für Frauenfeindlichkeit in patriarchalischen Gesellschaften. Hier wird das Weibliche im eigenen Inneren bekämpft, was auch nach außen übertragen wird. Somit ist der liebe- und respektvolle Umgang auch mit Frauen unmöglich. Spätestens in der Sexualität kommen Angst oder sogar Hass zum Ausdruck. Sie hindern Männer daran, auf einem hohen entspannten Energieniveau zu leben und führen stattdessen zu Destruktivität.

Sexuelle Phantasien

Unsere Gefühle konfrontieren uns mit der Wirklichkeit. Doch weichen viele Männer ihnen aus Angst in Phantasien, vornehmlich sexuelle, aus. So entstehen Traumwelten, die losgelöst von der Realität existieren. Sie werden von den unbewussten Träumen und Sehnsüchten der Männer genährt. In Beziehungen sorgen sie verständlicherweise für Missverständnisse und Verwirrung. Die Phantasie wird niemals wahr und Vorstellungen können echtes Gefühl nie ersetzen.

Natürlich haben auch Frauen sexuelle Phantasien, doch entspringen diese dem männlichen Prinzip. Sexuelle Phantasien sollen Gefühle erzeugen, die keinen Bezug zur Realität haben. Unsere Mitmenschen entsprechen aber nicht unseren Traumbildern, dafür sind sie einfach zu lebendig. Anderen Menschen zu begegnen, sie zu fühlen und zu lieben ist nur in der Realität möglich.

Dank meiner beruflichen Erfahrungen als Sexologin kann ich mit ziemlicher Sicherheit behaupten, dass fast alle Männer ihre Sexualkraft mehr oder weniger mit sexuellen Phantasien stimulieren. Während sie mit ihrer langjährigen Partnerin im Bett liegen, stellen sich die meisten zur Erhaltung der nötigen Spannkraft eine andere vor. Ausgenommen sind natürlich Männer, die sich ernsthaft um eine bewusste Entwicklung ihrer Sexualität bemühen.

Pornographie und Sexfilme

Sexfilme werden überwiegend von Männern genossen. Deshalb sind sie auch auf ein männliches Zielpublikum abgestimmt. In den letzten zwanzig Jahren hat sich das Sex-Business aus der Grauzone entfernt und einen festen Platz in der Gesellschaft erobert. Sexfilme im Fernsehen sorgen für gute Einschaltquoten, riesige Sex-Shops haben sich in den besten Geschäftslagen etabliert, Telefonnummern für anonymen Sex füllen die entsprechenden Rubriken in den Tageszeitungen, kurzum: Das Geschäft mit dem Sex ist salonfähig geworden.

Seine Wirkung darf man nicht unterschätzen. Besonders Jugendliche, die sich heute vor allem an Sex-Videos orientieren, erhalten auf diese Weise unrealistische Vorstellungen. Da die Videos häufig als Masturbationsgrundlage benutzt werden, vermischen sich die darin transportierten Bilder mit der eigenen Lebensenergie und finden so einen Platz in tieferen Schichten des Unbewussten.

Dass es sich bei Videos immer um unnatürliche, gestellte Situationen handelt, bei denen die Schauspielerinnen für ihren Job bezahlt werden, wird völlig aus dem Bewusstsein verdrängt. Hier wird ein Bild der weiblichen Sexualität präsentiert, das keineswegs mit den Bedürfnissen von Frauen übereinstimmt. Gerade deswegen lassen diese sich durch solche Videos verunsichern, vermitteln sie ihnen doch den Eindruck, harter Sex mache allen Spaß außer ihnen selbst. Dass die dargestellten Praktiken sie nicht erregen, halten sie oft für ihr persönliches Problem.

Perverser Sex

Unter perversem Sex verstehe ich Sexualpraktiken, die nicht aus einer natürlichen Lebendigkeit, sondern auf einem anderen Nährboden entstehen. Perverse und gewalttätige Menschen sind kaum gewillt, ihr Verhalten zu ändern, was Sexualtherapien so schwierig macht. Statistiken zufolge beträgt die Rückfallquote bei Sexualverbrechern auch nach jahrelanger Therapie über 90 Prozent. Das beobachte ich auch in meiner Praxis. Die »Opfer« sind motiviert, eine Therapie zu beginnen, für die Täter aber stellt ihre perverse Sexualität kein Problem dar. Ihnen bringt sie ja Lustgewinn und wer will schon darauf verzichten? Sie lassen sich höchstens unter Druck seitens der Familie, Behörde oder Justiz zu einer Therapie bewegen und dies meist ohne Überzeugung.

Destruktive Sexualpraktiken

Zu den destruktiven Sexualpraktiken gehören u. a. Sadomasochismus, Vergewaltigung, Kindesmissbrauch, eben solche, die Ausdruck von Lieb- und Respektlosigkeit sind. Destruktive Muster gehören meiner Meinung nach aufgelöst. Fangen wir Frauen damit an, die globale sexuelle Schwingung positiv mit Yin-Qualitäten aufzuladen. Wir dürfen uns nicht länger der sexuellen Realität verschließen.

Frauen verfügen über verschiedene Muster, auf Gewalt und Grausamkeit zu reagieren. Hierzu zählen:

- Ohnmacht, Hilflosigkeit und lähmende Angst
- die Vogel-Strauß-Politk: das Verschließen der Augen vor Unangenehmem
- Abschalten der Gefühle

Fürs Tagebuch

- Wie reagieren Sie auf destruktive Sexualität und Gewalt?
  Vielleicht haben Sie sexuelle Gewalt persönlich erleiden müssen, dann kann diese Frage für Sie sehr unangenehm sein und Sie in Kontakt mit alten Mustern bringen, die auch heute noch Ihr Verhalten bestimmen mögen.
- Wie reagieren Sie auf entsprechende Zeitungsberichte oder TV-Beiträge und Videos?

Wenn Sie das nächste Mal eine Schreckensmeldung lesen oder im Fernsehen darüber hören, beobachten Sie Ihre Reaktion. Verändert sich

z. B. Ihre Atmung, und wenn ja, wie? Überträgt sich die negative Schwingung auf Sie?

Können Männer sich verändern?

Männer sollen sich verändern, wird von Frauen gewünscht. Frauen sollen sich verändern, wird von Männern gewünscht.

Das erzieherische Einwirken auf Männer ist eine undankbare Beschäftigung, besonders wenn frau auf das Sexualverhalten ihres Liebsten einwirken will. Männlichkeit will nicht in Frage gestellt werden. Eher zieht der Partner sich zurück und wendet sich dorthin, wo er bestätigt wird. Dass viele Männer allergisch auf die Veränderungsimpulse ihrer Partnerinnen reagieren, hängt vielfach mit dem Frauenbild zusammen, das sie in frühkindlichem Alter durch das Verhalten der Mutter erhalten haben.

Söhne und ihre Mütter
Mütter haben eine ganz spezielle Beziehung zu ihren Söhnen. Haben sie nie ihre eigene Sexualität geklärt und gelebt, werden Söhne oft als Ersatz für die unbewussten sinnlichen Wünsche der Mütter missbraucht. Ein Sohn ist oft das einzige männliche Wesen, dem gegenüber Frauen Gefühle und Nähe zulassen können. Söhne werden mehr verwöhnt als Töchter. Für allein erziehende Mütter und Frauen, die sich von ihren Männern vernachlässigt fühlen, nimmt ein Sohn eine noch wichtigere Stellung ein. Wenn schon Männer nicht so sind, wie frau sich das vorstellt, so verfügt sie wenigstens über die Macht, ihren Sohn zu formen.

Wenn ich in Zürich die Bahnhofstraße entlanggehe, staune ich immer wieder über die gepflegten Herren im grauen Anzug, mit perfekt gebundener Krawatte, passenden Socken, sauber und ordentlich. Kaum zu glauben, dass sie einmal eine Horde kleiner wilder Yang-Monster waren, schmutzig, laut und wild. Vollbringen Mütter nicht ein Wunder, wenn diese quirligen Bengel Jahre später Tag für Tag, grau in grau, mit der perfekten Bügelfalte und ohne zu mucken ein – zumindest dem äußeren Anschein nach – ordentliches Leben führen?

Frühkindliche Sexualität

Wie natürlich sich eine Mutter zur frühkindlichen Sexualität ihres Jungen verhält, prägt sein späteres Sexualverhalten. Ob sie nun die Lust und Freude des Kleinkindes am Körper und an den Geschlechtsorganen akzeptiert, unterbindet oder missbraucht – auf diesen Grunderfahrungen baut das Kind sein Leben und seine Beziehungen auf. Kinder sind offen für die unbewussten Signale, unausgesprochenen Worte und Doppelbotschaften, so dass sich die sexuellen und emotionalen Probleme einer Mutter immer in irgendeiner Form auf das Kind übertragen.

Nicht von ungefähr ist die Schweiz eine Hochburg für »sexuelle Liebhabereien«, sprich Perversionen. Die Menschen hier sind rechtschaffen, führen ein angepasstes, ordentliches Leben, sind fleißig und pflichtbewusst. Offenbar wünschen Frauen sich diese Qualitäten, weshalb sie sie den Jungen jahrelang einpauken. Spätestens in der Sexualität aber macht sich der unterdrückte Hass auf die Mutter bemerkbar. Die Yang-Kraft liebt Freiräume und Abenteuer, sie liebt das Animalische und Intensive. Sie braucht Geheimnisse und das Gefühl der Stärke. Wird ein Junge von klein auf eingeschränkt und verformt, wird er zu stark kontrolliert und eingeengt, hat das katastrophale Auswirkungen auf seine Sexualität: Unfreiheit ist der beste Nährboden für sexuelle Perversion und destruktives und gewalttätiges Verhalten.

24　Sexuelle Beziehungen

In den folgenden Kapiteln werden wir uns mit sexuellen Beziehungen auseinandersetzen. Auch wenn es um die Gemeinsamkeiten der Geschlechter geht, weichen wir vom eigentlichen Schwerpunkt des Buches, der Befreiung der weiblichen Sexualität, nicht ab. Es gibt immer noch zu viele Frauen, die die Entwicklung ihrer eigenen Sexualität von Partnern abhängig machen.

Bei den heilenden Übungen zu zweit beschränke ich mich deshalb auf eine Übung. Hier geht es darum, dass Frauen ihre eigene Sexualität befreien. Zudem gibt es meiner Ansicht nach schon zu viele Bücher, die eine erfüllte Sexualität von einer tollen sexuellen Beziehung abhängig machen. Mit diesem Buch hingegen möchte ich Sie motivieren, eine andere Perspektive auch in Beziehungen zu entwickeln.

Sich in einer sexuellen Beziehung auf die innere Befreiung zu konzentrieren, ist eine der höchsten Künste im Leben einer Frau. Die Vertiefung der sexuellen Beziehung mit dem Ziel, die heilende Liebeskraft zweier Menschen zu entwickeln, ist sehr anspruchsvoll und etwas für Fortgeschrittene, das heißt, für reife Menschen, die bereit sind, die Verantwortung für ihr Leben mit allen Konsequenzen zu übernehmen.

Durch den sexuellen Austausch kommen wir immer wieder in Kontakt mit unbewussten Mustern, die der Heilung bedürfen. Diese können wir mit Aufmerksamkeit, Bewusstheit, gegenseitigem Respekt und Liebe auflösen. Ohne unsere ständigen Bemühungen aber verstärkt die Sexualität unsere Neurosen und Konflikte noch zusätzlich.

Vom Monolog zum Dialog

Sexuelle Beziehungen werden immer kompliziert und unbefriedigend, wenn sie aus einem inneren Defizit oder einer Abhängigkeit entstehen. Es macht natürlich einen riesigen Unterschied, ob sich zwei Menschen aus Liebe und Freiheit miteinander austauschen oder aus Angst und Bedürftigkeit aneinander klammern, ob ihre Sexualität monologisch ist oder sich zu einem echten Dialog entwickelt.

Eine echte Liebesbeziehung, ein Dialog und Austausch zwischen zwei Menschen, kann nur aus innerer Freiheit und einem Überfluss entstehen. Sie selbst sind dafür verantwortlich, die Ihnen wichtigen Qualitäten mitzubringen und in Ihre Beziehungen einfließen zu lassen.

Innere Freiheit entsteht nicht von heute auf morgen, schnell mal in einem Wochenendworkshop oder durch die Lektüre eines inspirierenden Buches. Die Befreiung der weiblichen Sexualität verläuft langsam, Schritt für Schritt. Denken wir an die Beständigkeit des Wassers, das unermüdlich fließt, bis es schließlich auch im härtesten Stein seine Spuren hinterlässt. Das Leben steht auf unserer Seite und liefert immer wieder neue Chancen, durch die wir wachsen und uns weiterentwickeln können.

Frauen und Beziehungen

In der Realität aber sieht es oft anders aus. Da fühlen wir uns ausgerechnet von einer Person angezogen oder stecken in einer Beziehung fest, in der es auf Dauer selten reibungslos klappt und wir unbarmherzig mit alten Mustern konfrontiert werden, die wir längst für erledigt hielten: mit zermürbender Eifersucht, lächerlichen Besitzansprüchen, Selbstzweifeln... Stundenlange Beziehungsgespräche rauben uns den letzten Funken Energie, erst mit dem Partner und dann noch mal mit Freundinnen und Arbeitskolleginnen. Unsere tiefen Meditationserfahrungen und Erkenntnisse rücken in den Hintergrund und der nächste Beziehungsfrust ist schon vorprogrammiert.

Frauen sind in diesem Punkt gefährdet und verlieren durch sexuelle Beziehungen zu oft ihre innere Kraft, ihre Freiheit und die langfristige Perspektive.

Immer wieder nehmen sie sich vor, eine schlechte Erfahrung nicht zu wiederholen, bevor sie eine neue Beziehung eingehen; aber es scheint keine Abkürzung zu geben. Die alten Muster machen sich so lange bemerkbar, bis sie endgültig aufgelöst sind. Und wir treffen garantiert mit den Partnern zusammen, die den Anstoß zu unserem nächsten notwendigen Wachstumsschritt geben.

Den Weg der Selbstbefreiung zu wählen heißt nicht unbedingt: »Lieber Hans-Ulrich, mir reicht's. Du bist mir zu undifferenziert und selbstsüchtig, ich brauch' mehr Raum zur Selbstverwirklichung – und tschüss.« Befreiung bedeutet nicht davonzulaufen, sondern Probleme zu bewältigen, den Umgang mit schwierigen Situationen zu lernen. Wenn wir das gelernt haben, können wir uns immer noch nett verabschieden.

Viele gehen davon aus, dass Beziehungen dazu dienen, geliebt zu werden, damit man sich nicht so einsam, unsicher und verloren fühlt. Der Partner soll uns Sicherheit und Geborgenheit geben und uns lieben, wie wir sind, auf immer und ewig. Das verlangen wir exklusiv und lebenslänglich. Na, dann viel Glück!

Beziehungen sind meiner Meinung nach in erster Linie dazu da, dass wir uns bei unseren Wachstumsschritten gegenseitig helfen und unterstützen.

Fürs Tagebuch

Überprüfen Sie Ihre eigenen Ansichten: Was erwarten Sie von einer sexuellen Beziehung? Nehmen Sie sich ausreichend Zeit, diese Frage ehrlich zu beantworten.

Beziehungsformen

Sexuelle Beziehungen sind geprägt durch ein ständiges Hin und Her zwischen Spannung und Entspannung, Traum und Wirklichkeit, Freiheit und Gefangenschaft, bewusstem und unbewusstem Handeln. Betrachten wir die verschiedenen Beziehungsformen etwas genauer.

Verliebtheit

Der Beginn sexueller Beziehungen ist von größter Bedeutung. Meist steht am Anfang die Verliebtheit. Hierbei kann es sich um eine momentane Stimmung handeln, um einen Flirt. Sie kann aber auch einen zauberhaften, euphorischen Rauschzustand auslösen, der Sie Tag und Nacht begleitet. Verliebtheit ist ein wunderbarer Zustand. Genießen Sie von Anfang an Ihre heftigen Liebesgefühle, denn es sind allein Ihre.

Lassen Sie nicht alle Ihre besten Gefühle nach außen fließen, richten Sie sie nicht ausschließlich auf eine Person, sonst bleibt für Sie selbst nichts mehr übrig und das macht Sie früher oder später nur unglücklich. Dann sind Sie nämlich darauf angewiesen, dass der andere seine guten Gefühle auf Sie überträgt, und wenn er das nicht tut, kommt zwangsläufig die Enttäuschung: »Ich gebe all mein Bestes und bekomme nichts dafür...«

Es reicht, dass Sie von jemandem einen Impuls bekommen, der Sie in Verbindung zu Ihrer Liebe und Lebendigkeit bringt. Wenn daraus eine Liebesbeziehung entstehen soll, wird das ganz natürlich geschehen. Wenn Sie jedoch erst etwas anderes zu lernen haben, dann eben nicht. Vertrauen Sie dem Leben: Was kommen muss, kommt ganz natürlich, und was nicht zu kommen braucht, kommt eben nicht. Dieses Vertrauen ist die beste Voraussetzung, um für das Richtige offen zu bleiben. Es wäre schade, wenn Sie Ihre schönen Gefühle unterdrücken, nur weil ein anderer Mensch nicht fähig oder willens ist, diese mit Ihnen zu teilen.

Wenn Sie das nächste Mal verliebt sind, nehmen Sie sich von Anfang an immer wieder Zeit für sich. Die folgende Übung kann Ihnen helfen,

Ihre Liebesgefühle zu verinnerlichen, damit Sie den Kontakt zu ihnen entwickeln können, unabhängig von der Erwiderung dieser Gefühle.

Verliebtheit verinnerlichen   *Zum Ausprobieren*

- Schließen Sie die Augen und lassen Sie das Gefühl der Verliebtheit zu: nicht sentimental werden und über Ihr Liebesglück nachdenken, es nur zulassen und dazu atmen.
- Schließlich wird es so stark, dass Liebeswogen sich vom Herz aus im ganzen Körper gleichmäßig verteilen, bis alle Organe und Drüsen zu tanzen beginnen.
- Zum Abschluss lenken Sie alle Gefühle in die Mitte und verdichten sie zu Ihrem Energieball, zu dem Sie jederzeit Zugang haben.

Tipps zur Heilung für verliebte Frauen:

- Verliebtheit ist ein Zustand der Öffnung und des Überfließens. Ihr Zentrum löst sich in diesem Rauschzustand leicht auf. Nehmen Sie sich deshalb vermehrt Zeit für die Zentrierungsübung und den inneren Kreislauf.
- Achten Sie darauf, dass Ihre Gefühle tiefer werden, und lenken Sie sie nicht in den Kopf, sondern in Ihr Herz. Liebe ist die beste Nahrung für das Herz.
- Auf englisch heißt »sich verlieben«: »to fall in love « (»in Liebe fallen«). Achten Sie darauf, dass Sie in Ihr Zentrum fallen und nicht aus Ihrem Zentrum heraus.
- Verliebtheit bedeutet Lebendigkeit; wenn Sie diese im Körper gut verteilen, kann sie sehr heilend sein.

Das erste Mal

Jede sexuelle Beziehung beginnt mit einem ersten sexuellen Zusammensein, das häufig einen gewissen Stress verursacht. Man weiß nicht, was auf einen zukommt: Was, wenn es mir zu viel wird oder nicht gefällt? Kann ich dann »halt« sagen, oder lasse ich mich überrumpeln? Sie kennen das ja.

Hier noch ein kleiner Trost an sexuell unerfahrene Frauen: Das allererste Mal wird selten als großartig erlebt. Oft genug stellen Frauen sich nach dem ersten Mal die Frage: »War das schon alles?« Wie befriedigend diese erste Begegnung verläuft, hängt sehr vom Partner ab, von seinen Erfahrungen und seiner Fähigkeit, auf die Frau einzugehen.

»One night stands«

Obwohl Ferienflirts und »one night stands« für den Körper oft anstrengend sind, können sie durchaus eine heilende Wirkung auf Frauen haben. Die Sexualität vieler Frauen ist blockiert durch die fixe Vorstellung, dass man nur mit einem Mann schlafen sollte, der es langfristig ernst meint. Es kann für eine Frau eine sehr wichtige Erfahrung sein, dieses Grundmuster zu durchbrechen. Es versteht sich, dass solche Befreiungsaktionen **immer nur mit Gummi** stattfinden dürfen.

Häufig wechselnde sexuelle Kontakte können sich allerdings auf Frauen sehr negativ auswirken, wenn sie sich über eine längere Zeit erstrecken. Sexualität findet nicht nur auf der körperlichen, sondern auch auf feinstofflicher Ebene statt, bei der sich die Gefühlszentren beider Menschen vermischen. Eine empfängliche Frau kann durch häufig wechselnde Geschlechtspartner langfristig irritiert werden, besonders wenn sie mit Männern zusammenkommt, die mit intensiver Energie leben und keinen Kontakt zu ihren Gefühlen haben.

Nehmen Sie sich nach jedem sexuellen Abenteuer genügend Zeit, sich zu reinigen und Ihren Körper und Energiehaushalt von der Mitte her auszugleichen. Übungen im Freien beschleunigen den Reinigungsprozess. Meditieren Sie viel.

Geliebte

Aus sich wiederholenden sexuellen Begegnungen können feste Beziehungen entstehen. Viele Frauen befinden sich in der Rolle der Geliebten, was sexuell eine sehr erregende und spannende Situation sein kann, besonders wenn sie die heimliche Geliebte ist. Dabei ist bedeutsam, ob eine Frau, die sich in der Rolle der Geliebten befindet, selbst einen Lebenspartner hat. Leben beide in festen Beziehungen und treffen sich heimlich, handelt es sich um eine ausgewogene Situation, auf die ich nicht näher eingehen möchte.

Für ansonsten ungebundene Frauen ist die Situation völlig anders, wenn ihr Geliebter verheiratet oder anderweitig liiert ist. In dieser Situation lernt man die unbewussten Muster der eigenen Persönlichkeit am besten kennen. Wenn er nach dem Liebesspiel aufsteht, sich duscht und zu der anderen nach Hause geht, gilt es für die zurückbleibende Geliebte, aufmerksam zu sein und sich sofort zu zentrieren. Als heimliche Geliebte begegnen Sie immer wieder Ihren Ängsten, Abhängigkeiten und Träumen, was Ihnen die Möglichkeit zu Selbsterkenntnis und Entwicklung zu Freiheit gibt. Genießen Sie den Zustand, solange Sie können. Genügend Zeit für die ungestörte Erforschung tiefer Daseinsebenen zu haben ist kostbar; die Zeiten ändern sich manchmal blitzartig.

Frauenliebe

Wenn ich in diesem Buch von Partnern und nicht von Partnerinnen spreche, bedeutet das nicht, dass ich sexuelle Beziehungen zwischen Frauen diskriminieren möchte. Die zutreffende Bezeichnung wäre PartnerInnen, FreundInnen, ÄrztInnen usw. Anfangs habe ich diese Schreibweise benutzt, aber schließlich kam sie mir komisch und auch zu kompliziert vor, da ich sie das ganze Buch hindurch hätte beibehalten müssen.

Ich selbst lebe nicht in sexuellen Beziehungen zu Frauen, deshalb kann ich mich in diesem Bereich nur auf meine Erfahrungen als Sexologin und Gruppenleiterin berufen. Und ich lerne auch von meinen vielen Freundinnen, die in Frauenbeziehungen leben.

Wenn eine Frau sich für die Entwicklung ihrer weiblichen Sexualität entscheidet, ist es bedeutungslos, ob sie lesbisch, heterosexuell oder solo ist. Bei vielen, die Frauenbeziehungen leben, beobachte ich allerdings, dass es sich um sehr verletzte Frauen handelt. Liebevolle Frauenbeziehungen können eine große Chance sein, um alte Verletzungen gemeinsam und in einem geschützten Rahmen zu heilen.

Wie in heterosexuellen Beziehungen sollte auch in Frauenbeziehungen das Fundament stimmen. Überprüfen Sie, ob Ihre Beziehung zu einer Frau sich aus einem positiven Gefühl herleitet oder aus unbewusster Negativität, wie Feindseligkeit gegenüber Männern oder Angst, entstanden ist. Bauen lesbische Beziehungen auf unbewussten negativen Mustern auf, entstehen aufgrund der Yin-Überbetonung diffuse Gefühle, die Erotik und Sinnlichkeit ersticken können.

25 Im Alltag

Formen der Freiheit

Wir Frauen sind, zumindest in unseren Breiten, heutzutage endlich in der Situation, selbst entscheiden zu können, wie und mit wem wir unser Leben gestalten wollen. Wir könnten in Freiheit leben – und doch machen nur wenige Frauen davon Gebrauch. Die meisten sind sich ihrer Möglichkeiten noch nicht voll bewusst und ihr Leben wird bestimmt von traditionellen, frauenunfreundlichen Mustern. So bleiben sie z. B. auch in sinnlosen, destruktiven Beziehungen stecken.

Lebensabschnittspartner

Als mein langjähriger Wegbegleiter und ich uns nach zehn Jahren auf gegenseitigen Wunsch trennten, begann ich meinen neuen Lebensabschnitt mit einer Reise nach Thailand. Ich brauchte Abstand und Zeit, um die Beziehung zu verarbeiten.

Diese Trennung nach zehn Jahren war für mich so bewegend, dass sie alle Weltereignisse in den Schatten stellte. Mit meinen aufgewühlten Gefühlen landete ich in einem kleinen Bergdörfchen, in dem ich einige Zeit blieb. Es gab dort keine sanitären Anlagen und nachts fror ich erbärmlich, aber der Bergstamm der Lahus, bei denen ich lebte, beeindruckte mich sehr, besonders wie diese Menschen ihre Beziehungen regelten. Eine Lahu-Frau ist ungefähr vier- bis fünfmal in ihrem Leben verheiratet und die Heirat vollzieht sich nach folgendem Ritual: Wenn zwei sich mögen, flirten sie miteinander und bitten schließlich den wichtigsten Mann im Dorf darum, sie zu trauen. Sie bringen ihm die besten Teekräuter und einen kleinen Geldbetrag und wenn er Zeit hat, führt er für das Paar eine Teezeremonie durch, worauf die beiden als verheiratet gelten.

Wenn sie sich nach einigen Jahren nicht mehr mögen, streiten sie laut miteinander, dass es das ganze Dorf hört und die Scheidung der beiden beschlossen wird. Nun suchen sie wieder die besten Teekräuter – die Teezeremonie kostet jetzt etwas mehr – und der Dorfälteste ruft sie wiederum zu sich und kocht ihnen den Tee. Diesmal trinken sie ihn nicht gemeinsam aus, sondern schütten ihn weg – und gelten damit als geschieden.

Ich war berührt, wie unkompliziert die Menschen sich hier finden und wieder trennen. Aber leider können wir wegen der tief in unserer Kultur verankerten Verhaltensmuster solche Strukturen nicht einfach übernehmen.

Ehe

Den Abschnitt über sexuelle Beziehungen in der Ehe würde ich am liebsten überspringen, denn es handelt sich dabei um eines der undankbarsten und frustrierendsten Themen überhaupt. Mit ihm verdienen Psychiater, Pychotherapeuten und Sexologen eine Menge Geld. Ich möchte hier keine ausführliche Abhandlung dazu verfassen, sondern kurz die wunden Stellen der Sexualität in der Ehe auf den Punkt bringen: Der Bund der Ehe ist ein Vertrag, den zwei Menschen mit dem Staat abschließen, manchmal ist Gott Trauzeuge. Die Ehe ist sozusagen die Gründung einer kleinen Firma: der Familie. Werden Kinder auf die Welt gesetzt, hat die Sexualität zwischen den Eheleuten ihren Hauptzweck erfüllt.

Kinder wirken sich immer auf die Qualität der Sexualität eines Paares aus. Ihretwegen lässt man seine Lebensenergie und somit auch einen Teil seiner Sexualität nach außen fließen. Kinder fordern eine enorme Verantwortung. Sie brauchen die Mutter rund um die Uhr. Sie wollen geliebt und genährt werden und sie schränken die Sexualität zwischen den Eltern ein. Diese müssen ein hohes Maß an Verständnis, Liebe und Reife mitbringen, um eine gemeinsame Sexualität zu entwickeln, die unter den eigentlich ungünstigen Voraussetzungen trotzdem nährend und heilend ist.

Das Tao der weiblichen Sexualität unterstützt verheiratete Frauen in der Entwicklung innerer Freiheit, damit Sie ihre Zweckgemeinschaft in eine echte Liebesgemeinschaft umwandeln können.

Heilende Liebe

Will man das Liebesleben fördern, braucht man Energie und Zeit für die gemeinsame Entwicklung meditativer Qualitäten. Da viele Paare jedoch in emotionalen Verstrickungen festgefahren sind, arrangieren sie sich wegen der Kinder oder aus Bequemlichkeit. Als liebende Sexualpartner funktionieren sie nicht mehr und büßen allmählich ihre Lebendigkeit und Liebesfähigkeit ein.

In letzter Zeit kamen einige Männer um die Fünfzig in meine Praxis, weil sie sexuelle Probleme hatten. Die Situation war bei allen ungefähr gleich. Nach 20- bis 30-jähriger Ehe hatte die Ehefrau keine Lust auf Sex, was die Männer verunsicherte und in ihnen auch Hass weckte. Gemeinsame kreative Unternehmungen fanden bei den wenigsten Paaren statt. Was den Männern jedoch an ihren Frauen gefiel? Nun, sie führten den Haushalt »tipptopp« oder waren eine gute Mutter oder konnten gut kochen oder waren eine gute Hilfe im Geschäft... Ich glaube, da erübrigt sich jeglicher Kommentar.

Sexualität im Alltag ist anspruchsvoll und erfordert viel Aufmerksamkeit, Zeit und guten Willen von beiden Seiten, damit dieser Bereich mit Licht und Liebe erfüllt bleibt.

Tipps zur Heilung der Partnerschaft

Zeit: Liebesbeziehungen brauchen Zeit und Ruhe. Schaffen Sie also Liebesnischen, in denen sie gemeinsam entspannen und genießen können.

Ort: Schaffen Sie sich ein schönes Liebesnest. Für Paare, die zusammen wohnen, ist es empfehlenswert, in getrennten Schlafzimmern zu schlafen. Das ist besonders für Frauen wichtig, damit sie immer wieder zu sich finden können. Seien Sie erfinderisch in der Wahl der Liebesorte und versuchen Sie es einmal im Freien, in einer Alphütte...

Rhythmus: Jeder Mensch hat seinen eigenen Rhythmus. Wenn Sie sich zu stark einem fremden Rhythmus anpassen, kann der Kontakt zu Ihrer eigenen Sexualenergie behindert werden. Je mehr Sie sich aber dem fremden Rhythmus anpassen, desto weniger erfüllend kann die gemeinsame Sexualität werden.

Kommunikation: Ohne Worte geht es nicht. Lernen Sie mit Ihrem Partner über Ihre gemeinsame Sexualität zu sprechen. Reden Sie nur über sich und Ihre Empfindungen und achten Sie auf Ihren Unterton. Für die Beziehung macht es einen großen Unterschied, ob Sie sich mitteilen, um Klarheit zu bekommen, oder ob Sie mit Ihren Worten beim Partner einen erzieherischen Effekt erzielen wollen.

Einklang: Viele sexuelle Probleme und Missklänge entstehen, weil Paare sich nicht aufeinander einstimmen. Das ist hier so wichtig wie in einem Orchester. Jeder Musiker nimmt sich erst die Zeit, sein Instrument zu stimmen, damit das Zusammenspiel harmonisch wird. In der Liebe gilt das Gleiche: Zwei Menschen brauchen immer erst Zeit, um sich aufeinander einzustimmen und einzuschwingen, sonst entstehen leicht Misstöne.

Meditation: Die heilendste Medizin für eine Liebesbeziehung ist die gemeinsame tägliche Meditation, die gemeinsam erlebte Stille, ohne gegenseitige Ansprüche. Legen Sie sich eine Zeit für die regelmäßige 20-minütige Meditation fest, entweder am Morgen nach dem Aufwachen oder am Abend vor dem Schlafen. Dazu eignet sich die folgende Übung:

Einstimmungsmeditation   *Zum Ausprobieren*

- Setzen Sie sich beide bequem und entspannt voreinander. Sie können sich dabei berühren, wenn Sie wollen.
- Schließen Sie die Augen und summen Sie miteinander mindestens fünfzehn Minuten lang. Sie können dazu eine Meditationsmusik hören und einen ausgewählten Duft in Ihre Duftlampe geben.
- Bleiben Sie danach fünf Minuten ruhig sitzen, ohne zu summen.

Sexualtechniken

Wie wichtig sind Sexualtechniken für das weibliche Liebesglück? Es gibt massenhaft Literatur über Liebestechniken aus Ost und West; zur Zeit lassen sich die östlichen gut vermarkten. Viele wurden in ihrer Wirksamkeit weder erprobt noch hinterfragt. Oft handelt es sich um tolle Theorien und Ideen, die aber in der Praxis nicht unbedingt heilend sind, auch wenn viele Techniken aus alten Schriften stammen. Zudem ist es unwahrscheinlich, dass sie bei uns westlichen Menschen mit anderer Persönlichkeitsstruktur die gleiche Wirkung erzielen wie bei den östlichen Menschen vor langer Zeit.

Die meisten Menschen interessieren sich erst dann ernsthaft für Liebestechniken, wenn in ihrer Sexualität irgendetwas nicht stimmt. Doch lassen sich nur wenige Sexualprobleme einfach durch Technik ausräumen.

Taoistisches Liebesspiel

Die taoistische Tradition kennt unzählige Sexualstellungen, die auf das Paar eine heilende Wirkung ausüben sollen. Die verschiedenen Stellungen aktivieren unterschiedliche Reflexzonen der Geschlechtsorgane. Die einzelnen Positionen tragen originale Namen, z. B.: »Der schreiende Affe klammert sich an den Baum«; »Der Esel im ersten, zweiten und dritten Frühlingsmonat« oder »Das Pferd schlägt aus«.

Damit diese Positionen den gewünschten Heileffekt erzielen, führt der Mann eine bestimmte Stoßtechnik aus. Flache und tiefe Stöße werden rhythmisch in Zyklen durchgeführt, z. B. einmal tief und neunmal flach und dies drei- bis achtmal hintereinander. Damit der Heilerfolg eintritt, sollten die entsprechenden Stellungen mehrmals täglich über zehn Tage ausgeführt werden. Jeder Tao-Meister hat seine eigene Empfehlung.

Beispiel aus der Praxis

Mit einem Beispiel aus meiner Praxis möchte ich auf die Schattenseite der heilenden Sexualpraktiken aufmerksam machen.

Vor einigen Jahren nahmen ein etwa 30-jähriger Mann aus Santo Domingo und seine Schweizer Ehefrau an einem gemischten Kurs über das Tao der Sexualität teil. Während des Kurses stellte sich heraus, mit welcher Absicht das Paar den Kurs besuchte. Der Mann hatte in seiner Heimat von einer Voodoo-Frau spezielle Sexualtechniken gelernt, die gegen seine Verstopfung halfen. Wenn er sie täglich mit seiner Frau praktizierte, litt er nicht darunter. Ließ er sie aus, war er verstopft, und das gefiel ihm nicht.

Da er seine Frau nicht zu dieser täglichen Übung bewegen konnte, obwohl sie doch seine Ehefrau war, schleppte er sie regelrecht in den Kurs, was ich im Vorfeld leider nicht wusste. Er war überzeugt, dass es meine Aufgabe sei, seine Frau zum täglichen heilenden Liebesakt zu bewegen, damit er auf natürliche Art seinen Darm entleeren konnte. Dafür wurde ich ja bezahlt. Sein Pech war, dass er mich nicht kannte. Zwei Tage lang versuchte ich ihm vergebens klarzumachen, dass keine Frau gern als Abführmittelersatz benutzt wird. Wütend verließ er schließlich den Kurs; wenigstens war seine Ehefrau etwas erleichtert.

Sexualität heilt vor allem durch das sie begleitende Liebesgefühl und ihre spirituelle Qualität. Wenn ein Paar diverse Techniken spielerisch und liebevoll einbauen kann, ohne dass dabei die heilende Essenz vermindert wird, so ist das wunderbar.

Sexuelle Entwicklung

Die eigene Sexualität zu befreien und zu entwickeln ist ein langfristiges, umfassendes und nicht immer einfaches Vorhaben. Haben Sie Geduld mit sich und Ihrer Umwelt; ein anhaltender Transformationsprozess entsteht selten von heute auf morgen. Jede Zelle speichert Informationen; die Erneuerung aller Körperzellen dauert sieben Jahre und es dauert auch seine Zeit, den Körper in eine neue Schwingung zu bringen und die innere Chemie zu ändern.

Auf der Reise ins Innere kann man sich ruhig gelegentlich Unterstützung von außen holen. Zum Thema Sexualität gibt es inzwischen in vielen größeren und kleineren Städten Frauengruppen, in denen die Teilnehmerinnen mit oder ohne Anleitung in einem geschützten Rahmen die Möglichkeit haben, sich besser kennen zu lernen. Hier können Frauen ihre Erfahrungen vertiefen. Besonders empfehlenswert sind Gruppen, in denen Frauen nicht viel reden, sondern lernen, gemeinsam die tiefe Stille zu genießen: Hierdurch entsteht eine unvergleichbare heilende und nährende Kraft, die ich in meinem Leben nicht mehr missen möchte.

Therapeutische Hilfe

Wann brauche ich Hilfe?
Wenn man in einem Konflikt steckt, ist es schwer einschätzen, wie groß das Problem tatsächlich ist. Hilfreich ist es manchmal, eine Konfliktsituation mit einer neutralen Person zu besprechen, um sie realistisch einzuschätzen. Bei sexuellen Problemen allerdings ist es nicht ganz einfach, die richtigen Ansprechpartner zu finden. Diese sollten sowohl qualifiziert sein als auch natürlich und bewusst mit Sexualität umgehen – eine immer noch seltene Kombination.

An wen kann ich mich wenden?
Professionelle Hilfe bei sexuellen Problemen ist eine delikate Angelegenheit. Sicherlich sind Psychotherapien und Analysen für jeden ein interessanter Prozess, bei dem man neue Bereiche des Innenlebens erforschen und neue Facetten der eigenen Persönlichkeit kennen lernen kann. Sexualität aber lässt sich nicht unbedingt auf der Ebene von Ge-

sprächen, intellektuellem Verstehen oder Logik verändern, da diese die sexuelle Erlebnisfähigkeit ausschließt.

Wenn Sie auf der Suche nach einer Sexualberatung sind, lassen Sie sich am besten von einer Frauenberatungsstelle, Frauenärztin oder bei der Familienplanung jemanden empfehlen. Auch manche Krankenhäuser bieten Sexualberatung an.

Als Frau möchte ich Ihnen raten, Ihre sexuellen Probleme mit einer anderen Frau zu besprechen. Obwohl sich viele Männer professionell für die Sexualität der Frau interessieren, halte ich sie in diesem Berufsfeld nicht für geeignet, besonders nicht für verunsicherte und verletzte Frauen. Immer wieder hört man von Missbrauch und Übergriffen in Therapie- oder Behandlungssituationen, denen Frauen oder Kinder – meist von »netten Vertrauenspersonen« – ausgesetzt sind. Und wie viele Betroffene schweigen aus Angst und Scham! Würden so viele Frauen in einem Beruf versagen, so bin ich überzeugt, dass wir längst Berufsverbot hätten.

Missbrauch

Seit einigen Jahren ist sexueller Missbrauch in der Therapieszene zum Trend avanciert. Immer häufiger wenden sich Frauen an mich, die einen vermuteten Missbrauch verarbeiten wollen, an den sie keine bewusste Erinnerung haben. Die meisten wurden von Therapeuten in die Missbrauchproblematik gedrängt und das finde ich erschreckend. Vielfach sind Therapeuten und Ärzte mehr an Macht und an einer langjährigen Kundschaft interessiert als an echter Heilung.

Die meisten Frauen begegnen auf ihrem Weg nach innen dem Thema Missbrauch, und zwar nicht unbedingt, weil sie persönlich davon betroffen sind, sondern weil sie in tiefe Schichten des Unbewussten eindringen. Dort stoßen sie auf die kollektiven Erfahrungen von Frauen, zu denen auch Missbrauch zählt. Kollektive Erfahrungen aber können niemals aufgearbeitet werden. Ein Großteil der Therapeuten und Psychologen verdient viel Geld mit ihnen.

Eine Therapie schafft immer eine künstliche Situation, in der Frauen sich oft in einem therapeutischen Abhängigkeitsverhältnis befinden und deshalb nicht den Weg zu ihrer eigenen Kraft finden.

Missbrauch bleibt so lange ein Thema, bis sich die innere Stärke entfaltet hat und wir in der Lage sind, alte Wunden zu verarbeiten und zu heilen. Der Weg der Selbstheilung eignet sich vor allem auch für missbrauchte Frauen, weil es für sie besonders wichtig ist, selbst zu bestimmen, was ihnen gut tut. Nur durch die Entwicklung unserer Individualität und unseres Bewusstseins können wir uns mit positiven Kräften verbinden, so dass wir nicht mehr von unbewussten Mächten bestimmt werden.

Schlusswort:
Aus weiblicher Perspektive

Die Entwicklung der weiblichen Qualitäten in der Sexualität erachte ich als eine ernst zu nehmende Verantwortung jeder einzelnen Frau. Wollen wir neue gesellschaftliche Wertvorstellungen kultivieren, so ist es notwendig, neue Dimensionen der Weiblichkeit zu entfalten. Durch eine tiefe Yin-Verwurzelung können wir Frauen uns viel unbeschwerter und wirkungsvoller in Yang-Bereichen bewegen und unsere Lebensaufgabe mit größerer Konsequenz und Entschlossenheit erfüllen.

Das Yang-Prinzip ist überwiegend von Quantität geprägt, die allzu oft auf Kosten von Qualität geht. Noch stärker, noch wichtiger will es sein, mächtiger sogar als die Natur, die zur Erfüllung persönlicher Bedürfnisse bedenkenlos ausgebeutet, manipuliert und zerstört wird. Als erstrebenswert gilt die Anhäufung materieller Güter, wozu man skrupellos andere Menschen benutzt. Zur Abwechslung und Erholung kauft man sich an der nächsten Straßenecke dann etwas Lust und Liebe. Die Yang-Ausdehnung hat ein gesundes Maß schon weit überschritten.

Machtmissbrauch

Männer – und auch vom Yang-Prinzip geleitete Frauen – sind häufig von ihren Machtpositionen und ihrer Verantwortung wie auch von ihrer Sexualität überfordert. Durch Macht entsteht viel Yang-Energie, was bei unzentrierten Menschen leicht zu einer Entwurzelung führt, zu einer Loslösung von Yin-Qualitäten wie Mitgefühl, Hingabe und Realitätsbezug. Viele werden durch Macht so geblendet, dass sie dadurch ihre ursprünglichen Ziele aus den Augen verlieren. Deshalb geht es Menschen in Machtpositionen oft nicht mehr um die eigentlichen sachbezogenen Inhalte, sondern um ihre eigennützigen Bedürfnisse und Scheinziele.

Verantwortung zu tragen und konsequent zu leben beinhaltet auch die Bereitschaft, sein Gesicht zu verlieren. Voraussetzung sind innere Stärke und die Kraft, gegen den Strom zu schwimmen und sich nicht aus der eigenen Mitte werfen zu lassen, wenn andere Menschen einen missverstehen, ablehnen oder gar hassen. Menschen, die ihre innere Leere und Unsicherheit durch äußere Anerkennung und Macht zu kompensieren versuchen, sind hierzu aufgrund ihrer Überlebensangst nicht in der Lage.

Weniger ist mehr

Immer wieder missverstehen Frauen, was es bedeutet, nach dem Yin-Prinzip zu leben und zu handeln. Nicht gemeint ist ein passives, hingebungsvolles Hinnehmen des Lebens, das aus Angst und Abhängigkeit resultiert, sondern die bewusste Entscheidung für den weiblichen Weg, die bewusste Entwicklung der inneren Qualitäten. Die Heilung des Yin ermöglicht es Frauen, aufgeschlossener zu sein für Neues, dem sie ohne Angst und Negativität mit offenen Augen begegnen können. Frauen wird es möglich, dank ihrer inneren Stärke die offene Leere, das Tao, zuzulassen und sich dem Fluss und der Verantwortung des Lebens in seiner natürlichen Lebendigkeit hinzugeben.

Aus dem Yin zu leben bedeutet auch, eine innere Fülle zu besitzen und weniger auf materielle Ersatzbefriedigung angewiesen zu sein. Wenn die Aufmerksamkeit der Frau sich zunehmend auf die Entwicklung der inneren Qualitäten konzentriert, braucht sie sich nicht mehr über ihre Rolle als Mutter oder Partnerin zu definieren.

Das größte Problem, mit dem unser Planet konfrontiert ist, ist die Überbevölkerung, und die steht in direktem Zusammenhang mit Sexualität. Sinnvollerweise sollten die Probleme gezielt an ihren Wurzeln angegangen werden, wir sollten also direkt auf die Qualität der Sexualität einwirken. Bevor wir Menschen uns vermehren, ist es erforderlich, dass wir unser eigenes Selbst und unsere Individualität gebären, indem wir uns von einer quantitativen, nach außen orientierten Sexualität zu innerer Qualität hinbewegen.

Miteinander

Das weibliche Potenzial liegt in der Gemeinsamkeit, im Mitgefühl und in der Hingabe, nicht in Kampf und selbstsüchtiger Machtausübung. Weshalb aber treten gerade Frauen immer wieder in einen heftigen Konkurrenzkampf, teilen voller Neid und Missgunst Gemeinheiten aus und hemmen und bekämpfen sich gegenseitig? Dieses Thema beschäftigt mich seit Jahren.

Nach meiner Erfahrung sind Frauen auf andere Frauen nur neidisch, solange sie nicht tief im Yin verwurzelt sind. Entweder sind sie noch zu stark verletzt oder sie leben zu oberflächlich und nach außen orientiert.

In Beruf und Politik haben sich bisher überwiegend Frauen erfolgreich behaupten können, die sich makellos yang-betonten Wertvorstellungen anzupassen wussten, wenn auch oft auf Kosten ihrer weiblichen Kraft. Mit der Zeit sind sie immer stärker auf äußere Bestätigung und Anerkennung angewiesen, sie werden immer mehr zu Männern und verlieren in diesem Prozess sich selbst und die Verbindung zu ihren Wurzeln.

Tatsächlich wird auch heute noch die Frauenbewegung vom männlichen Prinzip beherrscht. Ein Beispiel: Zum internationalen Frauentag habe ich auch dieses Jahr wieder Plakate an allen Straßenecken gesehen, die Frauen zum »Frauenkampftag« auf die Straße locken sollten. Solange wir Frauen gegen die männliche Herrschaft mit yang-betonten Methoden kämpfen, schränken wir unsere Wirksamkeit ein.

Die weibliche Macht liegt nicht im Kampf, sondern in der Beständigkeit und Sanftheit des Wassers. Das Potenzial der Weiblichkeit entfaltet sich in der entschlossenen und konsequenten Heilung unserer Sexualität.

Je tiefer wir Frauen in unserer Weiblichkeit verwurzelt sind, desto stärker erleben wir diese intime Verbundenheit untereinander. Deshalb ist es für Frauen wichtig, in gemeinsamer Stille die verlorene Tiefe und die vertraute Verbundenheit wiederzufinden, damit sie sich gegenseitig motivieren und unterstützen können. Der weibliche Beitrag zu einer friedvolleren und natürlicheren Gesellschaft findet in jedem Augenblick statt – immer wieder aufs Neue mit einem ersten Schritt hin zur Versöhnung von Yin und Yang.

Eine taoistische Weisheit empfiehlt:

Tue, ohne zu tun;
Schaffe ohne Geschäftigkeit;
Schmecke, was ohne Geschmack;
Erkenne das Große im Kleinen
und das Viele in Einem.

Vergelte Feindschaft mit Güte;
Plane das Schwere, solange es leicht ist;
Tue das Große, solange es klein ist;
Die schwierigen Dinge der Welt beginne stets im Leichten;
Die großen Dinge der Welt beginne stets im Kleinen.

Darum die weise Frau
Nie tut sie das Große;
Darum kann sie ihre Größe vollenden.
Wer leichthin verspricht, hält selten Wort;
Wer vieles leicht nimmt, dem wird vieles schwer.

Darum die weise Frau
Da sie nichts leicht nimmt,
fällt ihr auch nichts schwer.

Mit diesen Worten von Lao Tsu möchte ich mich von Ihnen verabschieden. Da ich nun am Ende des Buches angelangt bin, merke ich einerseits, dass vieles noch ungesagt und andererseits jedes Wort ein Wort zu viel ist. Die weibliche Sexualität ist ein komplexes Thema und es wird nie möglich sein, alle Aspekte zu berücksichtigen.

Dieses umfangreiche Buch zu schreiben wurde nicht zuletzt durch die starke Unterstützung möglich, die ich erhalten habe. Es ist aus vielen motivierenden Impulsen und wertvollen freundschaftlichen und liebevollen Beziehungen hervorgegangen. Hiermit möchte ich euch allen danken. Schön, dass es euch alle gibt!

Ich möchte allen Frauen danken, mit denen ich in den letzten Jahren gemeinsam meditiert habe. In unserer gemeinsam erlebten stillen Tiefe öffnen sich immer wieder neue Tore.

Besonderen Dank an all die Menschen, die die Entwicklung des »Tao der weiblichen Sexualität« auf ihre Art unterstützt haben.

Kristine Schrader, Ajito, Bayar, Gianni, meiner Schwester Christine, die in den letzten Jahren auch zu einer lieben Freundin geworden ist, Tushita, meinem sinologischen Berater und Freund Karsten Dohnke, Beatrice Wenger, und vor allem Aruna, für die wunderschönen Illustrationen.

Herzlichen Dank spreche ich auch meinen Lehrern Claude Dialosa und Mantak Chia aus, die mich beide immer wieder inspirieren.

Das Schreiben dieses Buches hat mich mit tiefer Dankbarkeit erfüllt, besonders gegenüber meinem langjährigen Meditationsmeister Osho. Immer mehr begreife ich die Auswirkung der tausende von Stunden gemeinsamer Meditation auf mein Leben und meine innere Entwickung.

In Liebe und Dankbarkeit

Maitreyi

Anhang

Die heilenden Punkte

Die heilenden Punkte können auf die unterschiedlichste Art und Weise belebt und genährt werden, mit Druck, Massage oder Ölen. Sie können selbst gesuchte Kräuter auflegen oder sich mit ihnen einreiben. Wichtig ist dabei, dass man zu jedem einzelnen Punkt eine Beziehung und ein Gefühl aufbaut und so die unterschiedlichsten Qualitäten in sich entdeckt. Die einzelnen Punkte dürfen nicht überstimuliert werden.

B – Blasenmeridian
Di – Dickdarmmeridian
G – Gallenblasenmeridian
H – Herzmeridian
Le – Lebermeridian
Lu – Lungenmeridian
Ma – Magenmeridian
Mi – Milzmeridian
N – Nierenmeridian
KG – Konzeptionsgefäß

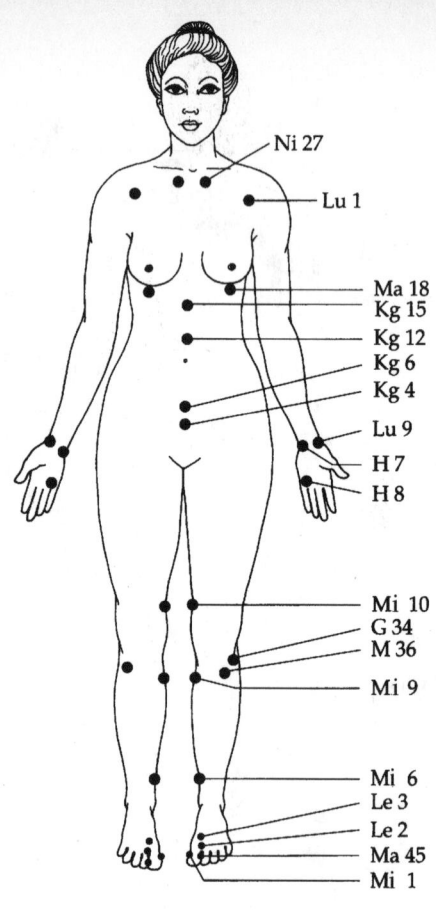

Ni 27
Lu 1
Ma 18
Kg 15
Kg 12
Kg 6
Kg 4
Lu 9
H 7
H 8
Mi 10
G 34
M 36
Mi 9
Mi 6
Le 3
Le 2
Ma 45
Mi 1

Die heilenden Punkte

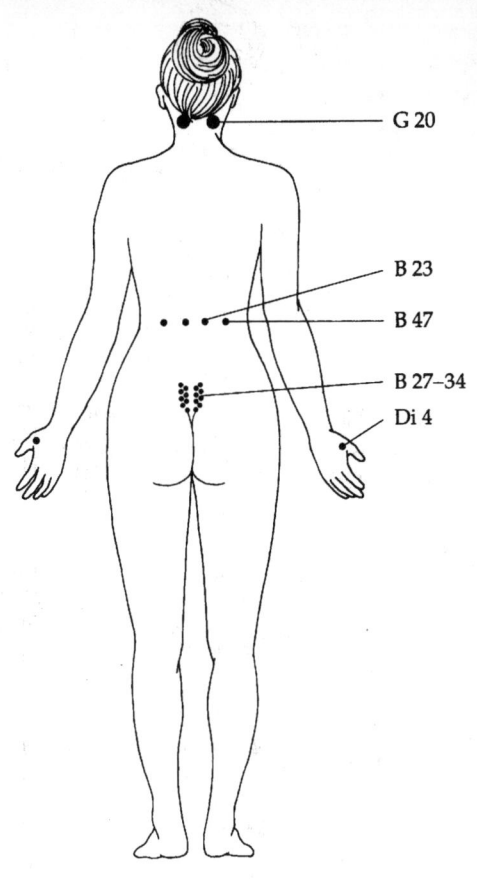

G 20

B 23

B 47

B 27–34

Di 4

Die heilenden Punkte

B 23 – Nieren-Schlucht

Lage: Dieser Punkt befindet sich zwischen dem zweiten und dritten Lendenwirbel, zwei Fingerbreit neben der Wirbelsäule.

Wirkung: Einer der wichtigsten Punkte überhaupt und der bedeutendste Punkt zur Stärkung und Nährung der Nieren.

B 27 – B 34

Lage: Kreuzbein.

Wirkung: Vitalisierung der weiblichen Geschlechtsorgane.

B 47 – Tor der wandernden Seele

Lage: Befindet sich zwischen dem zweiten und dritten Lendenwirbel, vier Fingerbreit neben der Wirbelsäule.

Wirkung: Kann Menschen helfen, ein Gefühl für Lebenssinn und Lebensausrichtung zu bekommen; wirkt positiv bei diffusen Angstgefühlen und emotionalen Zuständen.

Di 4 – Verbindung zum Tal

Lage: Auf Handrücken an der höchsten Stelle des Muskels, der hervortritt, wenn Daumen und Zeigefinger zusammengepresst werden.

Wirkung: Fördert die Verdauung bei Verstopfung und zur Entgiftung.

G 34 – Yang-Quelle am Hügel

Lage: Befindet sich in einer Vertiefung am vorderen Rand des Wadenbeinkopfes.

Wirkung: Harmonisiert und entstaut die Leber, zur Entspannung bei Krämpfen.

G 20 – Windteich

Lage: Unterhalb des Schädelansatzes, je nach Kopfgröße 8 bis 10 cm voneinander entfernt, zwischen den beiden großen Nackenmuskeln.

Wirkung: Klärt und nährt das Gehirn, beseitigt Leber-Yang.

H 7 – Tor des Geistes

Lage: Innen in der Handgelenksfalte, in der Verlängerung des kleinen Fingers.

Wirkung: Nährt das Herz-Blut, befreit die Herzöffnungen, lindert Stress und Nervosität.

H 8 – Palast des kleinen Yin

Lage: Auf dem Handrücken in der Delle ca. zwei Fingerbreit unterhalb des Fingerabsatzes zwischen dem kleinen Finger und dem Ringfinger.

Wirkung: Beseitigt Herzfülle und beruhigt den Geist bei Unruhe, starkem Träumen, Schlaflosigkeit.

KG 4 – Tor zur Urquelle

Lage: Drei Fingerbreit unter dem Bauchnabel.

Wirkung: Tonisiert das Nieren-Yang, reguliert die Gebärmutter, nährt das Blut.

KG 6 – Meer der Energie

Lage: Zwei Fingerbreit unterhalb des Nabels.

Wirkung: Zur Linderung von physischer und psychischer Erschöpfung, stärkt die Milz; bei Ausfluss und Schleimablagerungen im Unterleib.

KG 12 – Magenmitte

Lage: Auf der vorderen Mittellinie vier Fingerbreit oberhalb des Bauchnabels.

Wirkung: Stärkt das Magen-Yin.

KG 15 – Turteltaubenschwanz

Lage: Auf der vorderen Mittellinie sieben Cun über dem Nabel.

Wirkung: Ein sehr wirksamer Punkt zur Beruhigung des Geistes bei Yin-Mangel; stärkt das Herzblut.

Le 2 – Durchgangsreise

Lage: Am Übergang zwischen großem und zweitem Zeh.
Wirkung: Senkt Leberfeuer bei Hitzesymptomen, kühlt das Blut.

Le 3 – Große Wogen

Lage: Am Fußrücken in der Einbuchtung zwischen großem und zweitem Zeh.
Wirkung: Harmonisiert das Leber-Chi und den Blutfluss; beruhigt den Geist.

Lu 1 – Hauptpalast

Lage: Im äußeren Brustbereich drei Fingerbreit unterhalb des Schlüsselbeins.
Wirkung: Bei Atembeschwerden, Erschöpfung, Stagnation und Spannung in der Brust und bei Husten.

Lu 9 – Tiefer Abgrund

Lage: In der Furche an der Handgelenksfalte unterhalb des Daumenansatzes.
Wirkung: Tonisiert das Lungen-Chi und Yin.

Ma 18 – Wurzel der Brust

Lage: Senkrecht unter der Brustwarze im fünften Rippenzwischenraum.
Wirkung: Reguliert die Funktionen der Brust, löst Stagnationen.

Ma 36 – Dreimeilenpunkt

Lage: Vier Fingerbreit unterhalb der Kniescheibe.
Wirkung: Ein herausragender Punkt zur Stärkung von Chi und Blut, besonders bei körperlich und psychisch geschwächten Menschen.

Ma 45 – Strenger Mund

Lage: Außen am Nagelbett des zweiten Zehs.

Wirkung: Klärt Magenhitze, hat auch eine stark beruhigende Wirkung.

Mi 1 – Verborgene Klarheit

Lage: Auf dem großen Zeh, am unteren Nagelrand Richtung Beininnenseite.

Wirkung: Reguliert das Blut bei Blutstau in der Gebärmutter; wird zur Verminderung bei starken Blutungen eingesetzt.

Mi 6 – Treffen der drei Yin

Lage: Vier Fingerbreit oberhalb des inneren Knöchels, nahe der Rückseite des Schienbeines.

Wirkung: Fördert Blutbildung, leitet Wasser aus, reguliert Gebärmutter und Menstruation, gut bei Menstruationsbeschwerden und Schmerzen im Unterleib, kühlt und bewegt das Blut (nicht während der Schwangerschaft stimulieren).

Mi 9 – Yin-Quelle am Hügel

Lage: An der Innenseite des Beines unterhalb der Vorwölbung an der Innenseite des Knies und unter dem Schienbeinkopf.

Wirkung: Beseitigt Nässe aus dem Unterkörper, aus den Beinen und den Meridianen.

Mi 10 – Blutmeer

Lage: Vier Fingerbreit über dem oberen Rand der Kniescheibe auf der Kuppe des Oberschenkelmuskels.

Wirkung: Reguliert die Menstruation, durchblutet die Gebärmutter und nährt das Blut.

Ni 1 – Sprudelnde Quelle

Lage: An der Fußsohle zwischen den Fußballen.

Wirkung: Nährt das Nieren-Yin, verwurzelt den Geist, fördert Harmonie von Herz und Nieren.

Ni 2 – Brennendes Tal

Lage: In der Mitte des Fußgewölbes, auf halber Strecke zwischen dem äußeren Ballen des großen Zehs und der Rückseite der Ferse.

Wirkung: Beseitigt Hitze und kühlt das Blut.

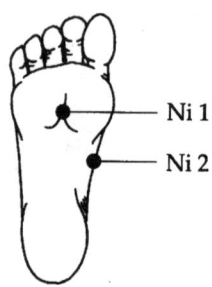

Ni 27 – Palast der Übermittlung

Lage: Direkt in der Vertiefung unter den vorstehenden Knochen der beiden Schlüsselbeine.

Wirkung: Verteilt und übermittelt Yang-Energie, stimuliert die Nieren, Chi zu empfangen und zu halten.

Register der Übungen

Literaturhinweise

Weitere Bücher der Autorin:

Das Tao der Frau. Ariston, Kreuzlingen/München 1996 und Heyne, München 2000
Die weiblichen Juwele. Integral, München 2000
Das Tao der weiblichen Sexualität. O. W. Barth, Bern, München, Wien 1998

Margo Anand: *Tantra oder die Kunst der sexuellen Ekstase.* München 1990
Andro und Devarara: *Orgasmus Schule.* Waldfeucht 1995
Jolan Chang: *Das Tao der Liebe.* Hamburg 1978
Mantak Chia: *Tao Yoga der heilenden Liebe.* Interlaken 1986
Thomas Cleary: *Die drei Schätze des Dao.* Frankfurt/M. 1996
Thomas Cleary: *Das Tao der weisen Frauen.* Bern, München, Wien 1993
Theresa L. Crenshaw: *Die Alchemie von Liebe und Lust.* München 1997
Miranda Gray: *Roter Mond. Von der Kraft des weiblichen Zyklus.* München 1996
Günter Nitsche: *Silent Orgasm.* Köln 1995
Osho: *Tantrische Transformation.* Zürich 1995
Osho: *Meditation, die Kunst der Ekstase.* München 1980
Osho: *Das Buch der Frauen.* München 1997
o. V.: *Frauenkörper neu gesehen – ein illustriertes Handbuch.* Orlanda, Berlin 1987
Chang Po-Tuan: *Das Geheimnis des goldenen Elixiers.* Bern, München, Wien 1990
Roswitha Pross: *Eros-Rose-Eros-Rosenbuch.* Freiburg 1998
Ashoka Ross: *Das wundervolle kleine Sexbuch.* Essen 1994
Deborah Tannen: *Du kannst mich einfach nicht verstehen.* Hamburg 1991
Jutta Voss: *Das Schwarzmond-Tabu.* Zürich 1988
Susan S. Weed: *Brust-Gesundheit.* Orlanda, Berlin 1997
Erich Wühr: *Gesund durch chinesische Heilkunst.* München 1997

Seminaradresse
und Bezugsquellen

Die Autorin ist als internationale Seminarleiterin tätig. Auch im deutsch-sprachigen Raum hält sie Vorträge, Workshops und Weiterbildungen zu verschiedenen Frauenthemen.

Besuchen Sie die Website www.tao-of-sexuality.com
oder weiblichejuwele.com.
Dort finden Sie den aktuellen Veranstaltungskalender, verschiedene Energy-Eier und weitere sinnliche und sinnvolle Juwele.

Oder schreiben Sie an:

Weibliche Juwele
Postfach 255
CH-8024 Zürich
Fax: 0041-(0)1-2622280
E-mail: info@tao-of-sexuality.com

Personen- und Sachregister

M

HEYNE BÜCHER

Engel

Pietro Bandini
Die Rückkehr der Engel
Von Schutzengeln, himmlischen
Boten und der guten Kraft,
die sie uns bringen
13/9771

Terry Lynn Taylor
Die Engel waren zur Stelle
13/9802

Linda Georgian
Schutz-Engel
13/9668

Dorothy Maclean
**Du kannst mit
Engeln sprechen**
13/9722

Robert C. Smith
Schutzengel und Heilengel
13/9728

Rosemary Ellen Guiley
Robert Michael Place
Tarot der Engel-Mächte
Tarot-Deck mit 78 Karten
und Begleitbuch
13/9774

Gayan S. Winter
Schutzengel-Tarot
13/9807

13/9771

HEYNE-TASCHENBÜCHER